高等师范院校历史学基础教育教学与研究丛书

总主编 · 陈文海

古代文明索隐

GUDAI WENMING SUOYIN

林中泽 · 主编

长春出版社

全国百佳图书出版单位

图书在版编目(CIP)数据

古代文明索隐/林中泽主编. — 长春：长春出版社，2013.1
(高等师范院校历史学基础教育教学与研究丛书)
ISBN 978-7-5445-2745-3

Ⅰ.①古… Ⅱ.①林… Ⅲ.①世界史-古代史-文化史-研究
Ⅳ.①K12

中国版本图书馆 CIP 数据核字（2012）第 298765 号

古代文明索隐

主　　编:林中泽
责任编辑:胡　新
封面设计:尹小光

出版发行:長春出版社　　总编室电话:0431-88563443
发行部电话:0431-88561180　　邮购零售电话:0431-88561177
地　　址:吉林省长春市建设街 1377 号
邮　　编:130061
网　　址:www.cccbs.net
制　　版:渲彩工作室
印　　刷:延边新华印刷有限公司
经　　销:新华书店

开　　本:787 毫米×1092 毫米　1/16
字　　数:175 千字
印　　张:13.5
版　　次:2013 年 1 月第 1 版
印　　次:2013 年 1 月第 1 次印刷
定　　价:28.00 元

总序　教育之桥的断裂与重建

陈文海

关于教育的内涵及本质属性，不同的社会阶层在不同的历史时期往往会给出截然不同的解释。但是，从基本层面来说，教育具有相对独立的阶段性、弦歌不辍的传承性和不断前行的创新性，这一点似乎并没有多少的争议。而且，不论从哪个层面来看，教育都是一个由诸多环节所共同组建而成的复杂系统，环环之间必须拥有能够使之有机相连的坚韧的纽带，就如桥梁之于大河两岸的行人一样。从实用角度而言，我们在这里奉献给读者的这套"高等师范院校历史学基础教育教学与研究丛书"在某种程度上说也就是一条纽带、一座桥梁。桥的这头是高等教育，桥的那头则是基础教育。从受众的主体构成来说，桥梁的这一侧是高等教育接受者，另一侧则是基础教育从事者。

之所以要如此投入地修建这么一座桥梁，实在不是什么无事生非之举，而是一个不得以而为之的应激举措，其根本原因就在于：原先架在高等教育与基础教育之间的那座老桥已经断裂。就历史学科而言，在 2004 年开始启动的高中历史课程改革之前，或者说，从新中国成立之初一直到 2004 年，高中历史课程体系与高等学校历史学科通史教学体系是一脉相承的，甚至说，高中历史课程就是大学通史课程的浓缩版或精简版。在这种格局下，师范院校历史专业的毕业生在走上高中历史教学的工作岗位之后，一般来说都可很快适应自己的角色。因此，在此时期的学科架构上，高等教育与基础教育之间的联系是非常紧密的。

然而，随着高中历史课程改革的开启和推进，高等教育和基础教育之间原先存在的那种水到渠成式的关联已经不复存在。在新的高中历史课程体系中，出于对“公民教育”理念的追求，原先那种注重学科体系的通史式的课程结构已经完全被政治、经济、文化等专题史必修课程所取代，除此之外，还增加了一系列专题史选修课程，其中，有些选修课程（如世界文化遗产）甚至已经超越了师范院校历史学科原有的课程架构。与之形成鲜明对照的是，在高中历史课程改革已是涛声震天之时，高等师范院校的那池春水却依旧是吹而不皱、悄无声息，传统的课程结构依旧是坚如磐石，而且，这一传统结构对于高中新课改的声讯似乎具有天然的屏蔽功能。其结果就是，师范院校的学生在校学习期间继续因循传统模式，而走上工作岗位之后却要进行脱胎换骨，两者之间出现明显的脱节。可以说，在新课改面前，师范院校的“师范”二字在一定程度上已经名存实亡。

对于基础教育领域里的新课改，虽然说至今仍是争讼不断，但是，新课改所提倡的素质教育、公民教育、全面发展、人文关怀等等诸如此类的基本理念应该说还是颇为中肯的。然而，如果从规划及实施路径来说，这种新课改却存在着明显的前不着村、后不着店之类的毛病，它严重忽视了相关人力资源的前期养成与储备问题。新课改的对象虽然是基础教育，但这种改革在本质上却应该是一个联动性的变革，单靠几位课程标准设计者对课程理念和课程结构的宣讲，单靠寥寥几天的短训班，或者，单靠中学老师们的独自摸索，这一改革都将难以取得预设的效果。

实际上，对于这类颇具颠覆性的新课改，本来应该有一个更为严谨、更为周密的自上而下的前期准备过程。在这一准备过程中，师范院校理应担当起应有的核心角色，即，首先应在师范院校中进行相应的课程改革并对学生展开系统的新课程教育和新理念培育，在培养出一两届具有相应学业基础的毕业生之后，再在基础教育领域逐步推进课程改革。可惜，这个基础教育改革工程并没有遵循这一路径，因此，随之出现的各种问题也就迟迟难以得到真正的化解。也正是基于这一背景，我们才决意编写这么一套“高等师范院校历史学基础教育教学与研究丛书”，其目的在于重新构筑高等教育与基础教育之间的桥梁，以弥补新课改过程中的核心缺失。

虽然这套丛书与基础教育密切相连，但是，它绝不是另外一套高中历史教科书，更不是现有高中历史教科书的扩张版，换言之，这套丛书的读者对象从原则上讲并不是中学生，尽管并不排除某些学有余力或对历史具有特别兴趣的中学生阅读之。在设计写作思路之初，我们就已明确，这套丛书将追寻学术前沿，站在高等学校应有的学术高度，对新课改之后的高中历史教材中涉及的问题进行全面且系统的梳理、阐述和分析。

除了与高中历史课程直接对应的几本专题著作之外，在这套丛书中，我们还从进一步提升的角度，特别设置了两本对师范院校历史专业学生以及中学历史教师具有特殊意义的作品。一是对中学历史教材进行总体研究和把握的《中学历史教材研究》，二是为应对教育国际化趋势以及为强化相关读者史学基础而编写的《历史学专业英语新编》。这两本书虽然不是和中学历史教材一一对应，但它们对从事或即将从事中学历史教育工作的读者却具有重要的参考价值。

丛书面向的读者群主要是尚在师范院校就读的历史专业的学生以及已经走上工作岗位的中学历史教师。另外，近年来，教师行业也开始向综合性大学的毕业生开放，因此，对于有志于从事教师教育行业的综合性大学历史专业的学生来说，这套丛书会更加具有其特殊的价值。除了上述特定的群体之外，对历史有兴趣且具备一定文化背景的其他各行各业人士在闲暇之时翻翻这套丛书，应当也会有所收益。

这套丛书的撰写工作得到了广东省“本科教学质量工程”历史学特色专业建设项目（2010 年）、广东省“高师院校历史教育人才培养创新实验区”建设项目（2012 年）、广东省高等教育教学改革项目“高师历史师范类课程改革”（2012 年）、教育部“新世纪优秀人才支持计划”（项目批准号：NCET－11－0919）和“广东省高等学校珠江学者岗位计划资助项目（2012 年）”的大力支持，在此表示衷心的感谢。

目 录

导 言 …… 1

一 古代文明的概念和基本特征 …… 1
二 古代文明的成因与类型 …… 4
三 重现古代文明的方法与途径 …… 9
1. 传统历史学 …… 9
2. 考古学 …… 10
3. 社会学 …… 11
4. 民俗学 …… 11
5. 民族学 …… 12
6. 宗教学 …… 12

第一章 神话传说与古代文明的发现 …… 13

第一节 概述 …… 13
一 人类创造的传说与历史 …… 14
二 城市和国家缔造的传说与历史 …… 17
三 史诗中的史实 …… 20
四 从神话传说到考古发现 …… 23
第二节 深入探究指引 …… 25
一 奥列斯特的受审 …… 25
二 普罗米修斯故事的三个版本 …… 27

第二章 文字、实物及互证 …… 30
第一节 概述 …… 30
一 文字资料的种类与特性 …… 30
二 实物资料的种类与特性 …… 34
三 历史学中的互证原则 …… 38
第二节 深入探究指引 …… 41
一 匈奴西迁与匈人帝国 …… 42
二 马可·波罗与中国 …… 43
三 美洲金字塔与埃及金字塔 …… 44
第三章 古代墓葬遗址 …… 47
第一节 中国古代墓葬遗址概述 …… 47
一 新石器时代的墓葬遗址 …… 47
二 夏商时代墓葬遗址 …… 57
第二节 外国古代墓葬遗址概述 …… 67
一 史前时代墓葬遗址 …… 67
二 两河流域的墓葬遗址 …… 68
三 古埃及墓葬遗址 …… 69
四 古希腊罗马墓葬遗址 …… 71
五 美洲玛雅文明墓葬遗址 …… 72
第三节 深入探究指引 …… 73
一 中国史前时代墓葬遗址研究的意义和发展历程 …… 73
二 坟墓:人生的终点站,抑或中转站 …… 77
三 墓葬的变迁 …… 80
四 墓葬遗址的历史价值 …… 82
第四章 古代宫殿遗址 …… 86
第一节 中国古代宫殿遗址概述 …… 86
一 新石器时代晚期的宫殿遗址 …… 86
二 夏商王国的宫殿遗址 …… 89

三　夏商方国的宫殿遗址 …… 94
第二节　外国古代宫殿遗址概述 …… 96
一　古代两河流域与波斯宫殿建筑 …… 97
二　古希腊建筑中的米诺斯宫 …… 102
三　古罗马早期的皇家宫殿 …… 105
第三节　深入探究指引 …… 108
一　夏史研究中的信古、疑古和考古 …… 108
二　宫殿建筑中的王权与神权 …… 112

第五章　古代城市与村落遗址 …… 114

第一节　中国古代城市与村落遗址概述 …… 114
一　新石器时代的村落遗址 …… 114
二　新石器时代末期的城址 …… 118
三　夏商时期的都城遗址 …… 125
第二节　外国古代城市与村落遗址概述 …… 134
一　两河流域的古代城市 …… 135
二　古埃及城市 …… 137
三　古印度河流域的城市 …… 138
四　古希腊文明城市 …… 140
五　古罗马文明城市 …… 142
六　美洲大陆古文明城市 …… 145
第三节　深入探究指引 …… 147
一　夏商王朝的都城制度 …… 147
二　罗马古典城市消亡原因探析 …… 149

第六章　早期文字的释读 …… 153

第一节　中国早期文字的释读 …… 153
一　史前陶符和陶文 …… 153
二　夏商陶文和甲骨文 …… 162
第二节　外国早期文字的释读 …… 168
一　两河流域的楔形文字 …… 169

二 古埃及文字 …… 171
三 古印度文字 …… 173
四 古希腊文字 …… 175
五 美洲玛雅文字 …… 176
第三节 深入探究指引 …… 179
一 关于中国古代早期文明研究学科定位的争论 …… 179
二 陶文与甲骨文的关系 …… 181
三 文字的出现、类型及演变 …… 183

结 语 …… 187

一 人类文明的历史演进 …… 187
二 消逝的文明 …… 191
1. 美索不达米亚文明及其更迭 …… 191
2. 古希腊文明及其湮灭 …… 192
3. 古印度文明及其断层 …… 194
4. 美洲大陆文明及其夭亡 …… 195
三 古文明消失原因探讨 …… 197
1. 某种形式的决定论或宿命论 …… 197
2. 某种形式的意外论 …… 198
3. 汤因比的“挑战与回应”理论 …… 199
4. 文明内部结构失衡说 …… 200

参考资料 …… 202
后 记 …… 205

导 言

今人对古代文明的探讨，旨在尽力修复残破的历史证据，还原早期人类的生活方式和行为特征，进而揭示古今人类活动的历史联系和规律性。根据历史学和社会学的一般理论，今天特定人类群体的行为方式，虽然是其特定物质生活条件的产物，但同时也是其祖先遗传基因世代相传的结果。因此，探索特定人类群体早期生活的情景，对于理解其后代在今天的所作所为，具有明显的学术价值和实际意义。本书将通过对古代文明探寻过程的系统介绍，试图向读者展现一个既五彩缤纷又扑朔迷离的古人世界。在进入具体课题之前，有必要对某些重要概念和相关问题作一个简要的说明。

一 古代文明的概念和基本特征

“文明”与“文化”二词，均可以被用来从总体的意义上指称人类社会的物质和知识财富。不过从语源学的角度看，“文明”一词与城市及国家政治制度的关系较为密切，而“文化”一词则似乎直接起源于经济生活和信仰习俗。[①] 因此，从历史上看，人类的“文化史”比“文明史”要漫长得多：文化史是与人类相始终的，从人类告别动物界的那一刻起，就有了文化；而文明史则开始于人类发展的某一个特定阶段，这个阶段通常以城市、国家制度及文字

① 有关“文明”与“文化”二词的定义及区别，参看国外百科辞书条目选译《文明与文化》，求实出版社 1982 年版。

的发明为标志。这并不意味着文明史必定缺乏经济生活的内涵，实际上，在既往和当今的文明社会中，制度文明总是建构在物质文明的基础上。如此看来，文明不过是人类文化发展的高级阶段，这个高级阶段的文化，也按其成熟的程度划分为古代文明、中世纪文明、近代文明、现代文明和后现代文明。其中，古代文明是古代人类所创造的物质文明与精神文明的总和，它既是早期人类生活方式的体现，又是后期诸文明的发轫，对后世人类的生活产生了或多或少的影响，因此是需要我们尽力去保护和重现的珍贵遗产。

由于早期人类支配自然的能力较低下，他们在很大程度上要受自然力的支配，故相对于后期诸文明来说，古代文明更加严重地受制于其周边环境，由此便给这种文明本身打上了鲜明的时代烙印。

首先，由争夺自然资源所引发的武力冲突即战争，成为古代人类日常生活不可或缺的一个组成部分，这一方面固然直接造成了文明自身的破坏和损毁，而在另一方面却促成了相关人类群体间的交往，客观上推动了文明的进步。从总体上来说，古代的战争规模也许不如后世的战争，不过，古代战争的频率和次数却往往超过了后世。处于文明童年期的人类，战争是一种常态，和平只是短暂的间歇，这就如同游玩和打闹是小孩的天性一样。人们借以了解古代战争的媒介，除了极其有限的相关文献资料之外，还有被从地下发掘出来的武器装备、战斗遗迹及死于战斗过程的人马遗骸等，通过这些活生生的物品，我们更能够直观地感受到古代战争的野蛮性和残酷性。虽然对于某些文明的急剧消失，残酷的征服战争也许要负主要的责任，可是我们也不能忘记，某些较大规模的战争，正是古代著名史诗和生动神话的重要素材。显然，早期的人类是用比较野蛮和粗犷的方式创造出最初的文明的。

其次，古代先人在对世界起源、自然现象和社会生活的观察过程中，通过超自然的形象和幻想的形式，集体创造出有关神与人的故事来，因而形成了丰富多彩的神话。古代先人既然把神话看作是理解自然现象及人与自然关系的最主要的方式之一，神话便毫无疑问地变成了古代文明不可或缺的组成要素。凡是存在着古代文明的地方，必然伴随着神话故事的流传。神话不仅仅是一种独特的文学形式和载体，它更是一种历史叙事的变异，在人类早期的历史上，一些真实的历史事件常常借助神话的方式婉转地表达出来。就某些具有强烈好奇心的学者而言，离奇而又美丽的神话正是刺激人们去探究文明真相的重大诱因。近世以来，随着新史学思潮的兴起，人们的研究指向纷纷向下移动，历史研究的材料有了很大的拓展，其中，古代的神话也自然成为被热捧的研究资料。古代神话虽然不能等同于古代史料，但它无疑是一种变形的史料，它能够为特定时代和特定地区的人类活动定下一个基本的格调，在其指引下，人们有可能进行一些更为微观和具体的探寻工作。

第三，进入文明阶段的人类，认知能力比原始人有了很大的提高，他们的宗教信仰已经摆脱了原始的状态，进入到一个更为合理和理性的时期。例如，他们的崇拜对象再也不是那些毫无内在联系的单个自然物体，他们的神灵世界开始被一种类似家族的谱系联结起来，这个神灵谱系常常是当时人类现实政治体制的直接的或间接的反映。随着现实世界男女两性家庭和社会分工的发展，神灵世界中的性别区分也日趋明显。由于崇拜活动日渐重要和复杂，祭祀队伍也在不断扩大，他们开始通过职能分工，各自服侍某个具体的神灵。与此同时，祭祀仪式日益文明化，野蛮的人祭正在逐渐地被牲口或植物祭祀所取代。然而，由于人类刚刚跨入文明的门槛，他们还无法从万物本原的意义上去抽象出一个单一的造物主，即他们仍然停留在多神崇拜和偶像崇拜的阶段。此外，某些人祭的残余，还以各种变异的形式被保留了下来。这种信仰状况，从他们的墓葬遗址和寺庙遗址中得到了集中体现。

第四，在古代文明阶段，最初的国家制度已经产生，原始的文字体系也开始出现。在人类从野蛮状态向文明社会转变的过程中，围绕物质利益所进行的阶级斗争日趋激烈，当这种斗争处于胶着状态的时候，国家权力就会以斗争各方调停人的身份应运而生；为了运作的方便，国家制度总是以城市为其存在和活动的中心。因此，在人类文明的早期发展阶段，国家制度的诞生常常以城市的出现为标志。限于古代的物质生活条件及技术水平，最初的国家总是具有小国寡民的特点，最初的城市规模当然就无法与今天的城市相比。由于战争生活和信仰体系的双重影响，远古人类普遍把王权看作是国家制度的代表和象征，于是，君王及其家族的住宅——王宫，便理所当然地成为城市和国家的枢纽，这就解释了为何在发掘古代文明遗物时，宫廷遗址常常与城市遗址连在一起。此外，城市的管理和国家的运作如果没有书面语言的协调就无从实现，因此，文字的产生，成了人类跨入文明门槛的一个重大标志。最初的文字常常以一种十分简朴的形式出现，各种图画的、象形的和以会意为主的原始文字，无疑是后人借以破解古代文明之谜的重要工具。

第五，古代文明常常与残酷的奴役制度密切相关。按照马克思主义的理论，文明社会总是以剩余产品的出现为物质基础，可是在文明的最初阶段，由于生产能力还相当低下，人们所创造的剩余产品还比较少，如果不是用强制的手段来进行榨取的话，就会连那点少得可怜的剩余产品也难以实现，因此古代的奴役制度便应运而生。显然，这一观点仍然有较大的参考价值。在古代世界，奴役制度未必都会发展成为占据主导地位的普遍的社会制度，可是，奴役制度的基本原则，即对一部分居民在不同程度上的人身占有，却具有一定的普遍意义。当然，由于自然环境和社会历史条件的差异，在各个具体的文明区域之间，奴役制度的表现形式是千差万别的。例如，在古代希腊和罗马的古典时期，奴役制度渗透到生产、流通、消费及服务各个领域，一度成为占主导地位的社会制度；在先秦时期的中国、古代的印度、古代西亚和古代埃及，大部分奴隶只是被使用于生活服务领域，生产、流通领域的奴隶虽然偶有所见，但并不占据重要地位；而在哈拉巴文明、爱琴文明及玛雅文明等较为初始的文明废墟上，人们所见到的奴隶，则多数与军事服役有关。由此我们可以得出一个初步结论：奴役制度可能是古代文明中的一种普遍现象，但它未必都发展成为普遍的奴隶制社会。

诚然，古代文明距离我们今天的生活过于遥远，它的真实面目因其披上了岁月的面纱而变得模糊难辨，而且随着时间的推移，相关遗迹日益剥落和损毁，这就更加增添了我们认识它的难度。不过，由于各种新科学手段的发明，以及人们保护文物意识的增强，古代文明探寻工作的前景还是比较乐观的。更为重要的是，正因为古代文明远离当今生活，人们才有可能撇开一切利益上的成见，用一种较为正常的心态和客观的标准来从事对它的探索。

二　古代文明的成因与类型

古代文明形成的原因是什么？对此，西方历史上曾出现过种族论和环境论的解释。种族论者的理论前提是社会达尔文主义，即首先承认世界上先天性地存在着智力上和体格上的优等种族与劣等种族，在他们看来，最初的古代文明虽然未必都是由最优等的种族创造出来的，但在随后的文明竞争中，人类总是遵循着生物界优胜劣汰的自然法则，在历史的舞台上依据各自的智能及体格实力扮演各不相同的角色；一个文明被另一个文明所兼并和取代的过程，实际上就是智力和体格上较差的族类被更为强势的族类所战胜的过程。因此，古代的优秀文明，归根结底是由较为优秀的族群创造出来的。这一理论显然是难以自圆其说的，因为人们不禁要继续追问：既然历史是由族类的素质决定的，那么决定一个族群优劣的因素又是什么呢？在这个时候，种族论者便不得不回归到唯心主义命定论的老路上去。

相比之下，在解释古代文明成因的过程中，环境论似乎受到更多人的青睐。早在古希腊时代就有人设想，人类身处其间的各式各样的自然环境是人类文化多样化的最根本原因，各地的文明类型与地理、气候类型之间存在着必然联系。亚里士多德甚至认为，某些民族世代为奴，这是由他们所居住的自然条件决定的。这种古代的环境论到了近现代又有了新的表述。例如孟德斯鸠就曾指出，在气候炎热的东方大国里，专制政治是维持社会秩序的最佳方式；不过反过来，专制政治又使这些国度的人民产生出懒散和惰性，因而更加依赖于专制政体，这时，自然环境与民族性互为因果，导致了一种恶性循环。20世纪50年代的历史学家魏特夫等人在探讨东方专制主义问题时，却从大河流域地区组织水利灌溉的需要中去寻找答案，他们最终得出了一个基本结论：凡是发源于大河流域并需要组织人工水利灌溉工程的文明，都会产生专制体制。

值得注意的是，古今的环境论者都有一个共同的理论支点，即相信相同的自然条件和环境因素必然会造就相似的文明类型。可惜这一说法并不总是符合历史实际。例如，北美南部的格兰德河和科罗拉多河周边的自然条件与埃及、美索不达米亚及印度北部十分相似，然而那里的土著居民当中并没有发展出具有专制主义特征的文明来。又如，虽然欧亚内陆、阿拉伯半岛及北非的大草原似乎总是在造就一个个千篇一律的游牧社会，但是美洲和澳洲的许多草原却根本没能产生出自身的游牧社会来，当地的居民在西方殖民者到来之前，始终停留在狩猎和采集的经济阶段。由此看来，单纯的环境因素并不能完全解释特定文明的生成。这是因为，环境因素赖以起作用的对象不是一群群只知道被动地和机械地适应自然的一般动物，而是一个个具有主观能动性和创造能力的人。人纵然不大可能是其环境的主人，但也未必要做环境的奴隶，即使在遥远的古代也是如此。因此，我们不妨在自然环境之外再加上人的因素，即把环境扩大为自然环境与人文环境的总和，在这种情况下，古代文明与其环境因素的关系，便会变得更为清晰。

在古代，由于人类还处于幼年期，其主观能动性和创造能力的发挥还不够充分，人们对于外部自然条件的反应还比较盲目，因而环境因素的影响对于古人比对于今人便要大得多。具体而言，包括自然环境和人文环境在内的环境因素对于古代文明的影响主要表现为如下三点：第一，环境可以加速或推迟文明的出现。古代美索不达米亚、古代埃及、古代印度及古代中国的早期文明都出现在大河流域，由于河流及其四周渠道网的长期冲刷，以及河道淤泥的覆盖，这些地区的土壤相对松软和肥沃，人们即使使用比较原始的生产工具，也能对土地进行有效的开发利用，使之增殖。在这一基础上产生的文明，明显具有起步较早但起点较低的特色。相反，在雨量分布较为均匀的地中海以北地区，由于土壤的硬度较大，相应需要具有较大硬度的生产工具才能进行开发利用，因此那里的文明起步较晚，但起点较高。而在美洲、澳洲和非洲内陆的某些较为孤立的地区，虽然土壤和气候条件均十分宜人，但那里的居民智能进化程度较低，加上与外部世界的隔绝，缺乏一种竞争的活力，其文明的生成过程便要缓慢得多。在这里，自然环境、生产技术条件及人的主观能动性对于文明的生成和发展共同起作用。

第二，环境造就了各文明间的基本差异。由海岛民族创造的文明具有海岛文明的特色，由内陆民族创造的文明则具有内陆文明的特色。根据一些现代学者的说法，人类的迁徙是古代文明和国家生成的通常途径，而海岛民族的迁徙与内陆民族的迁徙，在本质上是不同的：前者是海上迁徙，使用的交通工具是木船，整个迁徙过程经受着惊涛骇浪的考验，充满着舟覆人亡的极大危险；后者是陆上迁徙，使用的交通工具主要是各种车辆和牲畜，迁徙过程相对平静和安全。这样不同的迁徙经历对于不同民族性格乃至文明特征的养成，具有决定性的意义：海上的生活习性使海岛民族更加好动和喜欢冒险，其文明便带上了外向的特色；内陆的生活习性使内陆居民喜静厌动，他们的本土观念更为强烈，其文明自然带上了内敛的特征。当然，这并不意味着从根本上来说海岛民族不喜爱和平生活，内陆民族从不对外拓展，文明特征的区分不过是要对特定文明的基本发展态势作出大概界定而已。至于某些在周边先进文明影响下由野蛮的游牧生活直接转入文明生活的民族，则常常带上了混合的性格，即一方面保持着游牧时代所特有的淳朴、放荡不羁和争强好胜，另一方面又承袭了文明人所特有的彬彬有礼和老于世故。由此可以推知，在一定的历史条件下，人文环境对于人类早期生活的影响，丝毫不亚于自然环境。

第三，环境有时决定着某些民族的历史命运。在人类历史上，曾经出现过一些神奇的地区，这些地区常常成为某些特定民族坎坷经历的渊薮。古代迦南（后来的巴勒斯坦）就是其中的一个。公元前2000年左右，希伯来人由东而来，迁入了迦南，从此，这个民族便注定要过上颠沛流离的生活：他们先是受埃及人奴役，接着又受到腓力斯丁人的侵略，以后占领过迦南的外族相继有亚述人、迦勒底人、希腊一马其顿人、叙利亚人、罗马人，等等。外族的每一次对迦南的占领，都无一例外地伴随着对希伯来人口的大肆掳掠和驱逐，于是，希伯来人逐渐流散到世界各地，成为一个流浪的民族。圣经说，迦南是耶和华赐给亚伯拉罕及其子孙的应许之地，是"流着蜜和奶"的地方，实则是一个流着泪和血的不祥之地。根据有关资料记载，迦南是东地中海沿岸的一个狭长地区，北接叙利亚，南连埃及的西奈半岛，约旦河自北向南纵贯全境，全境除地中海沿岸及约旦河流域为平原外，其余多为山地。这样一个地方，其单纯的经济价值的确不可能太高，可是它却具有明显的军事战略意义：它扼欧洲、亚洲和非洲交通之咽喉，是古今兵家必争之地，任何新崛起的周边大国，只要稍有称霸野心，就不得不抢先占领这一战略制高点。这正是希伯来人历史悲剧的症结之所在。与迦南的情形相类似的地区，还有克什米尔一阿富汗地区以及印度河流域北部地区等。虽然在这里我们强调了独特的自然环境对于特定民族历史前途的影响，可是迦南的实例也进一步告诉我们，如果离开各族纷争这一人的因素，自然环境再独特，也会变得毫无价值。

在传统上，人们基于方便的原则，喜欢以较大的地域为中心，对古代文明进行分类，于是便形成了古代埃及文明、古代西亚文明、古代印度文明、古代中国文明、古代希腊文明、古代罗马文明、古代美洲文明、古代非洲文明等若干以地域为名称的文明板块。可是根据类型学的要求，只有相同或相近风格及门类的文明，才有探讨其内在关联的价值。上述以较大地域为标志的文明归类，既显得过于笼统，也不太符合科学分类的原则。诚然，尼罗河流域的古代文明大体上是由闪米特人创造的，这个语族从远古的涅伽达文化时代起，到希腊一马其顿人的征服为止，一直是埃及地区历史的主人，其所造就的文明前后风格一致，因此的确可以称作"古代埃及文明"。可是古代西亚的情形则大不一样，历史上控制过两河流域农业中心的族群相继有：

苏美尔人、阿卡德人、阿摩利人、赫梯人、亚述人、迦勒底人及波斯人等。其中，赫梯人和波斯人属于印欧语族，苏美尔人很可能属于阿尔泰语族，其他的都属于闪米特语族中的各不同分支。这些不同的族类在占据美索不达米亚之后虽然也出现过文化融合的趋势，可是由于他们的种族背景（包括语言）差距较大，他们的融合程度是较为有限的。这种族源上和文化上的差异，甚至可以在今天西亚各国的政治乱局中寻找到某种遗迹。至于古代巴勒斯坦的独特性则更是尽人皆知的，它被纳入到“古代西亚”的文明范围内，便只能算作是一件勉为其难的事情了。

“古代印度文明”的概念也是含糊不清的。印度河流域的早期文明，即哈拉巴文明，是由一个尚不知其确切来源的族群——达罗毗荼人创造的。达罗毗荼人的文化固然对后起的雅利安人文明产生过些许影响，可是如果说这些个头矮小、肤色深沉的族群曾经为印度文明的未来发展确立了基本方向，则是令人生疑的，因为至少，我们在达罗毗荼人的文化遗址中，看不到成为后来印度社会基本特征的种姓制度的任何痕迹。与“古代印度文明”相类似的还有“古代希腊文明”。由于族源上的某种相关性，爱琴文明与古典希腊的关系，也许要比哈拉巴文化与吠陀时代的印度的关系来得密切一些；不过就对于未来文明的基本走向的影响而言，爱琴文明仍具有其鲜明的独特性。例如，作为爱琴文明基本特征的王宫建筑，在荷马时代之后的希腊人那里却消失得无影无踪，这在一定程度上表明，古典希腊未必就是爱琴文明的自然延续。即使大体上由汉族创造出来的“古代中国文明”，也不可避免地留下了某种概念上的含糊之处。被认定为夏朝文化遗存的二里头文化，也许与龙山文化及仰韶文化之间存在着或多或少的关联，可是这一属于中原传统的文化遗存，无论如何不可能与西南地区的三星堆文化有直接的联系，因为后者的独特性太过明显了。例如，该文化遗址中出土的青铜人像，在中原地区的任何遗址中均无法找到与之相对应者。这便产生了一个有关代表性的问题：当你讲到“古代中国文化”时，你到底指的是以二里头遗址或龙山遗址为代表的中原文化，还是以三星堆遗址为典型的西南文化？

显然，以较大地域为中心来进行文明分类会造成概念上的混乱，因此有必要用更能反映特定内涵的具体地名或族名来指称特定的文明。在这种情况下，一个较大区域内所包含的若干文明之间的差异性，就能够被凸显出来。例如“古代西亚”包括苏美尔—阿卡德文明、阿摩利文明、赫梯文明、亚述文明、迦勒底文明、波斯文明、腓尼基文明、希伯来文明;"古代印度"包括哈拉巴文明与雅利安文明;"古代非洲"包括诺克文明、伊费文明、贝宁文明、津巴布韦文明;"古代美洲"包括玛雅文明、印加文明、阿兹特克文明,等等。此外,从研究的实际需要出发,我们还可以根据文化的成熟程度及其与后世文明的亲疏关系,把古代文明大致划分为初始文明与古典文明两大类,前者如哈拉巴文明、爱琴文明、二里头文明、三星堆文明、玛雅文明、阿兹特克文明、诺克文明及津巴布韦文明等,此类文明是最初生成的人类文明,距离今人生活甚为遥远,在很长的历史时期里,它已经为人类所遗忘,也就是说,此类文明是在晚近时期被人们重新发现的;后者如古代埃及文明、雅利安文明、春秋战国以后的中国文明、荷马以后的希腊文明、罗马文明、迦勒底文明、波斯文明及希伯来文明等,此类文明代表了人类文化发展的一个高峰,是较为成熟的文明,它对于后起的中世纪文明产生了直接或间接的影响。由于分工方面的原因,本书将把文明的初始阶段当作叙述的重点。

三 重现古代文明的方法与途径

就目前人们所掌握的研究资源和手段而言,要对古代文明的各个具体部分和方面进行如实地"重现"是不切实际的,撇开因历史信息的不可靠或历史学家主观错误所导致的偏差不谈,人们充其量也只能够重现古代文明的主要部分和大致趋势。其中的主要困难,是由于年代过于遥远,存留的历史资料不是过于贫乏,就是过于零散,在具体历史事件和现象的拼接上存在着太多的缺环。不过即使如此,历史学家还是利用各种现有条件和技术手段,并尽其所能地挖掘新的历史证据,力图如实地再现古代文明的原貌。人们在重现古代文明的过程中,通常使用的方法和途径主要有下列几种。

1. 传统历史学

传统历史学,尤其是中国的传统历史学,主要是通过钻研历史上的文字资料而达到重构历史情境的目的。自古以来,世界各地区、各民族均出现过许多专业的或业余的历史学家,为后世留下了宝贵的历史作品,积累了丰富的历史资料,这些作品和资料就是通常人们所说的历史文献,它是传统历史学研究历史的最基本的证据。由于古代文明常常以文字的出现为标志,人们便有可能借助文字记载，对古代文明的概貌进行复原的工作。

可是，单纯以文献资料为研究手段的传统历史学，在被具体应用于古代文明的研究时常常显得力不从心：第一，在古代，由于人类文明程度相对较低，文字记载所覆盖的人类生活领域比较简单和粗糙，历史文献对于许多具体的细部常常竟告阙如。第二，由于年代过于久远，大量重要的文字资料已经遗失。其三，撰史者本人可能因阶级或个人利益产生偏见，其记载未必客观和公正，此时，他们所留下的文字资料便不能作为完全的信史而加以采信。其四，在相当一部分地区的古代文明遗址上，尚未曾发现有使用文字的痕迹。最后，许多古代文明虽然被发现有使用文字的痕迹，但其中的一些文字尚未被释读出来，因此暂时无法发挥其价值。

可见，使用单纯的文献资料不可能对古代文明展开全方位的探寻，传统的历史学必须得到其他相关学科的配合。

2. 考古学

考古学主要是通过挖掘和研究古代人类活动遗留下来的实物资料而达到再现古人生活情境的目的。人类活动必然会留下各种遗迹和遗物，古人也是如此。这些遗迹和遗物随着岁月的流逝，大部分被埋藏于地下。考古人员首先把它们从地下挖掘出来，然后对其进行分类研究。考古学与现代科学技术的结合，使得对考古遗物年代测定的实际误差越来越小，因此人们就有可能根据文献记载，结合出土的文物资料，对更为久远的文明作出年代学上的判断。近年来国内学界所进行的夏商周断代工程，其中就使用到这种多学科交叉和结合的方法。

考古学常常发挥着传统历史学无法发挥的作用，它所揭示的历史场景，通常比文字描述更加直观和生动。例如，当秦兵马俑埋葬坑在西安临潼被挖掘和清理出来后，它对于世人的震撼意义，自然是远远超过了司马迁的描述。就墓葬而言，在没有留下任何文字记载的情况下，仅凭传统的历史学方法，我们是无法对墓主的生平事迹作出有效解释的，而考古学却能依据墓葬规格及随葬物品等实物资料，对墓主生前的身份、地位、家庭情况及性格偏好等作出一般性的描述。此外，考古学证据还可以纠正传世文献方面的谬误。例如，晋朝太康年间在汲郡的战国墓中发现了一批竹简，即为大名鼎鼎的《竹书纪年》，该材料的出土，既澄清了有关商朝宫廷变乱等细节上的传统谬误，又纠正了《史记》所载战国史事的年代偏差。又如，上个世纪在湖南长沙及湖北荆州等地发现的战国竹简，均有《老子》篇；经比对，竹简《老子》与传世的《老子》有一些文字上的差异，这证明《老子》在经过多年的辗转和反复的传抄之后，已经出现了变异。总体而言，考古学资料与文献资料一起，对特定的历史事件和现象，起到互证的作用。

3. 社会学

上个世纪20年代以来，随着西方新史学思潮的崛起，人们的眼光纷纷下移，研究领域迅速扩大，传统上政治制度史一门独大的现象有了根本的改变，与长时段有关的人类日常生活的各个细节成为新的研究对象；与此相应，以强调社会调查和经验证明、重视数量分析为特征的社会学方法，也开始被引进到历史研究上来。古代文明的研究一旦加入了社会学的方法，便意味着人们不再满足于对古代文明大致轮廓的勾勒，如今，人类生活的各个细部均引起了全面的关注。换一句话说，社会学方法介入古代文明研究，使得研究更加细化了。

随着研究领域的拓宽及研究方法的改变，研究材料也相应地有了新的拓展。过去一贯不被历史学家看好的非正史材料，如神话传说、史诗、口述资料、传奇小说、谱牒及方志等等，开始堂而皇之地进入到历史学家的视野。

4. 民俗学

民俗学以人们在日常生活中通过语言和行为传承的各种民俗事象作为主要研究对象。随着历史学研究领域和研究材料的拓展，民俗学的研究方法也必然要被引进到历史研究中来。民俗民风是属于较长时段的历史现象，其最大的特点就是具有顽强的生命力和历史的传承性。某些民俗虽历经千百年历史变更而不改其本，在社会政治和经济制度彻底改观之后，古老的民俗民风还会以一种新的面貌存留于新的社会当中。例如近年来的研究表明，中世纪期间广泛流行于西欧大陆和不列颠岛上的圣徒崇拜、圣母崇拜及天使崇拜，虽然与天主教信仰直接相关，可是其民俗学来源，却可以分别追溯到古代异教的英雄崇拜、女神崇拜和多神崇拜。因此在具体探究中世纪的圣徒崇拜、圣母崇拜和天使崇拜时，从横的方面把握这些崇拜的天主教信仰背景固然十分必要，而从纵的方面弄清其古代形态也并非可有可无。

如此一来,中世纪的研究便直接推动了古代英雄崇拜、女神崇拜和诸神崇拜的探寻,古代文明的研究因理解后世民俗民风的需要而得到了深化。

5. 民族学

与历史学相关的民族学研究,一般把重点放在发展较为滞后的少数民族身上。由于这些民族处于较低的历史发展阶段,人们在他们的身上可以隐约看到自己祖先的某些生活情景,因此这些落后民族便充当了人类文明进化的“活化石”的角色。19 世纪美国著名民族学家摩尔根,曾经对北美易洛魁印第安人进行长期跟踪研究,他使用历史追溯法,从印第安人当中残留的亲属称谓中,找到了更早时期盛行于印第安人的家庭关系和婚姻形态,并把后者推而广之,认为这些家庭关系及婚姻形态在人类原始部落中具有普遍意义。历史追溯法既然能够应用于原始人类的研究,自然也可以应用于古代文明研究。只是随着社会的发展和人类的进步,这类社会“活化石”日渐稀罕,乃至最终消失。

6. 宗教学

宗教学以人们的宗教信仰作为研究对象。人类在刚刚跨入文明门槛时,他们还无法用纯自然的方式来解释和理解万事万物和人类的起源及其复杂的相互关系,为了缓解他们用理性的手段尚无法缓解的自然压力和社会压力,他们采取了超自然的手段,于是,宗教信仰成为古代文明人的普遍现象。既然如此,古代文明的研究就不能忽视宗教学的方法。围绕着宗教的两个核心问题,即神和灵魂的问题,不同的族群发展出了五花八门的信仰体系和崇拜形式;当特定的宗教观念与特定的哲学思想发生交流时,就会产生独特的神学理论。系统的神学理论的诞生,正是古代文明的重要成果之一。从单纯地思考宇宙万物等自然现象,发展到思考这些自然现象的原因和根源,这无疑是人类思维的一大飞跃,因此,以犹太教和基督教为代表的一神教的出现,表明古代文明更趋理性和成熟。宗教对古代文明的影响达到了如此程度,以至于我们有时不得不用信仰特征来标示不同的族群,如“异教徒”、“犹太人”、“佛教徒”、“摩尼教徒”及“基督徒”等。

此外,古代文明的研究也常常使用到人类学、语源学、地质学及地理学等相关学科的方法和知识,在此不加以一一赘述。

第一章　神话传说与古代文明的发现

在文字被发明出来之前，远古先民用口传的方式，表达自身对于万物生成和宇宙构造的理解，保存人类对自身过往历史的记忆，并把这些理解和记忆传递给后一代。这些口传作品，便是最初的神话传说。因此不难理解，为何古代文明，尤其是初始阶段的古代文明，总是与神话传说有着密切的关联。后来，随着文字的发明，原先口口相传的神话传说，开始以书面的形式流传开来。

在古代希腊、古代罗马和古代印度，神话不仅仅借用史诗的形式获得系统化，而且通过戏剧的表演形式取得家喻户晓的传播效果，于是，丰富多彩的神话传说，便成为这些文明据以传承民族文化和传统精神气质的重要媒介。古代中国文化由于受到现实主义传统的影响，相对缺乏浪漫的特性，但这并没能阻碍中国古代神话的产生和发展。

第一节　概　述

根据神话学家的说法，神话传说是有关自然、历史、世界命运、众神、人类及其社会的一系列想象性故事，它以虚拟的方式追溯神灵、人类及宇宙万物的起源，从而证明现存制度、习俗和各种文化物象的正当性及合理性。公元前 300 年前后，希腊哲学家欧赫墨罗斯(Euhemeros)提出了神话即为历史的学说，在他看来，神祇便是生前立过丰功伟绩、死后受人崇拜的英雄人物，而所谓神话，就是这些英雄人物的事迹的记录。这一学说被后来的基督教学者所接受，即使到了 19 世纪以后，还有一些西方学者对其趋之若鹜。现在看来，把神话等同于历史，是完全错误的。由于神话传说的叙述比人类历史的构建更为古老，因此神话传说的价值并不取决于其历史的准确性。换言之，企图从神话传说中直接寻找到真正的历史，往往是徒劳的。然而，一方面，神话传说的功能之一，就是要告诉人们有关万事万物的“真相”，在求真这一点上，神话传说的叙述者在主观上与历史学家的追求没有本质差异；另一方面，神话传说的叙述者也习惯于把真正的人类历史用神话的语言叙述出来。于是，在神话传说与人类历史之间，便存在着千丝万缕的联系。

一　人类创造的传说与历史

最初的人类和人类社会是如何产生的？这对于混沌初开的人们来说，必然是一个既有趣又犯难的问题。由于智力与历史条件的限制，古人自然无法正确理解自身的起源，神造说遂成为他们开启人类神秘大门的唯一钥匙。至于造人的神有何特性，神造人的具体过程如何，等等，则要取决于各地的历史文化条件。

1. 琐罗亚斯德教的造人神话

根据琐罗亚斯德教的神话，善神阿胡拉·马兹达首先创造了天体和宇宙，然后创造了完善的原型人以及原始牛；与此同时，恶神安格拉·曼纽创造了魔鬼以及蟒蛇和蚂蚁等有毒生物。恶神创造完毕之后，便释放出自己的创造物，对善神的创造物实施破坏和毁灭。奄奄一息的原型人发射出精子，从这些精子中诞生出最初的一对人，他们成为人类的始祖；即将死去的原始牛也发射出精子，从这些精子中诞生出所有有益的动物和有益的植物。宇宙万物、人类及善恶就是这样被创造出来的。

在这里，善的事物与恶的事物是由善神与恶神分别创造出来的，人类属于善的一端。这种二元创造说，以及对于人类善良禀性的肯定，反映了古代中亚民族价值取向及其文明的基本特质，因而在总体上为此后中亚地区历史的发展奠定了一个文化基调，例如后来在同一地区兴起的摩尼教，就是在大体上沿着这样的文化进路传播和拓展的。

2. 犹太教的造人神话

古代希伯来神话中的创造，则为人们认识事物的本质提供了另一种模式。耶和华上帝用五天时间创造出了世界万物，第六天创造了男人亚当，并抽取亚当身上的一条肋骨做成女人夏娃，亚当夏娃遂成为人类的始祖；人类始祖最初生活在上帝的伊甸园里，他们虽然无忧无虑，却赤身裸体，与蟒蛇等猛兽混居。后来，在蟒蛇的教唆下，夏娃违背耶和华的禁令，偷吃了智慧树上的果子，并教唆亚当一同犯禁。作为惩罚，人类被赶出了上帝的伊甸园，开始担负起工作的辛劳，并被限定了寿命，此外，女人还被加上了生育的痛苦。

就与历史真实的联系而言，这一创造故事的意义主要体现如下：其一，上帝创造的万事万物，本来就是为人类所利用的，换言之，人类理当成为世界万物的主人，这反映了古希伯来人对于人类与其周围环境的关系的独特理解。其二，女人是男人身上的骨肉做成的，这既可以理解为配偶间关系的亲密无间，也可以理解为在家庭生活和社会生活中，女人对于男人的依附和从属，后来希伯来社会中的男权主义及家长制，正是从这一经文中找到最初的法理依据的。其三，伊甸园里的生活，实际上是处于蒙昧时代的远古先民原始生活状况的一个缩影。那个时代的人类尚未学会耕织，当然就没有工作的烦累，有关人类始祖随意采食园里果实的描述，更是向我们展现出一幅原始采集经济的生动图景；可是神话作者诗意的赞叹和憧憬，却无论如何也难以掩盖其间物质生活的极度贫乏和简陋，以及人类认知能力的极度低下。其四，邪恶与死亡随着人类的犯禁而到来。与琐罗亚斯德教的创造神话不同，坚持一神论的古希伯来人认为，万善的上帝只创造善的事物，邪恶是人类的咎由自取，与上帝无关。在神话作者看来，邪恶的出现，无疑是人类进入文明社会的代价；人类社会的每一个进步，似乎都伴随着人自身道德状况的退步，这无疑是人类历史上的一个最大悖论。

3. 古代印度的造人神话

有关人类起源的故事，古代印度的神话传说存在着多种说法。据《梨俱吠陀》中的一首颂诗的记载，创世之初，众天神以宇宙人普鲁沙（Purusha）作祭品，把他切成许多块，从他的双唇产生出了祭司婆罗门，从他的双手产生出了武士刹帝利，从他的大腿产生出了农夫吠舍，从他的双脚产生出了仆役首陀罗；他身体的其他部分分别造就了太阳、月亮、大地、水、火和空气等等。这一故事通过追溯种姓制度的神圣起源，为该制度的合理性作辩护。不过人们仍然可以从中获得两点历史认识：其一，种姓制度历史悠久，它在早期吠陀时代就已经萌发。其二，远古时代的人类，曾经普遍存在着人祭，这种习俗的残迹甚至存在于文明时代的初期。

据同一作品的另一首颂诗的描述，天空之神与自己的女儿黎明通奸，交媾之间把精液溅落在大地上，于是生长出了地上的各类物种。在《梵书》中，这种通过乱伦来实现创造的情节有了进一步发展。创造之神般阇帕提(Prajapati)生下了火、风、日、月四个儿子以及一个女儿黎明，他向自己的女儿黎明求婚，遭到了拒绝。为了逃避父亲的追求，黎明变成一只母鹿，般阇帕提则变成一只公鹿；黎明变成一头母牛，般阇帕提变成一头公牛；黎明变成一匹母马，般阇帕提变成一匹公马……正是以这样的方式，世上的所有物种便被创造出来。般阇帕提的儿子们也觊觎自己的妹妹，他们把精液溅落在大地上，从这些精液中产生出了暴烈之神楼陀罗。现代民族学及古人类学的研究成果表明，父女成婚和兄妹结亲，曾经是史前时代初期人类繁衍的普遍形式，对于这一远古习俗的依稀记忆，通过神话传说的途径保存下来，后人据此得以更为清晰地辨认出古人的生活轨迹和人类文明的发展走向。

4. 古代中国的造人传说

古代中国的创造神话，常常围绕女娲这一中心人物展开。《太平御览》卷七八引《风俗通》曰："俗说天地开辟，未有人民，女娲抟黄土作人，剧务，力不暇供，乃引絙于泥中，举以为人。"黄土高原是汉文化的发源地，黄土天经地义地成为女娲造人的基本质料。有趣的是，女娲是一位女神，她的造人过程可没有希伯来人的上帝耶和华的造人那么轻松愉快，实际上，女娲是采取制作陶器的工艺流程来造人的。这在一定程度上反映了母系氏族社会时期汉族先民陶器的制作及黄河边上农业劳作的艰辛。

除了女娲抟土造人的神话之外，民间还流行一个有关女娲与其兄长伏羲姘居而成为人类始祖的传说。唐代李冗《独异志》卷下曰："昔宇宙初开之时，只有女娲兄妹二人……而天下未有人民。议以为夫妻，又自羞耻。兄即与妹上昆仑山，咒曰：'天若遣我兄妹二人为夫妻，而烟悉合；若不，使烟散。'于烟即合，其妹即来就兄。"同样是涉及兄妹为婚的题材，不同的是这里的当事人已开始对这种乱伦行为有了自觉的羞耻感，可见历史又向着文明的目标迈出了一步。在传说中，女娲还是婚姻制度的缔造者，如《风俗通》曰："女娲祷神祠,祈而为女媒,因置昏姻。”因媒设婚,这是中国传统婚姻制度的一大特色,它与希伯来上帝命亚当夏娃“自为婚姻”完全不同,由于男女婚前的互相隔绝,女媒便成为日后中国礼教体制下婚娶的唯一媒介。

女娲除造人外,尚有补天一说。《淮南子·览冥篇》曰:“往古之时,四极废,九州裂,天不兼覆,地不周载,火爁焱而不灭,水浩洋而不息。猛兽食颛民,鸷鸟攫老弱。于是女娲炼五色石以补苍天,断鳌足以立四极,杀黑龙以济冀州,积芦灰以止淫水。”鳌足、黑龙等,皆为水灾时兴波作浪的水怪,故女娲补天,其目的无非治水。在有关远古汉人生活的文献中,治理黄、淮洪患,一直是一个历久不衰的主题,女娲补天治水之说,应是那个时代的汉族先民抗击自然灾害的一个缩影。

二 城市和国家缔造的传说与历史

城市和国家是文明的标志,因此城市和国家的缔造也就是文明的缔造。文明的出现总是伴随着激烈的社会矛盾和阶级冲突,故有关城市和国家缔造的神话,常常与血腥的厮杀和火拼联系在一起。正在跨入文明门槛的人类,智力上有了一定的发展,这主要体现在,他们虽然仍旧把城市和国家的缔造者与神联系起来,可是在他们的心目中,这些缔造者同时也具有人的血缘。

1. 提修斯与雅典城邦的缔造

雅典城邦的缔造与提修斯(Theseus)的传说有关。提修斯是希腊神话中的一位英雄,据说他的外祖父佩琉斯是天神宙斯的曾孙,另一传说则认为他的父亲就是海神波塞冬,总之他拥有神的血统。提修斯以力大过人和智慧超群而闻名,他常常被与大力士赫拉克勒斯相提并论。提修斯做了两件大事使自己名声大扬。第一件事情是与克里特王的交涉。克里特王米诺斯要求雅典每年贡献七对童男童女去喂养怪物米诺陶罗斯,提修斯与童男童女一起来到克里特,米诺斯的女儿阿里阿德涅对他一见钟情,在她的帮助下,提修斯杀死了怪物,免除了雅典的纳贡义务。第二件事情便是建立统一的雅典城邦。提修斯继承王位后,着手阻止人民间的械斗,把原来分散的各部落组织起来,统一在一个城邦之下;他把人民分成贵族、农民和手工业者三个等级,赋予他们不同的权利和义务;他还铸造了统一的钱币,并对各种节日和宗教仪式作了规定。在他死后，雅典人把他奉为伟大英雄和雅典国家的创立者，在他的坟墓上修起了宏伟的神庙，规定了祭祀他的盛大节日。

耐人寻味的是，后来的传记历史学家普鲁塔克为提修斯立了传，详细记载了他的神奇经历。这是因为，提修斯所做的两件大事，在历史上是有迹可寻的。考古学的材料告诉我们，公元前2000年至前1400年间，克里特岛曾经兴起过辉煌的文明，该文明以中部的克诺索斯王国为中心，向整个岛屿和附近海域扩散。在克里特文明的后期，克诺索斯王国的确出现了一个名叫米诺斯的著名统治者，在他统治期间，克诺索斯王国不仅称霸克里特岛，而且倚靠强大的海军控制了爱琴海中的一些岛屿和中希腊的阿提卡、小亚细亚的特洛伊等地，并在所控制的地区派驻官吏，征收贡赋，掠夺人口。提修斯与米诺斯交涉的传说，实际上反映了阿提卡人民反对克诺索斯的控制和掠夺的斗争，提修斯也许是组织这场斗争的阿提卡人民的首领。这场反对异族侵略的斗争正是促成统一的城邦国家诞生的催化剂，在发动和组织人民的过程中，人民领袖利用已有的威望缔造城邦和国家制度，这是顺理成章的事情。因此，提修斯未必是一个纯粹的神话人物，他可能是一位真正的历史人物，由于年代久远和功勋卓著的缘由，才慢慢被神化的。

2. 吕库古与斯巴达贵族政体的建立

吕库古（Lycurgus）作为一个历史人物的身份，要比提修斯明确得多。根据普鲁塔克的记载，出身于斯巴达王族的吕库古，年轻时为了躲避宫廷阴谋，曾出游东地中海各地。在返回故里以后，他着手实施一系列改革，其中包括：设立掌握实权的长老会议，据此形成了贵族寡头政体；在自由民当中重新分配土地和财产，因而造就了一个“平等人公社”；实行公共食堂制，以保证斯巴达社会内部的凝聚力，维持平等和节俭的传统。此外，还采取严格的军事共产主义方式生养和教育后代、限制和取缔工艺及商品贸易等。据说，在吕库古死后长达五百年的时间里，斯巴达人一直奉行他所制定的法律，他身后的十四位国王中，没有一人对他的法律作过任何更改。这一制度被认为导致了斯巴达军事上的强盛，受到了柏拉图等人的热捧。

可是并没有证据证明斯巴达历史上确有吕库古其人，有人推测说，吕库古最初可能是阿耳卡狄亚的神祇，后来在该神祇被引进到斯巴达时，便被附会到某些历史人物的身上。尽管如此，斯巴达人仍然把他当作是他们城邦的大英雄和最伟大的立法者，人们为他建造了神庙，每年就像对待神明那样向他献祭。斯巴达人对这位英雄人物的感恩戴德，主要是因为他实际上被看作斯巴达国家制度的缔造者。普鲁塔克告诉我们，在吕库古改革前夕，斯巴达社会的显著特征是人民之间的极度不平等，无依无靠的穷人赋税负担日益沉重，财富集中在少数人手里，这与氏族制度解体时期的社会状况非常吻合。某些有作为的民众领袖在这一历史转折关头通过改革立法来创建国家制度，借以缓和或平息社会矛盾，为了提升这位领袖人物的形象，他便有可能被附会于神话传说中的人物吕库古的身上。

3. 罗慕路斯与罗马城的建造

有关城市和国家缔造的故事，当数罗慕路斯(Romulus)兄弟建造罗马城的传说最为曲折和动人。罗慕路斯的外祖父奴米托尔原为阿尔巴之王，后来王位被其弟阿姆里乌篡夺。阿姆里乌让奴米托尔的女儿西尔维亚做了终身守贞洁的维斯塔神庙的祭司，目的是要使奴米托尔断子绝孙。不料西尔维亚被战神玛尔斯强奸而生下了双胞胎，即罗慕路斯及其兄弟罗慕斯。阿姆里乌得知消息后，命仆人把双胞胎婴儿扔进台伯河。这对婴儿被河水漂到岸边，由玛尔斯派来的一只母狼哺育。稍后，兄弟俩被国王的一个牧人收留抚养。这对孩子成人之后，杀死了暴君阿姆里乌，为外祖父夺回了王位，并在母狼哺育他们的台伯河岸上创建新城市，以罗慕路斯的名字命名，是为罗马城。建城期间，兄弟俩发生了争吵，罗慕路斯杀死了弟弟罗慕斯，成为罗马唯一的统治者。他建立了罗马军团和元老院，并采用了圣火献祭仪式。由于城中缺少妇女，他便约请邻邦萨宾的少女们参加罗马城的节日庆祝活动，罗马的男人们乘机劫掠她们做自己的妻子，因而引起两国间的战争。被拐骗的妇女们出于对丈夫和兄弟们的爱，最终阻止了这场战争。

这一故事的寓意十分明显，它无非想告诉我们，罗马的建造者既拥有神的血统，也带有兽类的野蛮习性，这似乎成为一切早期国家缔造者的共同特征。在有关罗慕路斯的血统问题上，另有一种说法是，强奸了西尔维亚的不是战神玛尔斯，而是穿着玛尔斯战袍的暴君阿姆里乌。这一说法不仅使阿姆里乌陷入乱伦罪，而且使罗慕路斯陷入弑父罪，不过由于它采用了较为符合常理的方式揭示罗慕路斯出生之谜，因而似乎更加贴近历史实际。

至于母狼哺育双胞胎婴儿一说，则既反映出罗马先人与兽类为伴的原始生活状况，也表明了这一族类在远古时代的图腾崇拜的基本特征。更为重要的是，故事通过努米托尔与阿姆里乌兄弟的王位之争、罗慕路斯与罗慕斯兄弟的争吵及杀戮，以及罗马人与萨宾人为争夺人口而引发的战争，生动而又全方位地揭示了罗马城邦建立之初尖锐复杂的社会矛盾。

三　史诗中的史实

在世界上的不少古代文明地区，口传形式的神话传说在书面化的过程中，常常也被高度地系统化，并被赋予一种宏大叙事的模式，于是便发展成为脍炙人口的史诗。史诗是神话传说的最高形态，尽管它本质上是“诗”，即带有神话和虚构色彩的文学作品，可是，它也具有“史”的因素，因为它夹杂着大量的历史事实。

1. 有关河水泛滥与人类再生

由于东方文明大多发源于大河流域，河流在给农田提供灌溉便利的同时，也常常泛滥成灾，某些洪灾对于世上生命甚至具有毁灭性影响。这些灾难及其后果，在一些史诗和神话中也得到了反映。

在古代美索不达米亚，洪水与人类再生的故事，不过是《吉尔伽美什史诗》中的一段插曲。这部史诗告诉我们，乌鲁克国王吉尔伽美什经过长途跋涉，终于见到了自己的祖先乌特-纳皮斯提姆。吉尔伽美什询问后者是如何获得长生不死的，于是后者便引出了一段洪水的故事：众神决定发起一场大水毁掉人类和一切生命，可是有一位叫埃阿的神把众神的这一秘密计划透露给了虔诚的乌特-纳皮斯提姆，并嘱他建造一条木舟以自救。乌特-纳皮斯提姆按照埃阿神所提供的尺寸建造了木船，船上装满了各种动植物物种以及他的家人。不久，可怕的暴风雨席卷整个世界，洪水持续了七天七夜，世上所有生物都死光了，残存下来的只有乌特-纳皮斯提姆一家及其所携带的生物，他们成为人类的再生父母。洪水过后，乌特-纳皮斯提姆向众神献祭，唯独漏掉了直接发起洪水的恩利尔神。恩利尔神见到仍有人类和生物存留下来，非常生气，不过他还是同意为乌特-纳皮斯提姆及其妻子祝祷，并让他们像神那样享受长生不死。

在希伯来人的《圣经》当中，也有关于大洪水的描述，即著名的“诺亚方舟”的故事。所不同的是，众神被换成了耶和华上帝，乌特-纳皮斯提姆被换成了诺亚;人类及生物物种的存留,由出乎众神意料之外,变成了耶和华的事先安排;洪水延续的时间,由七天七夜延长到40个昼夜;与此同时,人类再生父母享受长生不死的特权被取消了。孕育希伯来文明的迦南(巴勒斯坦)与叙利亚沙漠相接,境内干旱少雨,唯一的河流约旦河,从未有过泛滥成灾的历史记载,因此洪水的传说,在迦南地区缺乏原创性的背景。不过,古希伯来人与美索不达米亚之间的历史联系倒是很密切,在“巴比伦之囚”期间(公元前586—前538年),他们在美索不达米亚生活了近半个世纪,诺亚方舟中的洪水故事,极有可能是希伯来人对《吉尔伽美什史诗》那段著名插曲的再创造。

无独有偶,古代印度也有洪水泛滥和人类再生的故事。据说,虔诚的摩奴无意中救了一条小鱼的生命。不料这条小鱼原来是一条神鱼,它能够预言未来。小鱼告诉摩奴,很快就要发大水,一切生灵就要毁灭。它嘱咐摩奴提前建造一条木船,并预备好各种植物的种子。不久之后,洪水果然滚滚而来,大地被淹没在茫茫混沌之中,一切生命都灭绝了,世上只剩下了摩奴及其随时携带的植物种子。洪水退去之后,摩奴重新在大地上繁衍人类和生物。这一故事与上述《吉尔伽美什史诗》中的插曲何其相似,对于它们之间的内在关联,我们不得而知。

古代中国也有许多有关“治水”的传说,不过却没有发展出洪水灭绝所有生命和人类再生等寓意更为深刻的情节,这大概与中国文化的现实主义传统有一定的关系。

2. 有关古代战争

在人类文明的初期,由于生产水平的落后、技术条件的简陋以及沟通手段的缺乏,人们除了使用和平的手段进行交流之外,也不得不经常使用暴力的手段表达自身的意愿和增进自身的利益,于是,战争便成为古代世界日常生活的一个重要组成部分。受制于那时的武器装备条件,古代战争的杀伤力也许无法与近现代战争相比,可是古代战争的发生频率以及具体战役持续的时间,则往往超过了近现代战争。特别在史前社会向文明社会转变的关键时刻,战争无疑是促进社会转型的催化剂,这时的战争,常常具有神话的色彩。战争造就了战争英雄,那些膂力超群的战士,便是许多史诗所要赞颂的主要对象。

古代印度的伟大史诗《摩诃婆罗多》,在展现原始战争的宏大场面上,给人们留下了十分深刻的印象。婆罗多族是传说中的月亮族之王婆罗多的后裔，该部史诗的中心故事，便是通过描述这一王族的后代之间的长期倾轧，赞颂印度先人兴邦建国的丰功伟绩。居楼国的国王持国的一百个儿子，与王弟般度王的五个儿子因王位问题进行了长期的斗争，般度五子遭流放，可是流放归来后纷争重启，并酿成为期十八天的大战。当时次大陆北部几乎所有的部落和王国都卷入了这场战争，它们不是站在持国百子一方，就是站在般度五子一方。最后持国百子全部战死，般度五子一方取得胜利，般度族的坚战成了居楼国的国王。

印度早期历史总是与大量神话传说混淆在一起，要从中找到确实可信的历史轨迹十分困难。不过历史学家和考古学家还是发现，在后期吠陀的晚期（从公元前 7 世纪起），在印度河上游至恒河中游之间的确兴起过许多雅利安人的早期国家，其中最强大的国家之一就是处于恒河上游的居楼国。

荷马史诗中的《伊利亚特》，则用极其细腻的艺术手法描述了特洛伊战争第十年的一个片段。故事说，希腊联军主将阿喀琉斯因与联军统帅阿伽门农争夺一个女俘，愤而退出战斗，从而导致希腊军队节节败退。后来阿喀琉斯的挚友帕特洛克罗斯借用他的盔甲和武器出战，被特洛伊主将赫克托尔杀死。阿喀琉斯极度悲伤和愤怒，遂抛弃私怨，重返战场。他终于击败特洛伊人，杀死赫克托尔。故事以特洛伊王普里阿摩斯赎回其子赫克托尔的尸体举行隆重葬礼而结束。

由于《伊利亚特》最初取材于神话和民间传说，因此，有关特洛伊战争便一直被严肃的历史学家斥之为文学虚构。不过后来人们根据考古新发现，并结合修昔底德等人的记载，断定在公元前 12 世纪末期的确发生过一次阿卡亚人与小亚细亚人的旷日持久的军事冲突。特洛伊位于小亚细亚西北一隅，当地居民与赫梯人同源，希腊人称他们的城邦为特洛伊或伊利昂（Ilion），“伊利亚特”一词即由此而生。特洛伊以盛产黄金和青铜著称，因而是各地商旅和强盗共同关注的地方，以迈锡尼王阿伽门农为首的阿卡亚人之所以热衷于向特洛伊扩张，其中并不能排除经济和商业的目的。

3. 有关英雄的冒险

远古人类的迁徙和交往，是在交通手段极端落后、生存条件极其恶劣、族群关系极度封闭的情况下进行的，在那样的一个时代里，人们只要稍微远离自己的家园，就意味着拿自己的生命来冒险，这对于那些已经适应于定居生活的文明民族来说尤为如此。这就不难理解，为何一些史诗要把踏足异国他乡的经历当作英雄壮举来称颂。当然，在此类有关冒险经历的描述中，也常常可以找到某些历史的痕迹。

印度史诗《罗摩衍那》，叙述了罗摩遭放逐期间战胜魔王罗婆那的事迹。罗摩是居萨罗国阿逾陀城的王子，因遭继母陷害被放逐到南方的森林十四年。罗摩和妻子悉达在森林里过着愉快的生活。然而，因罗摩不断逐杀森林中的恶魔，魔王罗婆那设计把悉达抢到自己在南方楞伽岛的魔窟。罗摩为了寻找爱妻的下落，来到了大猴王苏格利跋的山上。在大猴王的帮助下，罗摩率领猴军进攻楞伽，经过一场血战，终于杀死了魔王罗婆那，救出了悉达。此时恰逢罗摩的放逐期届满，于是这对患难夫妇凯旋归国复位。

楞伽岛即为斯里兰卡。这部史诗在揭示早年居萨罗国统治集团内部矛盾的同时，也反映出雅利安人向南印度扩张的历史事实。罗摩与猴王交往的故事，后来随着佛教的东传而进入中国，经过与民间文学的融合，最终衍化为《西游记》中孙悟空护送唐僧西天取经等情节。

荷马史诗《奥德赛》则记述特洛伊战争结束之后，希腊英雄、伊塔卡国王奥德修斯回国途中十年历险的故事。根据该史诗的说法，奥德修斯一路上所遇到的最大险情主要发生在南意大利和西西里岛一带。就在这一带，他遭遇过独眼巨人的袭击，蛇首海怪的进攻，以及迷人海妖的构陷；他的船只屡屡被狂怒的风暴击沉，他的同伴大都葬身茫茫大海；他还曾孤独一人在海上漂流了十天十夜，并曾与一位仙女在一座孤岛上同居了七年。最后在费阿客亚岛岛主的护送下，回到了阔别二十年的伊塔卡，与自己的妻儿团圆。

与《罗摩衍那》的陆上冒险不同，《奥德赛》描述的是地中海的海上冒险。就古代的技术条件而言，海上旅行的风险要比陆上旅行大得多，这种生活环境在培育西方人的冒险性格方面曾经产生过积极影响。《奥德赛》通过对主人公冒险经历的描述，无疑为读者展现出一幅古代地中海居民海上生活的生动图景。

四　从神话传说到考古发现

荷马史诗及其他一些有关的文献资料，记述了早期希腊人对特洛伊的一次远征。据说，希腊远征军的统帅是迈锡尼王阿伽门农，他为了替其兄弟墨涅拉俄斯抢回妻子海伦，联合其他希腊城邦，发起了这次军事行动。经十年围困，希腊人终于用木马计攻克了特洛伊城。对这样的记载，近代较保守的历史学家持谨慎的态度，他们大多认为此事缺乏事实依据，因而不足采信。不过，一些具有开拓精神的学者，却力图从史诗中寻找到真正的历史足迹，其中最著名的人物，就是德国人谢里曼(Heinrich Schliemann，1822—1890)。谢里曼是一个神话迷，据说他从小就熟读荷马史诗，对史诗所描述的故事的真实性深信不疑，立志长大后要对其进行探索和研究。

19世纪后半叶，谢里曼终于有机会着手实现自己的梦想，他连续三次对现土耳其的希沙利克(Hissarlik)进行考古发掘，获得了大批的古物和珍宝。通过考古资料与相关文献的比对，他认定在希沙利克挖掘到的其中一个堆积层就是特洛伊城废墟。此后，他又在伯罗奔尼撒半岛东部的麦锡尼和泰林斯一带进行发掘，结果证明荷马等人的描述的确不虚。例如，在迈锡尼卫城发现了六个宽敞的坑窖式墓冢，深达7.5米，这自然不是一般人所能拥有，它们很可能就是史诗中所谈到的阿伽门农、他的妻子以及他妻子的情夫等上流人物的陵墓。此外，在迈锡尼废墟中发掘到的陶瓶、酒杯、指环、匕首、巨型盾牌、尖顶头盔、弓弩及刀剑和长矛等，几乎都可以从史诗中找到相对应的描述。

进入20世纪的第一年，与谢里曼怀有同样神话情结的英国考古学家伊文思(Arthur John Evans，1851—1941)，在克里特岛开始了一场更大规模的考古发掘，其成就举世瞩目。荷马史诗记述克里特岛有城池“百座”，伊文思果真在岛上挖出了一百多个城镇遗址。其中最大的一个遗址是克诺索斯王国的米诺斯王宫。该王宫是一组极其宏伟的建筑群，占地面积达25 000平方米，大都是三层建筑，配有供水和排水设施。宫中设有宝殿、寝宫、神坛、作坊、武库、粮仓、地窖、牢房等等，门门相通，布局奇特复杂，进入者确有置身“迷宫”之感，与神话的描述极其相符。

在克里特岛的众多发掘物品中，有一块宝石格外引人注目。该宝石雕刻有“牛舞”的场景：一名壮士双手抓住一头公牛的双角，在牛背上腾跃起舞。这也许是西方世界最早的“斗牛图”，不过该画面使人们想得更多的，应当是有关米诺斯王宫深处那只可怕的牛怪米诺陶罗斯的传说。该画生动地反映出那个时代克里特地区普遍盛行的牛崇拜习俗。

荷马史诗及其他神话传说曾提到，那个时代的妇女无论在社会上还是在家庭里均拥有重要的地位，这一点也在克里特岛的考古资料中得到了印证。从克里特岛发掘到的许多雕塑，都以妇女为原型，大量的壁画、陶瓶和指环上，均绘有女祭司、女艺人、女驭者及宫女等形象。这些妇女身着由几种布料折叠而成的长裙，其臀部向外凸现，腰部向内收缩，线条清晰而优雅；上身则常常袒胸露臂，长辫和发束垂于肩背，其时髦程度，足可以与18世纪波旁时代的巴黎贵妇相媲美。

第二节 深入探究指引

古希腊哲学家欧赫墨罗斯认为，所有的神话均与历史有关，他甚至径直把神话等同于历史。这种所谓的“欧赫墨罗斯主义”，早就为学术界所抛弃。不过，如果只是出自对欧赫墨罗斯观点的厌恶，而全盘否定古代神话与古代历史的内在关联，则未免有失偏颇。实际上，不少神话，尤其是早期的神话，均在不同程度上展现了某些历史事实，尽管其展现的方式常常是隐喻的或象征的。下面两个例子足以说明问题。

一 奥列斯特的受审

据希腊神话，奥列斯特是阿伽门农与克丽达妮斯特拉的儿子。阿伽门农远征特洛伊回国后，被其妻子克丽达妮斯特拉及其情夫亚格斯都士谋杀。他们还想杀死奥列斯特以绝后患，却因后者的逃亡而未能得逞。奥列斯特逃到其舅父家里，在那里待了八年。成年之后，奥列斯特决意为父报仇，这时，德尔菲的阿波罗神也通过神谕命令他杀死母亲及其情夫。于是，奥列斯特回到故乡，在挚友皮拉德斯的帮助下，杀死了亚格斯都士和克丽达妮斯特拉。不料奥列斯特的弑母行为遭到了复仇女神艾里尼斯的追究，在后者的追逐下，奥列斯特逃往德尔菲请求保护神阿波罗的庇护，阿波罗命他去雅典。智慧女神雅典娜召集由雅典最受尊敬的元老组成最高法庭来审理这一案件。在法庭上，复仇女神艾里尼斯控告奥列斯特说，奥列斯特杀死了与自己有血缘关系的母亲，而克丽达妮斯特拉则只是杀死了与自己没有血缘关系的丈夫，根据血亲复仇的部落习惯，奥列斯特是有罪的，而克丽达妮斯特拉则是无罪的。奥列斯特为自己辩解说，他的母亲犯了双重罪恶——既杀害了自己的丈夫，又杀害了自己儿子的父亲，因此她死有余辜。这时，阿波罗开始为奥列斯特作辩护，他说，对于儿子而言，父亲的血统比母亲的更重要，因为创造孩子的是父亲而不是母亲，母亲不过是承受来自父亲精子的哺育器而已；克丽达妮斯特拉犯下了可怕的罪行，因为她破坏了神圣的婚姻纽带，杀死了作为自己主人的丈夫。接着，法庭进行表决，结果双方票数相等。最后，雅典娜以裁判长的资格，为奥列斯特投下了关键的一票，这位以弑母的方式为父亲报仇的儿子，终于获得了拯救。为了平息复仇女神的怒气，雅典娜决定在雅典城内供奉三位复仇女神。①

上述故事与其他希腊神话的套路一样，即人间的纷争，最后总是通过众神的干预获得了解决，并由此引申出特定的社会制度或习俗来。其实，这些制度或习俗，正是故事的叙述者企图为之辩护的主题，换言之，故事的叙述者借助神话的形式来为现存的社会制度或习俗寻找正当的理由，这恰恰反映了特定神话与特定历史事实的内在关联。

在后来的文明社会里，一个儿子所杀害的无论是自己的母亲还是父亲，他都是犯了弑亲罪；可是在远古时代则不然。在母系公社的历史条件下，由于实行氏族的族外群婚，儿女只知其母不知其父，世系不得不按母方计算。根据血亲复仇的原则，一个氏族成员不要说杀死自己的母亲，即使他杀死的是与自己同一氏族的其他成员，他也是有罪的，因为他杀害了与自己有直接血缘关系的人。反之，如果他杀死的是其他氏族的成员，即使这个受害者实际上是他的亲生父亲，他也是无罪的，因为父亲属于他族，杀人者不仅无须受到本氏族习惯法的惩罚，甚至常常受到保护。可是到了后来，随着父权制的崛起，世系计算的中心由母方转向了父方，这一变化以私有制和一夫一妻制的出现为前提条件。私有制的存在必然产生出财产继承问题，手中拥有财产的男人们，如今必须考虑自己的私产应当由自己的确切后代来继承，于是，能够确认亲生父亲的一夫一妻制，取代了原先的群婚制而成为占支配地位的婚姻制度。由于男女性别在生理上的自然差异，早期的一夫一妻制家庭注定要以男性为主导，这正是父权制和男尊女卑的滥觞。与母权制时代相反，在父权制社会里，不仅世系按父方计算，而且女性开始处于从属地位，一切社会习俗和舆论，都朝着有利于男性的方向发展。这一变化在人类早

① 根据鲁刚等编译：《希腊罗马神话词典》（中国社会科学出版社 1984 年版）“俄瑞斯忒斯”条整理而成，见该书第 92—94 页。

期的历史上，具有一定的普遍性，不过在上古时代的希腊人那里，则表现得最为典型。例如在生育过程中谁是创造新生命的决定性因素的问题上，进入父权制时代的希腊人，便出现了向男性一边倒的趋势。古希腊著名医生希波克拉底（前460—前377）就坚持认为，妇女的怀孕过程，不过是男人的生命精华（精子）借助女人的子宫孵化一个新生命的过程，至于该新生命的质量和前途，则完全是由男方的禀性决定的。①

奥列斯特因杀死自己的母亲受到复仇女神的追逐和起诉，后者认定前者有罪，这表明复仇女神是根据母系公社的原则来行事的；孰料时过境迁，母系公社正在被父系公社所取代，根据父系氏族的原则，奥列斯特的弑母并没有违反新的正义标准，相反，他为父报仇是有功于新的氏族集团的，这正是阿波罗要为之进行辩护的主要原因。阿波罗尽其所能地贬低了母亲在生育过程中的作用，这为后来包括希波克拉底在内的希腊人的普遍生育观定下了一个基调。审判之后的投票结果耐人寻味：支持复仇女神、维护旧的母系氏族原则的元老，与支持阿波罗、维护新的父系氏族原则的元老，在数量上持平。这意味着旧势力与新势力仍处于势均力敌的态势。最终打破平衡的是审判长雅典娜，她以关键性的一票，不仅保住了奥列斯特的生命，而且宣告了新制度对旧制度的最后胜利。有趣的是，决定把票投给新制度的雅典娜是一位女神，这位女神在关键时刻并没有偏袒自己性别，而是成为地道的识时务者，这在一定程度上暗示了许多妇女可能是这场历史变动的自愿的或无可奈何的牺牲品。至于事毕之后复仇女神受到供奉，则似乎应当作这样的理解：女性权利虽然逐渐淡出历史，但它们的某些残迹仍通过一些特别的节日，依稀地保留在人们的记忆当中，如后来的酒神节等。

二 普罗米修斯故事的三个版本

在希腊的神话中，普罗米修斯的故事有多个版本，其中最有趣的三个版本如下：其一，宙斯为了惩罚人类，把火隐藏了起来。普罗米修斯盗取天火送给人类。宙斯看到人间有了火种，非常愤怒，他命令火和冶炼业的庇护神赫菲斯托斯制造了一位名叫潘多拉的漂亮少女，送给普罗米修斯的兄弟艾

① Robert Garland, "Mother and Child In The Greek World", in *History Today*, March 1986.

皮莫修斯为妻。艾皮莫修斯不听普罗米修斯的劝告,接受了潘多拉和她带来的箱子。箱子一经打开,全部灾难都从中飞出,只有"希望"留在箱子里,使人无法找到。其二,普罗米修斯因盗取天火送给了人类,引起了宙斯的愤怒。宙斯把普罗米修斯锁在高加索山上,用投枪把他的胸膛刺穿,每天早晨派来一只老鹰啄食他的肝脏,夜间肝脏又重新长出来,如此日复一日地遭受折磨达三万年,普罗米修斯仍坚强不屈,直到大力士赫拉克勒斯到来,他杀死了老鹰,救下了普罗米修斯。其三,学者们认为,希腊悲剧作家埃斯库罗斯在第二个版本的普罗米修斯故事的基础上,增删了一些内容,其梗概变成:普罗米修斯因盗取天火送给人类而遭到宙斯的惩罚,被锁在高加索山上并遭老鹰啄食肝脏等;但普罗米修斯掌握了宙斯的一个重要秘密,即他知道宙斯如果与特提斯结合,就必将被他们所生的儿子所推翻。宙斯要普罗米修斯说出这个秘密,在宙斯的一再逼迫下,普罗米修斯终于说出了秘密,以此换取了自由。这就是埃斯库罗斯著名的三部曲《盗火者普罗米修斯》、《被缚的普罗米修斯》及《解放的普罗米修斯》的基本情节。[①]

这些动人的故事虽然说法不一,但其透露出来的历史信息则相当丰富,它以象征的手法揭示了在特定的历史时期里人类对自身发展的矛盾心理。普罗米修斯显然是人类在神界的代理人,他的个人遭遇也便在一定程度上反映了人类的集体命运。在这里,天火不能够被简单地理解为是能够给人类带来光明的物质,而应当理解为包括科学技术在内的人类社会进步的手段。所谓的普罗米修斯盗火,实指人类社会中的物质进步和各式各样的发明创造。如果把宙斯的行为理解为一种神意,则在当时希腊人的思想中,人类的物质进步无论如何都是违逆神意的,否则宙斯对普罗米修斯的惩罚就变得毫无意义。第一个版本的故事以最直白的方式告诉我们,人类的聪明才智并没有给其自身带来真正的幸福,相反,由于人类的进步(盗火),天神赐予的一切灾难便随着潘多拉箱子的打开而降临人间,虽然出于对人类的怜悯,天神在惩罚人类之余,还是给人类预留了仅存的希望,但是既然它被隐藏箱底,这种希望对于人类的大多数而言,便是可望而不可即的。由此看来,世间的灾难与人类的进步相伴而生,追求进步的人类,同时也必须承受

① 根据鲁刚等编译《希腊罗马神话词典》"普罗米修斯"条整理而成,见该书第222—223页。

进步所带来的痛苦，任何只取进步不付代价的要求，都是不切实际的奢念。希腊化时代的学者第欧奥根尼(亦译“狄奥根尼”)，曾经用一种犬儒主义的方式回应过这种历史观，他认为，人类进步所带来的灾难，比它所带来的好处要大得多；中国的道家，近代的卢梭和托尔斯泰等人，都在不同程度上持有这种历史观。

宙斯对人类的惩罚，在第二个版本的故事中，通过普罗米修斯的受苦而获得了形象化的描述。人类的苦难哪一天才能结束？故事的结尾对此有了一个明确的答案：在赫拉克勒斯到来之前，普罗米修斯是无望获救的。这等于说，人类是无法实现自救的，它必须靠一个外力的作用来实施拯救。这一结尾之所以精彩，是因为故事的叙述者，与好几百年以后的基督教，在拯救观上不谋而合。在第三个版本的故事中，普罗米修斯在酷刑的威胁下，被迫说出了秘密，这实际上是出卖了自己的良心，预示着人类最后屈从于神意，因此才构成了悲剧。这一结局的意义在于揭示了埃斯库罗斯时代那种无处不在的悲观主义宿命论：人类行为的成败，是有定数的，人无法与命运相抗争，即使贵为神灵，也无法掌控自己的命运，相反，大家都不过是命运的奴隶。

第二章　文字、实物及互证

历史学家必须借助各式各样的历史资料去重现历史情境和还原历史真相。历史资料，简称史料，包括文字资料、实物资料和口传资料等方面。史料之于历史学，相当于证据之于司法审判；没有充分的证据，不足以构成正确的审判意见，而没有足够的史料，也难以得出精确的历史结论。若在具体的历史叙述中缺乏必要的史料支撑，便如空中楼阁，或无米之炊，是历史探究的一大忌讳。如同在司法审判上重视人证与物证的互证一样，在历史研究中也看重文字资料与实物资料的互证。

第一节　概　述

一般而言，人们在研究历史的过程中所运用的史料越是确凿和丰富，其对历史的认识也就越确切和可靠。因此，一方面，对于史料的收集应当尽可能翔实和广泛；另一方面，对于收集到的史料应当作认真的考订和辨别。史料过于单薄，与史料的误用一样，均是历史研究的硬伤。

一　文字资料的种类与特性

文字资料，是指用各种不同文字书写或镌刻在各类物质材料上的史料。在现代纸张被制造出来并推广到世界各地之前，人们只能因地制宜地把文献镌刻或书写在各种现有的器皿或材料上。镌刻在陶器上的文字叫陶文，镌刻在山崖石壁上的文字叫崖文，镌刻在兽骨或龟甲上的文字叫甲骨文，镌刻在青铜器上的文字叫金文，镌刻在石碑上的文字叫碑文，书写在竹简和木牍上的文字叫简文，书写在丝帛上的文字叫帛文，书写在贝多树叶上的文字叫贝叶文，书写在泥板上的文字叫泥板文书，书写在纸莎草上的文字叫纸草文献，书写在羊皮纸上的文字叫羊皮纸文书等，不一而足。其中，陶文、崖文和碑文，比较普遍地存在于古代文明初始阶段的文化中，而甲骨文、金文、简文和帛文，则属于古代中国人的发明，贝叶文是古代印度人的发明，泥板文书只发现于古代两河流域，纸草文献起源于古代埃及，羊皮纸文书则散见于整个古代地中海区域。

青铜器、丝帛和羊皮，都是贵重物品，它们之被使用作书写材料，无形中助长了文字的贵族化趋势。我们甚至可以说，在使用这些物品作为书写材料的社会，文字活动是一种上层阶级的高消费。即使是采用竹简、木牍、贝多树叶和纸草等比较便宜和相对容易获得的物品作为书写材料的地方，由于书写过程的艰辛，人们也会以尽可能简洁的文字，去表达尽可能丰富的内容，于是，一种言简意赅的书面语，便在上流阶级的文牍往来当中盛行起来，它在节省言辞方面与广泛流行于人民大众日常生活中的口头语形成了鲜明的对照。书面语言与口头用语的分离，是东西方古代文明发展到一定阶段的共同现象。

一般而言，当时人记述当时事件的文字资料，比后人追述以前事件的文字资料更真实可靠，因而价值就更高。不过，例外也常有发生。倘若当时事件的记述者，同时也是事件的当事人，或与当事人利益攸关者，那么，他对其所记述事件的态度，则未必比后人来得客观和公正。在进入文明时代之后，随着人类知识的进步，文字资料必然会越来越丰富；而且，经由谨慎考订过的文字资料，即使缺乏实物资料的佐证，也常常可以独自为历史提供证明。这些均是文字资料的优势所在。

在质优价廉的纸张被发明出来之后，历史文献便以几何级数的速度不断增长。甲骨文、金文、简文、帛文、贝叶文及泥板文等逐渐被淘汰，后人只能在地下挖掘的遗物中找到它们的踪迹。由于西方世界利用现代纸张的时间较迟，因此纸草文献和羊皮纸文书在地中海地区流行的时间较长；不过随着文艺复兴与宗教改革运动的到来，这两类文书也开始淡出历史，最终成为图书馆收藏的文物。这一历史进程生动地告诉我们：文字资料是如何随着时间的推移而变成实物资料的。

既然纸质的文字资料以成本低廉和质量上乘而见长，它在各类文字资料的竞争中独占鳌头便是情理之中的事情。后来，随着刻印技术和活字印刷技术的兴起，书籍的制作免去了誊抄的辛劳，大批量的书刊生产使文化教育在一定范围内得到了普及，历史研究的资料，自然也就日益丰富起来。不过，尽管纸张是记载文字最为便利的介质，它却具有易燃、易腐蚀和易霉变等缺点。显然，某些值得永久记忆的事件（如杰出人物及其功绩），以及某些需要长期或反复使用的文据（如印玺），是不适宜使用书籍这一手段的。于是，人们继续将玉、石和金属等坚硬而又耐用的材料当作记录文字的介质，这就是古老的金石文历久不衰的主要原因。

在古代诸多形式的文字资料中，以碑文最具世界性影响。最早使用花岗岩石头来记事的是古代埃及人，他们制作一种方柱尖顶式石碑，即著名的方尖碑，上刻具有颂神含义的文字和图画。这种石碑大多竖立在神庙或宫殿的入口处。也许是在埃及文明的影响下，后起的希腊罗马人也养成了为死者竖立墓碑的习惯，该习惯随着罗马人的扩张而传播到整个地中海区域，并为以后的基督徒所接受。中国先秦时期并无刻石勒碑的习俗，秦始皇统一六国之后，开始刻石记功，开创了竖立碑碣的风气。东汉以后，碑碣渐多，分为碑颂、碑记和墓碑等，用以记事颂德，碑的形制也有了一定的格式。

碑文的出现，无疑使历史资料的种类和内容获得巨大的拓展，它在历史研究过程中常常发挥着其他资料所难以替代的作用。1901 年，考古学家在埃兰古城苏萨（今伊朗迪兹富勒西南）发掘到一块黑色玄武岩圆柱，圆柱主体部分用楔形文字铭刻汉穆拉比法典全文；对于该法典，由于传世文献从未系统记载过，于是，这一碑刻便成为人们了解法典内容的唯一来源。

有关中国唐代景教的主要信息，实际上也是由碑刻提供的。由于唐朝传世文献极少涉及景教情况，对于该教在唐代中国的流传史，后人的认识几近空白。明朝天启三年（1623），考古学家在西安西郊发掘到一块顶上刻有十字架的石碑，即为著名的“大秦景教流行中国碑”，碑文概述了唐贞观九年（635）景教从波斯传入中国后的活动和基督教教义，并详细记载了所有在华景教教士的名字。此碑为人们认识基督教在华的早期历史，提供了弥足珍贵的新材料。

随着时间的推移，墓碑成为碑刻的主要形式。墓碑，就是竖立在坟墓前并刻有死者传记的碑石。墓碑上的碑文，一般分为墓志和墓铭两类，墓志多用散文体撰写，记述死者姓氏、籍贯和生平等；墓铭则用韵文统括全篇，是对死者的赞扬、悼念或安慰之词。在传统中国，多数人的碑文只有志，没有铭。魏晋时期，由于官方严禁在墓前立碑，刻有墓志铭的墓碑遂被埋入墓室。现知标明为墓志铭的方形墓志，以南朝刘宋大明八年(464)刘怀民的墓志为最早。东汉晚年和西晋墓中或有与墓志相近的方版和小型墓碑，但都不自称为墓志。北魏以后，方形墓志成为定制，即下底上盖，底刻志铭，盖刻标题。一个人死后如果没有留下个人传记方面的纸质资料，那么了解此人的最佳途径，往往就是他的墓志铭。不过根据“死者为尊”的普遍原则，所有的铭都只能是对死者的赞颂和褒扬，因此，企图从墓铭中得出对死者为人处世的客观评价，不过是一种不切实际的奢望。

从东汉后期起，纸质的文献开始传世，并且很快就成为文字资料的主体形式。在内容上，中国历朝的纸质历史文献可以分为正史、野史、传记、方志和谱牒等类别。广义上的正史是指以君主的起居为中心、以王朝的兴替为纲领而编成的官方史书；根据这一定义，历史上的正史就不仅仅指清代《四库全书》中所限定的二十四史，而且还包括历代的起居注和实录等。野史则是相对于正史而言的，它指的是古代私家编纂的史书，如《唐书·艺文志》所载《大和野史》十卷，即以“野史”为名，以示与官修史书有别；野史的后世作者，以宋、明两代为最多。传记指的是记载人物事迹的作品，一般由别人记叙；自述生平的，称为“自传”，自传体在文艺复兴之后的欧洲比较流行。中国古代正史中的帝王本纪和列传，以及欧洲中世纪流行的圣徒列传，均为典型的传记体史书。方志指的是记述地方事物的志书。宋以前各地方所修志书称“图经”，两宋之际，“图经”渐次改称为“志”；至明清时，县以上各级政区，每隔若干年修一次志。现有全国历代方志共约八千种，其中大都为明清两代所修。方志不仅记载特定地区的历史事件，而且囊括该地区的地理、风俗、典故等多方面内容，俨然成为一个地方有关古今事物的百科全书，因此是研究地方历史的重要资料。谱牒最初指的是专记帝王诸侯世系的史籍，后来演化成一般记述氏族世系的书籍。魏、晋、南北朝时重视门第，有司选官必稽谱牒，谱学遂成为官僚贵族保持门阀特权的工具。隋唐之后，随着门阀地主势力的衰微和科举制度的兴起，为豪族控制的旧式谱学逐渐消亡，出身贫寒的新生代缙绅，出于光宗耀祖的目的，始修族谱。明清两朝，撰修族谱成为各地时尚。族谱的保存，无疑为特定家族历史的研究提供了极大便利。

在体例上，中国传世的历史文献还可以分为纪传体、编年体、纪事本末体、学案体和史料笔记等类别。纪传体，就是以人物传记为中心的史书体裁，始创于司马迁的《史记》。该体裁的特色是：用“本纪”叙述帝王，用“世家”记述王侯封国和特殊人物，用“表”排列年代、世系及人物，用“书”或“志”记载典章制度及其原委，用“列传”记述人物、民族及外国。纪传体成为以后狭义上的正史的基本体例，被历代官方史家所沿用。编年体，是指按年月日顺序编写的史书体裁。从《春秋》、《左传》、《竹书纪年》到后来的《汉纪》、《后汉纪》、历朝起居注、实录及《资治通鉴》等均采用这一体裁。该体裁以时间为经，以事件为纬，可以看出同时期各事件间的联系。纪事本末体，是以历史事件为纲的史书体裁，始创于南宋袁枢的《通鉴纪事本末》。此书将重要史事分别列目，独立成篇；各篇又按年月顺序编写，可补编年、纪传体之不足。明人陈邦瞻的《宋史纪事本末》和《元史纪事本末》、清人谷应泰的《明史纪事本末》，均为该体裁的代表作。学案体主要适用于学术思想史的撰写，此体裁以学术流派为纲，按人物思想分类叙述，并加上作者本人的论断。其中最典型的代表是清初黄宗羲的《宋元学案》和《明儒学案》。史料笔记，泛指不拘体例的随笔记录作品，其题材既可涉及政治、经济、文化、自然科学、社会生活等各领域，亦可专门记述某一个方面。史料笔记虽然发端较早，但唯有明、清两朝最盛，若排除其荒诞、夸张和传说的成分，则可成为重要的史料来源。

二　实物资料的种类与特性

实物资料，就是以实物形式出现的史料，包括各种具有历史价值的古文化遗址、古墓葬、古建筑、古代工艺美术品及日用品等。古文化遗址通常是指古人遗留下来的城堡、村落、住所、作坊和神庙等基址，这些遗址绝大多数被长期掩埋于尘土之下，只能通过考古发掘的手段去获得，在这种情况下，古文化遗址就成了出土文物。经由考古发现的与人类初始文明有关的古文化遗址，最著名的有印度河流域的哈拉巴文化遗址、美索不达米亚南部的苏美尔文化遗址、爱琴海域的克里特—迈锡尼文化遗址、黄河流域的二里头文化遗址、四川广汉的三星堆文化遗址，等等。

古墓葬的发掘，通常也采取考古学的方法。某些古墓本身就是某个古文化遗址的组成部分，例如，在克里特一迈锡尼文化遗址的发掘中，便发现了许多不同时期的坟墓，这些坟墓的形制和式样，甚至成为划分不同文明阶段的标志。除了附属于某个特定文化遗址的墓葬或墓葬群之外，还有许多被独立发现的陵墓，这类陵墓的墓主通常是帝王或其他重要人物，如在中国西安发现的秦始皇陵，以及在印度阿格拉发现的泰吉·玛哈尔陵等。通过对坟墓的形制、规模、质料、随葬品以及尸体包装等方面的研究，人们就有可能对墓主的身份、墓主所处社会的风俗习惯和文化发展水平等情况作出初步的判断。

古建筑则通常存在于地面上，一般由住所、公共设施和崇拜场所三部分构成。住所包括普通民居、贵族宅邸和皇宫。某些普通民居之所以成为受保护的古建筑，是因为它们在历史学和建筑学上具有典型意义，它们能够反映时代与地方的特色，如明清时期江南水乡中带庭院的民宅，以及同时代的南方客家围龙屋等。贵族宅邸以清代北京遗留下来的四合院式的王府为代表。而完整的皇宫遗址，最典型的莫过于北京的紫禁城、巴黎的凡尔赛宫及伦敦的白金汉宫。公共设施的范围比较广，包括会场（广场）、剧场、体育场、斗兽场、引水渠、排水沟、公共图书馆及公共浴室等。在古代希腊罗马城邦时期，由于政治上采用具有民主趋势的合议制，公民被鼓励参与城邦公共政治活动，他们更喜欢把时间花费在公共场所，因此，城市建设突出公共设施的作用。后来，随着罗马的对外扩张，西方文明的政治模式影响到整个地中海地区，突出公共设施的城市建筑也遍地开花，于是，我们今天可以在北非见到罗马的斗兽场，在不列颠岛可以见到罗马的道路和城墙，在西班牙可以见到罗马的引水渠和公共浴室等等。崇拜场所则是指祭坛、神庙、石窟、教堂、修道院等宗教建筑。既然宗教是古文明的载体，崇拜活动便成为古人日常生活的一个重要组成部分，通过对历史上不同崇拜场所的研究，人们可以大致了解历史时期各地人民的信仰状况和文明特征。一般而言，传世宗教（如佛教、基督教及伊斯兰教等）的崇拜场所，因具有代代相传的特征，其遗迹的存留便相对丰富；而已经灭绝或濒临灭绝的宗教（如摩尼教和琐罗亚斯德教）的崇拜场所，则更容易随着岁月的流逝而湮没于历史的尘土之下，因此，某些摩尼教遗址在泉州的发现，以及某些琐罗亚斯德教遗址在伊朗北部和印度西北地区的发现，自然显得弥足珍贵。

古代工艺美术品，即以美术技巧制成的各种既实用又具有欣赏价值的物品。这种物品通常具有双重性质:既是物质产品,又具有不同程度的精神方面的审美性。作为物质产品,它反映着一定时代的物质生产和技术发展水平;作为精神产品,它的视觉形象又体现了一定时代的审美观。古代工艺美术品一般可分为两大类:第一类是日用工艺品,即经过装饰加工的生活实用品,如染织工艺、陶瓷工艺、家具工艺(彩雕漆器)等;第二类是欣赏工艺品,即专供欣赏的陈设品,如象牙雕刻、玉石雕刻、竹木雕刻、灯彩及装饰绘画等。工艺美术品的不同风格和类型,是由多方面的因素综合决定的,其中包括不同的历史进化阶段、特定的地理环境、经济条件、生产技术水平、民族习尚和审美观等。因此,不同类型的古代工艺美术品,在很大程度上反映了相关文明的特质。

古代日用品,亦即古人生活的基本必需品,其所反映的,主要是古人在衣、食、住、行等方面的情况。以穿着方面为例,虽然各地古人均有以大麻和亚麻等粗纤维织物以及动物毛皮为衣料的习惯,但上流阶级更喜欢用细软的原料织成的衣料,于是从很早的时期起,世界各文明地区就生产出较为高级的纺织品,如印度的棉纺织品,地中海地区的毛纺织品,中国的丝绸织品等。一个人的身份和社会地位,常常可以从其着装穿戴中看出来,这一点对于古代社会史的研究,颇具启发意义。中国的丝绸、瓷器和茶叶,最初只是古代中国人极其普通的日用品,可是随着与外界交往的扩大,它们逐渐成为外销商品。这些商品在不同的历史时期里销往世界的不同地区,它们的残迹因而遍布世界各地,这为我们了解古代中国传统日用品的外销情况提供了便利。在进入商品时代以后,钱币遂成为人类活动的新物证,随着时间的推移,它的影响日益超出了经济的范畴,强烈地渗透到习俗与信仰领域。

总体而言,实物资料种类繁多,其中的每一种形式都在历史研究中发挥着举足轻重的作用。然而,作为历史的证据,实物资料也存在着较大的局限性。首先,实物资料不能被单独用来重构历史。历史的主角是人,实物资料充其量不过是人这个演员借以演出历史悲喜剧的道具,在演员退场之后,其留下的道具如何能够单独承担演剧的任务呢?实物资料是没有生命的物品,亦即凝固的过去,它只有与文字资料相印证,才能发挥其历史道具的作用。例如,1965 年冬,考古学家在湖北省荆州市附近的望山楚墓群中,发掘到一把制作精良的青铜宝剑,该剑的主人被认定为越王勾践,其主要依据是剑身上镌刻有“越王勾践自作用剑”八个字。倘若没有该剑铭所出示的内证，要确定剑主人将有多么的困难！至于这把剑何以流落到荆州望山，以及它在其主人手中时的具体遭遇如何，剑自身是无法诉说的，只好寄希望于更为详尽的历史文献的发现了。

其次，实物资料会随着时间的推移而变得越来越残缺不全。能够保存到今天的历史遗物，往往只是原物的某些部分或片段，即使是这些部分或片段，其形态也必然已经经历过很大的改变。最令人揪心的是，当人们出于善意对残破的历史遗物作保护性修复时，他们无意中已经在不同程度上改变和破坏了遗物的原有形态。影响历史遗物完好程度的因素很多，而人们的习惯和遗物本身的质料，则是最主要的因素。以古代建筑为例，古代埃及、古代希腊和古代罗马的建筑物，多数采用石头为原料。石头是一种坚硬的材料，可以经受住岁月的摧残而不腐，同时它自身价值不高，无招致偷盗之忧，因此无论世道如何动荡，战火如何凶猛，石制建筑依然得以长存不衰，尽管早已残破不堪。最著名的如埃及的金字塔、希腊的雅典卫城遗址、罗马的万神殿遗址和圆形剧场遗址等，这些建筑距今最长的有近五千年，最短的也有两千年。美索不达米亚则缺乏石头，那里的古代居民只好因地制宜地使用一种黏土制成的生砖作为主要建筑材料，这种材料的耐久性当然远远不如石头，因此存留下来的较为完整的历史性建筑并不多见。中国的古代建筑主要采用砖木结构，这种质料既不耐火，也不耐水，而且常常成为虫蚁的猎物，因此，能够保存至今的古代建筑便不可能太古老。国内现存最早的木结构建筑是山西五台山南禅寺大殿，该殿为唐建中三年(782)所建，距今也只有 1 200 余年。大量汉唐建筑，其中的木质部分早已荡然无存，侥幸剩下的，至多只是些房基柱础或残砖碎瓦。黄金、白银等贵金属比石头还要坚硬，本来是很适合保存的，可是由于其自身的价值而常常成为盗贼觊觎的目标，包括盗墓及战争在内的偷盗和抢掠行为，对于历史遗物完整性的破坏，无疑是灾难性的。公元 2 世纪中叶以后，罗马人开始与中国有了零星的直接接触，他们用金币换取中国的丝绸。罗马人使用丝绸织品的情况，不仅仅被史籍所屡屡提及，而且被考古资料所证实。奇怪的是，在中国境内却很少发现罗马金币。有人把此现象归咎于古代中国人熔铸和储藏贵金属的习惯，换句话说，实际流入中国的罗马金币其实并不少，只是很快就被熔铸成金锭和金条了。这一说法意在表明，并非所有的民族习惯都有利于历史遗迹的保存。

三 历史学中的互证原则

20世纪20年代中叶，王国维先生在个人的研究实践中，首创二重证据法，即“纸上之材料”与“地下之新材料”相互印证的研究方法，立即引起国内学术界的积极响应。所谓“纸上之材料”，即为传世文献；所谓“地下之新材料”，即为考古资料。倘若一道历史难题的解决，既能借助传世文献的指引，又能倚靠考古资料的佐证，这当然是历史学者孜孜以求的理想。然而，现实情况告诉我们，并非所有历史问题都能找到同时来自历史文献与来自考古资料的“二重”证据，大量的历史记载常常缺乏考古资料的证明，而许多考古资料也缺少传世文献的印证。就历史学领域而言，在二重证据法的指导下，对于历史考证的原则作出灵活的变通，是完全必要的。陈寅恪先生据此指出：二重证据法应从“地下之实物”与“纸上之遗文”互证，扩充至“异族之故书”与“吾国之旧籍”互证，以及“外来之观念”与“固有之材料”互证。于是，考据学上的二重证据法，便演变成了历史学中的互证原则。互证原则与国际历史学的论证规范是完全相吻合的，因此应当成为我们处理历史问题的最基本的准则。

互证原则的本质就是孤证不立，即任何单一的史料均不能作为构成历史论证的足够证据；在存在单一史料的情况下，相关的历史问题就只好存疑待决。例如，在中国和日本的僧俗二界，均广泛流传着鉴真和尚在到达日本前就已失明的说法，该说法的唯一史料来源是同时代的日本僧人元开所撰《唐大和上东征传》。生性谨慎的陈垣先生认为，像失明这样的大事在《宋高僧传·鉴真传》中不见载，本身就是一个奇异的现象；倘若仅根据元开的一面之词便判定鉴真失明确有其事，则未免太过于儿戏。遗憾的是，后世历史学者似乎并不太在意陈先生这一警告，有关双目失明的鉴真如何为中日文化交流作出惊人贡献的情节，还是被编入了教科书中。

在互证原则的具体运用上，被用来互证的若干史料，必须具有独立和平行的意义。如果甲史料从渊源上出自于乙史料（或者相反），甲、乙两种史料实际上并非处于平行地位，在这种情况下，孤证的状况就没有根本改变，互证的目的也就无法达到。例如，汉朝时称罗马帝国为“大秦”，原因何在，《史记》与《汉书》均不见载，唯《三国志·晋书》解释说：其俗“一如中州，其人长大，貌类中国人而胡服。”《后汉书·西域传》在此基础上作了进一步的引申：

“其人端正长大，衣服车骑，拟仪中国，故外域谓之大秦。”首先，无论是《三国志》还是《后汉书》，都不是汉时典籍，而是后世作品，故两者的说法都不一定可靠；其次，在写作的时间上，前者早于后者，两者说法相类，故可初步判定，是《后汉书》沿袭了《三国志》的说法。既然在该问题上《后汉书》源自于《三国志》，两者并无独立和平行的意义，它们就无法构成互证，于是，有关称罗马人为大秦人是因其长相和衣饰类似中国人的说法，便由于是孤证而不被史学界所采信。

为谋求历史问题的妥善解决，倘若不存在考古资料相印证的任何可能和条件，就需从文献本身寻找内证，最终达到互证的目的。根据前人的治学经验，文献资料的互证，主要包括如下四个方面。

1. 内外互证

内外互证的方法，最初被使用于阐述佛教及与佛教有关的问题。佛教徒自称其教为内教，故自称其典籍为内典。如唐道宣将当时所有佛经编辑成目，题名《大唐内典录》。与此相对应，一切非佛教的世俗典籍或其他的宗教典籍，即被称作外典。研究佛教问题，应力求做到内典与外典互证。对于一名佛教人士来说，熟悉内典也许就足够了，可是对于一名佛教的研究者来说，光有内典的知识而缺乏相关外典的信息，便是远远不够的。一般而言，内典偏重于对本身信仰的褒扬和称颂，而某些外典（并非所有）则可能包含有贬抑或攻击该信仰的内容，也就是说，内典、外典各有偏向性。在这种情况下，客观的研究者必须首先超脱于一切信仰偏见之外，对相关的内典和外典资料作认真细致的考辨和比对，从中得出自己独立的判断和见解。随着研究领域的扩大，内外互证的原则也逐渐被推行至其他宗教的研究。著名历史学家陈垣先生研究过包括佛教、天主教和犹太教等在内的许多宗教，在这些研究中，他不仅仅善于使用宗教内典，而且还时时以相关的外典资料作佐证，为宗教史研究提供了科学的方法。当代学者林悟殊教授，甚得陈老先生的真传，在研究中国古代三夷教（即拜火教、景教和摩尼教）的过程中，坚持内外互证的原则，得出了令人信服的结论，为我们树立了一个新的楷模。

2. 诗史互证

诗词是一种文学作品，严格来说并不具备史料功能。可是，某些具有强烈历史感或直接反映特定历史事件的文学作品（包括诗词），即便不能用作主要的历史证据，但至少也可以用作理解历史问题的旁证资料。也就是说，某些古代诗词对于特定历史问题的澄清，还是可以发挥重要的辅助作用的。例如，《旧唐书》有“杂种胡”这一称谓，《新唐书》则有“九姓胡”一说，两者是否指同一胡人种族呢？如果是，那为何存在着两种不同称谓呢？学界对之无法定论。陈寅恪先生独具慧眼，他在杜甫的诗作中，屡屡发现有“杂种”或“杂虏”的描述，因而断言：《旧唐书》中的“杂种胡”，便是《新唐书》中的“九姓胡”，前者是民间的俗称，后者则是该胡人种族的正式称谓；杜甫是中唐间人，亲历过安史之乱，他用民间语言称呼九姓胡，正符合文学创作的原则和规律；而《新唐书》一反《旧唐书》的做法，把“杂种胡”的俗称变作“九姓胡”这一正式称谓，是因为《新唐书》作者担心后人望文生义，把作为一个种族整体的“杂种胡”，错误地理解为“混杂”之胡人。陈先生的这一推断入情入理，令人敬佩。其实，可以用作历史旁证的不独有诗词这一形式，倘若使用得当，某些传奇小说和笔记等，也能起到类似的作用。

3. 中外互证

在涉及中外交往的历史问题时，中国自身的史料与相关的域外史料的互证，便显得格外重要。任何有关双边关系的材料，在未曾得到对方证据的证实之前，都因只具有孤证的意义而不能认定为史实。公元前 27 年，屋大维成为罗马帝国的第一任元首，当时的罗马文献称，屋大维的名声和影响遍及整个世界，连遥远的中国，也派出使节前来道贺。这只是罗马人的一面之词，迄今为止的中国文献并未披露出有关此次外交来往的半点痕迹，因此罗马文献的这条记载属于无法采信的孤证。据《后汉书·西域传》的记载：“至桓帝延熹九年，大秦王安敦遣使自日南徼外，献象牙、犀角、玳瑁，始乃一通焉。”我们再查证罗马一方的文献：东汉桓帝延熹九年为西历 166 年，在此期间，统治罗马的皇帝叫马可·奥勒留·安东尼（Marcus Aurelius Antonius，161－180 年在位），“安敦”即为 Antonius 的对音，是该皇帝的姓氏。由此可以推知，来访者的确来自罗马帝国；可是，他是否真正由皇帝所派遣，则因找不到相应的罗马方面的旁证材料，而只能存疑待决。另据《明史·外国列传·满剌加列传》的记载：明嘉靖初，佛郎机举兵侵夺满剌加，满剌加国王苏端妈末出逃，嘉靖帝令暹罗等国出兵支援满剌加，未果，满剌加终被佛郎机所灭。此条史料说的是葡萄牙人征服马六甲王国一事，最初由于是孤证，学者历来对此事的真实性持谨慎怀疑的态度。后来，有人在葡萄牙国家档案馆发现了详细记载葡人占领马六甲的档案材料，根据该材料，被逼出逃的马六甲国王就是苏丹穆罕默德，即《明史》中的“苏端妈末”；葡人占领马六甲的时间是在嘉靖之前的正德六年(1511)。于是，该材料的发现，既印证了《明史》中的记载，又纠正了后者的偏差。

4. 理论与实践互证

历史上的理论，反映的多半是古人的理想；从理想到现实，往往还存在着较大的距离。亚里士多德在《政治学》一书中为古代城邦国家设计了一个理想模式，虽然这一模式在雅典的政治现实当中具有一定的实践基础，可是没有人会把古代雅典城邦与亚里士多德的理想模式完全等同起来，因为大家都知道，现实比理想要残酷得多。传统中国是一个礼制社会，根据礼制的要求，一名寡妇即便日子有多么难熬，都是不可以考虑再嫁的，一旦违背了这一礼数，至少在舆论上是要受到谴责的。然而，传统中国也存在着“伦理偏严，法度偏宽”的现象，虽然社会伦理要求寡妇们都守一而终，可是历代的立法者不得不考虑寡妇及其子女的赡养等更为实际的问题，因此在实际上，寡妇再嫁是得到法律支持的。不仅伦理要求与法律规定之间有差距，在法律条文与司法实践之间，也常常存在着很大的差距。根据12世纪的《格拉蒂安教令集》，一旦有通奸案件发生，女方所受的惩罚要比男方重。可是在教会法庭的实际判例中，受重罚的往往是男方，女方作为中世纪社会中的弱势群体，常常受到教会当局的包容和庇护。如此看来，真正能够反映历史实际的，主要不是法律条文，而是法庭的办案记录。总而言之，只有坚持理论与实践互相印证的原则，才能达到对历史真相的正确认识。

第二节 深入探究指引

在历史研究的实际过程中，呈现在研究者面前的史料证据大多是零散和杂乱的，因此，研究者要做的第一件事情就是根据既往的经验、史料以外的外证材料及史料自身所揭示的内在线索，把零散的史料证据进行归类集中，并以时间和空间为坐标，确定每一项具体史料的时空位置，从而使研究对象被纳入一个井然有序的考察范围之内。在整理了相关史料证据之后，研究者就可以轻而易举地根据不同史料的排列顺序去找出历史事件之间的内在关联，并进一步揭示事件的前因后果和本质。

不过，在许多情况下，摆在我们案前的史料证据总是残缺不全，在我们追踪一个历史事件的发展过程时，提供给我们的证据屡屡出现缺环现象。于是，我们便不得不使用合理的推论，即用谨慎的假设暂时用虚线的形式填补上缺失的环节。用假设的方法处理历史问题，只不过是一种权宜之计，因为问题的最后解决终究要等到新史料证据出现的那一天。然而，提出假设毕竟比单纯的存疑待决要前进了一步。假设的提出既要符合既有史料证据自身的演化规律，又要符合客观的思维逻辑。由于研究者个人经历和体验的差异及观察问题的角度的不同，假设就可以有多个并存。历史问题太过于复杂，史料证据方面的缺环太多，因而给我们留下的想象空间和提出假设的机会也很多，这就是各式各样的“历史之谜”得以产生的缘由。下面试举三例为证。

一 匈奴西迁与匈人帝国

匈奴是中国北方第一个对汉人政权形成严重威胁的游牧民族。该族崛起于秦汉之际。汉初，其控制区域东至今朝鲜边界，横跨蒙古草原，向西南伸入葱岭及西域许多地方，南到河套和今晋北及陕北一带，并连年南下侵扰汉境。汉武帝时（前140－前87），汉军多次主动出击获胜，匈奴主力被击退。武帝以后，匈奴时衰时盛。东汉和帝时（89－106），汉军与南匈奴联合，大败北匈奴。此后，北匈奴的大部分并入鲜卑；一部分留在漠北西北角，到5世纪时并入柔然；一部分留在天山以北，持续活动了六十多年；还有一部分从公元91年起开始西迁。根据汉文文献的记载，西迁的这部分匈奴人先抵达伊犁河上游、特克斯河和纳伦河流域，进至费尔干纳盆地，再进至康居地区（在巴尔喀什湖与咸海之间）。有关北匈奴行踪，中国史书记至公元151年为止。

另据西方文献记载，4世纪下半叶，匈人（Huns）出现在里海以北，向西击败居住在伏尔加河及顿河流域的阿兰人。374年，匈人越过顿河，征服东哥特人；进而渡过德聂斯特河，击败西哥特人，迫使部分西哥特人迁往多瑙河以南的罗马帝国境内。5世纪初，匈人占领以班诺尼亚为中心的中欧一带，后由其首领阿提拉（434－453年在位）建立匈人帝国，极盛时疆域东起里海，西至莱茵河，北达波罗的海，南及多瑙河。匈人曾进攻东罗马帝国，迫其纳贡；又进攻西罗马帝国，促其衰亡。阿提拉死后，诸子内讧。公元 454 年，匈军被日耳曼人重创，匈人帝国瓦解。匈人的主体返回里海北部，其余部分留在班诺尼亚，与后来的马扎尔人相融合，形成匈牙利民族。[①]

首先必须明确的是，无论是匈奴还是匈人都尚未发展出自己的文字，匈奴西迁所经过的欧亚草原，更是野蛮的游牧部落出没的地区，因此关于匈奴和匈人的活动情况，只能局限于汉文文献和拜占庭希腊文献的记载。有关匈奴西迁，汉文文献只记载至公元 151 年；有关匈人帝国在西部世界的崛起，西方文献则从 4 世纪下半叶时才有见载。中间整整两百余年时间，属于文献记载的断层期。这就给我们提出了一大难题：崛起于西方的匈人，是否为西迁匈奴的直接后裔？对该问题最先作出肯定回答的是法国学者德经(Joeph de Guigens，1721－1800)，他著《匈奴、突厥、蒙古及其他西域鞑靼各族通史》一书，书中把匈人等同于匈奴，引起了学术界的热议。根据上个世纪以来学者们运用语言学、考古学和文化人类学的多种资料和方法进行研究的成果，可以看出，在匈人和匈奴之间不能简单地画上等号或不等号；比较谨慎的推断应当是：匈人的出现与北匈奴的西迁有明显的关系，西迁的北匈奴可能是匈人的主要族源之一。当然，确切答案的提出，还有赖于能够填补断层的新证据的出现。

二　马可·波罗与中国

13 世纪后期，意大利威尼斯商人马可·波罗随同其父亲及叔父，经西亚和中亚等地进入中国，由于马可·波罗聪明谨慎，擅长辞令，深受忽必烈喜爱，故得以留仕元朝，多次奉命出使各地，借此游历了中国许多地方。马可·波罗一行侨居中国十七年(1275－1291)，后因思乡心切，恰遇王室宗室女阔阔真外嫁伊利汗国，马可·波罗等遂作为随行人员，从海路西行回国。回国后，马可·波罗为后世留下了《马可·波罗游记》，至今已有五六十种不同版本，成为风靡一时的世界奇书。书中记录了西亚、中亚、东南亚等地的地理和风土人情，其中尤以第二卷有关中国的记载最为详尽，诸如元初政事、战争、宫殿、朝仪乃至名都大邑的繁荣景象，记载翔实，十分引人入胜。

---

① 根据黄时鉴主编《中西关系年表》(浙江人民出版社 1994 年版)“匈奴西迁”条，第 37 页。

他称中国的煤炭为挖自矿山的"黑色石块",把这种早在汉代就开始使用的燃料知识带回了西方,使西方人大为惊奇。他在书中所介绍的许多奇异知识,为欧洲知识界打开了一扇了解中国的窗户。

然而,自从此书问世以来,对其真实性不断有人提出质疑。例如,1829年,德国学者舒尔曼指出此书是一部假冒的游记,实为编排拙劣的教会传奇故事,他还断然否定马可·波罗到过中国。1982年,英国人克雷格·克鲁纳斯提出了类似的观点,认为马可·波罗只到过中亚伊斯兰教国家,也许他从波斯商人和土耳其商人那里获知有关中国的信息,这些道听途说的信息可能成为其"游记"的基础。克雷格据以否定《马可·波罗游记》真实性的证据有四个:其一,在浩如烟海的中国史籍中,没能找到任何涉及马可·波罗的材料;其二,书中很多地方充满着可疑的统计资料,把中国丰富多彩的景象变成漆黑一片,对蒙古皇帝的家谱也说得含糊不清;其三,书中从未提及中国最具特色的茶与汉字;其四,书中涉及的许多中国地名,似乎均使用波斯的叫法,这是不正常的。

当然,肯定《马可·波罗游记》真实性的也大有人在,如英国学者亨利·玉尔,法国学者亨利·戈尔迪和伯希和,美国学者柯立夫,意大利学者奥勒吉等,尽管他们未能提出有利的新证据。1941年,中国学者杨志玖从《永乐大典·经世大典·站赤》中找到了有关伊利汗国王阿鲁浑所遣三使臣回国的记载,其人名和时间均与马可波罗所述相符。与此同时,英国学者波伊勒也从波斯历史学家拉施特的《史集》中找到了三使臣护送阔阔真到达伊利汗国的记载。[①] 这些新材料的发现对于确认马可·波罗的来华及其叙述的真实性的确有积极的作用,不过,马可·波罗问题并没有因为这些新证据的出现而获得最终解决,因为很明显,一部游记即使全都以道听途说的信息为基础,也可能包含着某些有用的历史事实。

三 美洲金字塔与埃及金字塔

在埃及的尼罗河畔,耸立着大大小小几十座金字塔。无独有偶,在美洲,无论是尤卡坦盆地的丛林中,还是安第斯山地区的平原上,也可以见到

① 参看黄时鉴主编《中西关系史年表》,第286—287页;庄锡昌主编《世界文化之谜》,第一辑,文汇出版社1986年版,第223—226页。

金字塔的雄姿。美洲金字塔有的已有几千年历史，有的则是在西班牙殖民者入侵前不久才完工的。其中，墨西哥特奥蒂瓦坎的太阳金字塔高 64 米，底边宽约 220 米，其规模之大，足以与埃及最大的金字塔“胡夫金字塔”相媲美。与埃及金字塔一样，美洲金字塔也留下了许多不解之谜，如建造年代，建造方式及用途等。不过，最重要并引起人们最大兴趣的是，美洲金字塔与埃及金字塔有无联系。换言之，美洲金字塔是美洲土著文化独立发展的结果，还是旧大陆文化影响的产物。对于这一问题，学术界存在着两种完全对立的意见。

一种意见认为，美洲金字塔是埃及金字塔的翻版，美洲文化深受旧大陆文化的影响。主要理由为：(1)美洲金字塔与埃及金字塔相似。在外形上，美洲金字塔与埃及金字塔相比的确另有特色，例如它不是四棱锥形，而是四棱台形，台上建有神庙，庙中供有神像，而且塔身分为若干级，正面还有台阶，可以一级级地走到塔顶上；但两者都是具有相似的和有规则的几何形状的巨石建筑。在用途上，美洲金字塔虽然大都是神庙的台基，但也有当作墓穴的。1958 年，考古人员在墨西哥的帕伦克一个叫作“铭记神庙”的金字塔内部深处，发现了一个墓室，墓室内有石棺，棺内的尸体头部盖着玉质面具；与埃及的一样，墓中也有大量随葬品。(2)墨西哥的奥尔梅克文化和秘鲁的查比因文化都有崇拜虎神的习惯，其虎神的造型和风格与中国商朝的极为相似。(3)现代水上运动的实践证明，即使在几千年前，人们也有横渡大洋而偶获成功的可能。因此，一些学者推测说，美洲金字塔的概念是由古代横渡大洋的航海家带去的。伊凡·范琵提玛在《哥伦布以前到来的人们》一书中认为，埃及人曾在公元前 800—前 680 年间与美洲人有过接触，美洲金字塔就是在埃及人到达美洲后出现的。乔治·卡特在《碑铭社会》一书中，也肯定了这一推想。

另一种意见则认为，美洲古代文明是独立或平行发展而成的，它与旧大陆文明无关。持这一见解的学者指出，根据放射性碳年代测定，以及通过数百次实地考察所收集的出土器物看，可以断定美洲最早居民是在 2—3 万年前经白令海峡，从亚洲东北部进入美洲的，其随身所带的只是极为简单的工具和武器。史前美洲印第安人就在这贫乏的文化遗产基础上，从人类文化的最低点起步的。美洲土著居民经过长期的发展，才创造出颇具特色的美洲文化。为了说明美洲文化是其独立发展的结果，学者们提出了三点理由：

(1)虽然在几千年前人们利用当时的条件偶尔也可以横渡大洋,但至今尚未有令人信服的证据证明新旧大陆的居民在埃及金字塔出现以后和美洲金字塔出现以前曾有过交往。(2)美洲金字塔与埃及金字塔的不同之处显而易见。美洲的阶梯形金字塔是印第安人举行宗教仪式的地方,其主要部分是平台上的神庙。考古学家在庙坛中发现了多种祭祀用品。同时具备墓室功能的金字塔在美洲是罕见的,而且多数金字塔墓室都是以后从外面挖入,并非一开始就用作墓穴。(3)作为外形多少有些相似的巨石建筑出现在新旧大陆不足为怪。从建筑学的观点看,把宏伟的单个建筑物建成金字塔形最稳固,其重心只及高度的四分之一至三分之一。此外,古代社会中宗教占据显要地位,无论是作为国王陵墓的埃及金字塔,还是主要作为神庙的美洲金字塔,都是一种体现稳固性和永恒性的建筑,都带有浓厚的宗教色彩。①

以上两种意见,孰是孰非,仍无定论。由于关键性证据资料的阙如,要解开美洲金字塔之谜,尚待时日。

---

① 参看李建国《美洲金字塔与埃及金字塔有没有关系?》一文,载庄锡昌等编《世界文化之谜》第一辑,第165—168页。

第三章　古代墓葬遗址

丧葬活动作为一种社会文化现象，其产生和发展受到灵魂不死观念和鬼神信仰的制约。原始人类认为万物有灵，灵魂可以独立存在于肉体之外；人死以后灵魂不灭，形成一个与现实社会相类似的鬼魂世界；鬼魂有超人的能力，生者既可依赖它，又须敬畏它。因此，人们采取不同的方法来处理尸体，产生了各种丧葬习俗、丧葬制度。丧葬习俗、丧葬制度不但是人们宗教观念的反映，还是当时社会政治、经济状况的反映。大大小小的墓穴再现着死者生前的生活状况和社会地位。因此，把古代墓葬遗址的实物考古材料与文献记载相印证，可加深对上古社会政治、经济、思想状况的认识。

第一节　中国古代墓葬遗址概述

从原始氏族社会到夏商时期，中国存在着各种不同形态的葬俗和葬制。

一　新石器时代的墓葬遗址

旧石器时代的墓葬遗址发现较少，比较典型的是北京周口店龙骨山山顶洞人的墓葬。山顶洞人的洞穴共分两层，上层供人们居住，下层则是安葬死者的墓穴。在墓穴中发现了一具青年妇女、一具中年妇女和一具老年男子的化石，人骨上涂有赤铁矿粉粒，旁边放有兽牙装饰品和燧石石器等。将不同年龄的男女合葬在一起是一种氏族血亲意识的体现，而在人骨上涂上赤铁矿粉，则是一种表现原始宗教意识的葬俗。

新石器时代的墓葬遗址发现相对较多，所展示的葬俗、葬制也相对丰富一些。裴李岗遗址是新石器时代中原文化区早期阶段的重要遗址。时代约在公元前 6000 年以前，比仰韶文化早 1 000 多年。裴李岗遗址发现的墓葬中，随葬石磨盘的一般是女性，随葬农具者一般为男性，明显体现出当时社会的男女分工。

仰韶文化是中原文化区中期阶段文化的代表。在已发现的仰韶文化的近百处墓葬遗址中，陕西临潼姜寨原始村落遗址中发现的大型墓地，是我国迄今发现的氏族社会墓地中埋葬人数最多的。姜寨墓葬遗址占地面积约 1 000平方米，埋葬 2 000 多人，属于仰韶文化半坡类型晚期，年代约距今 6 000年。墓葬形式多为土坑葬，最大的土坑长约 3.4 米，宽约 2.4 米。墓葬分布极为密集，在墓地的中心部位，墓葬互相叠压，多为二次合葬墓。人去世后，先暂时掩埋若干时间，之后再拾取主要骨骸重新安葬，再次安葬时，不分性别、不论辈分、男女老少合葬在一起。合葬人数少则 2 人，多则 80 多人，一般是 20 人左右。合葬葬俗，是氏族社会时期氏族成员，以血缘关系为纽带，采用群居生活方式的反映。氏族成员们相信本氏族正常死亡者的鬼魂，拥有庇护本氏族成员的能力，他们在冥冥之中，仍然群居在一起，与在世者保持着千丝万缕的关系。因此，他们把死者集中埋葬在聚落附近，形成共同的氏族墓地，既有避免自已祖先的鬼魂游荡散失，遭受外鬼侵害的考虑，也有就近保护生者之意。为使本氏族的鬼魂有共同的归宿，这些墓葬的坐向和尸体头的朝向，常保持一致。姜寨聚落遗址发现的墓葬，绝大多数呈东西向，死者也大多头对西方，仅有正负 10 余度的摆幅。多人二次合葬墓中各墓随葬品的差别很小，而且不强调个人所有，体现出氏族社会阶段人与人关系的平等性。

在姜寨墓葬遗址中，单人一次葬也是存在的，但数量相对较少，仅有单人一次葬 32 座。单人葬的葬式多为仰身直肢葬。仰身直肢葬模拟人类睡眠的姿态，躯体伸直仰卧，有让死者放心安睡之意，是我国新石器时代最为普遍的葬俗。

土坑葬外，瓮棺葬也是这一阶段的主要墓葬形式。瓮棺葬是当时埋葬婴幼儿最流行的葬俗，主要用来埋葬三四岁左右的婴幼儿。仰韶文化遗址共发现瓮棺葬四百多座，大多数分布在氏族聚落内居住区的住房附近，少部分埋在成人的墓地内。瓮棺葬的葬具均为日常生活的实用品。葬具或者是在夹砂罐(瓮)上覆盖陶钵;或者用豆与鼎合成;或者用两件半截尖底瓶合成;或者用尖底瓶的上半段与直筒罐(缸)合成。瓮棺葬均为一次葬,一人一棺,尸骨一般作头上足下,头朝瓮口,足登瓮底放置。墓坑形状有两种,一种是圆形浅竖穴,另一种是长方形竖穴。

瓮棺葬中用作器盖的钵或盆的底部往往会钻或凿有小孔一个,小孔呈圆形,较规则,孔径约1.5—2厘米左右。学者一般认为小孔是人们为死者灵魂的出入所留的通道。瓮棺葬将死者埋在自己住房附近的原因在于:防止野兽对小孩尸体的伤害,体现了人们对小孩的爱护;小孩太小,未到成年,不能埋进本氏族成年人的公共墓地。[①]

仰韶文化遗址中也有少量的瓮棺葬用于埋葬成人。成人瓮棺葬一般被认为是当时人们用来埋葬"凶"死者的一种葬俗。当时人认为,生前怎样,死后其灵魂在"来世"也会怎样;凡"凶"死者,其灵魂是"恶"的,其尸体不能同本氏族人的尸体埋在一起,不能进入本氏族的公共墓地,要单独埋葬。在临潼姜寨的仰韶文化遗址中,公共墓葬区在遗址的东南边,而成人瓮棺葬则与该遗址的成人土坑墓分开,埋在遗址的西北部。

仰韶文化遗址中还发现有少量的灰坑葬。灰坑葬,又称乱葬坑,是利用废弃的窖穴埋葬死者的一种埋葬方式。埋葬于灰坑中的死者,其待遇明显和一般埋葬在公共墓地中的死者不同。陕西华阴横阵遗址中发现了一处灰坑葬。灰坑底部平坦,共分二层,下层有两具人骨,屈肢,上层六具人骨,头向东西南北都有,骨架较乱,有的作挣扎状,有的人身上压有大石块,均为一次葬,成年,无随葬品。研究者认为这八个死者很可能是部落间发生冲突战争时的俘虏,被处死后就随便埋入灰坑中。姜寨遗址发现有2处灰坑,埋有一个成年女性,仰身屈肢;两个儿童,仰身直肢,均无随葬品。他们不能和一般氏族成员享受同等待遇埋入公共墓地,很可能是因为他们是因违背社会行为规范或禁忌而被处死,死后被随便埋入灰坑中。

陕西华阴横阵的墓地遗址,保存有三个大坑套小坑的复式合葬墓。该复式合葬墓是在一个东西宽2—3米,南北长约14米的大坑内,又南北向挖

① 李仰松:《谈谈仰韶文化的瓮棺葬》,《考古》1976年第5期;巩启明,巩文:《论仰韶文化居民的埋葬制度》,《中国史前考古学研究——祝贺石兴邦先生考古半世纪暨八秩华诞文集》,2004年。

数个小坑，尸骨埋于小坑中。其中一座大坑中有七个小坑，另一座大坑中有五个小坑，还有一座大坑部分已破坏，只存留三个小坑。每个小坑中埋人骨4—12具不等，这些人骨都属二次埋葬，男女老幼合葬在一个坑中，累计一个复式合葬墓内埋葬约40来具人骨。研究者推测这三个复式合葬墓埋的很可能是当时整个村落中的人员，每个小坑中埋的是村落中各个家族的成员；每隔一定时间，以村落为单位，对死亡的人员进行集体二次埋葬，每次形成一个复式合葬墓。这种葬俗是当时的村落是由几个大家庭共同组建的社会状况的体现。①

陕西华县元君庙墓地，属于仰韶文化半坡类型。该墓地的57座墓葬中，有45座分属东西两个同时并存的墓区。每个墓区内的墓葬又分3期，按时期的早晚，由东向西分列成3个纵行。同期的墓葬则是从北到南依次入葬的。墓地布局规整有序，盛行合葬，同一墓穴的死者，以及不同墓穴的死者，都以平等的身份共存于同一墓穴、同一墓区、同一墓地，没有伴葬或殉葬的现象。尸体或遗骨都是按仰身直肢方式摆置，头均向西，各墓随葬陶器均置于墓穴东部。总之，各墓的葬式表现出相当的一致性，说明当时社会存在统一的共同信仰和埋葬习俗。研究者认为，两个墓区的死者在一个墓地却又分开埋葬的原因，在于葬在同一个墓区内的死者生前属于同一个血缘亲族共同体，同一个氏族。两个氏族又共同组成了一个部落，所以共同拥有一个公共墓地。

在该墓地，合葬墓有28座，单人墓仅有16座，合葬墓的数量远远多于单人墓的数量，合葬墓非常盛行。从一次葬、二次葬兼有和纯为一次葬的多人合葬墓内成员的死亡年龄分析，这些合葬墓多为同一家族内不同辈分成员的合葬墓。如405号墓就合葬有老少两代乃至三代共12人。不同的人之所以或者被异穴安葬，或者被同穴合葬，是因为在氏族共同体内部已分化成若干亲族共同体，即家族，家族已成为氏族内普遍存在的基层组织单位。若干个家族墓葬又共同组成了氏族墓区。家族墓葬的存在，表明家族已具备相当发达的形态；但当时尚未分割氏族墓区组成家族墓地，说明氏族组织依然相当牢固。至于包括两个墓区的整片墓地，当为部落墓地。元君庙墓地反映了当时存在家族、氏族、部落的社会组织情况。

---

① 黄石林，朱乃诚：《中国重要考古发现》，商务印书馆1998年版，第22页。

元君庙墓地已经鉴别出年龄的合葬墓共有25座，其中包括异性成年及异性成年和小孩合葬墓18座，成年女子和小孩合葬墓3座，同性成年合葬墓2座以及女孩合葬墓1座。其中，444号墓出现了突出女性的情况，425号墓出现了以女性为本位的现象。444号墓合葬六人，都是二次葬。1、2、4号尸骨头骨平齐，并排放置，其中1号和4号是两位老年女性。在2号尸骨下方，即1、4号之间放置了一个不满10岁的小孩3号。该墓穴唯一的男性6号，年龄约45—50岁，被置于2、3号的下方即墓穴的东头，与随葬陶器混处。从这放置遗骨的情况看，显然见不到有任何突出这位男性的现象。且该墓的随葬陶器分两堆放置，有五件陶器，放在4号老年妇女的下方，可视作是4号的专属随葬品。另外，有五件陶器被置于1、2号的下方，与6号的头骨混杂。参照4号下方被放置陶器的情况，考虑到1号和4号同样都是50岁左右的老年妇女。研究者认为这五件陶器可能是1号的专属随葬品。从随葬品的放置位置来看，444号墓突出女性的情况比较明显。425号墓合葬三人，3号是一次葬，其他两人为二次葬。其中1号是30岁左右的男性，2号是小孩，3号是成年女性。三个个体平齐地置于墓穴内，均仰身直肢。2号在1号、3号的中间。随葬陶器分两处放在墓穴东部即遗骨的下方。3号是一次葬，并且在她左臂内侧和盆骨处分别放置一蚌刀及一猪牙床，她拥有自己的专属随葬品。据此研究者推测3号在这一墓穴中当居于本位。合葬墓中所见到的突出女性或以女性为本位的现象，当是母系家族本质特征在埋葬制度方面的反映。元君庙氏族部落的女性地位一般高于男性还体现在某些女孩在安葬时获得了成人的待遇，却没有见到男孩得到成人待遇的例子。女孩获得成人待遇并不是因为女孩的个人才能或者是她对社会的贡献，而是与母系制度时代重女轻男的习俗有关。元君庙墓地中，男子使用骨镞随葬，女子则用蚌刀、纺轮、骨针随葬。从劳动工具的随葬情况可以看出当时男子主要从事狩猎，女子主要从事农业、纺织和缝纫。[①]

河南濮阳西水坡遗址的45号墓穴中发现了一组蚌砌龙虎图案，是目前我国发现的年代最早的龙图案。45号墓穴的主人是一个身长1.84米的男性，其骨架头南足北仰卧。墓主人右侧用蚌壳摆塑一龙，该龙头北面东，昂

① 北京大学历史系考古教研室：《元君庙仰韶墓地》，文物出版社1983年版；马洪路：《元君庙墓地的分期与布局——〈元君庙仰韶墓地〉商榷》，《中原文物》1985年第1期。

首弓背，前爪扒，后腿蹬，尾作摆动状，似遨游苍海；左侧则用蚌壳摆塑一虎，该虎头北面西，二目圆睁，张口龇牙，如猛虎下山。此墓东、西、北三面还各有一小龛，其西龛人骨长 1.15 米，似女性，年约十二岁，头有刃伤，是非正常死亡，可能是殉葬者。距 45 号墓南 20 米处有一浅穴，穴中有蚌砌的龙、虎、鹿、蜘蛛等图案。蜘蛛与鹿之间有一把非常精致的石斧，有人认为该石斧象征着权力，说明了 45 号墓的主人可能是一个部族首领或酋长。浅穴南 25 米处又发现了第三组蚌图。这组蚌图在一条东北至西南向的灰坑中，图案为一人骑在龙背上，腾空奔驰。该龙昂首长颈，舒身高足，作腾飞状；虎在龙之北。这三组蚌图皆是为 45 号墓的主人而摆置，反映出墓主人乘龙驭虎，升空飞天的欲望。

仰韶文化向西发展，形成了马家窑文化。马家窑文化是新石器时代晚期的重要文化，主要分布于黄河上游地区及甘肃、青海境内的洮河、大夏河及湟水流域一带。马家窑文化的丧葬习俗与黄河下游的大汶口文化墓葬有些类似:公共墓地和住地相邻；盛行土坑墓，大都为长方形竖穴土坑墓；葬式主要有仰身直肢、侧身屈肢和二次葬；随葬品主要有生产工具、生活用具和装饰品等，少数墓随葬有粮食和猪、狗、羊等家畜；随葬品的贫富差别越到晚期越大，有的墓陶器堆满墓坑，远远超出个人的实际需要。比较特殊的是，马家窑文化的墓葬中出现了部分洞室墓。洞室墓大小不一，大者墓长约 4 米，小者墓长约 1 米。洞室墓往往在墓道与墓室之间插有成排的木棍或木板，以封堵墓室。有的墓用木棺或垫板作葬具。

大汶口文化是新石器时代海岱文化区的重要代表，其遗址主要分布于黄河下游和江淮地区。大汶口文化的发现，使黄河下游原始文化的历史，由 4 000 多年前的龙山文化向前推进了 2 000 多年。大汶口文化的墓葬遗址为我们理解该时期的社会发展状况提供了很多非常重要的信息。

大汶口文化的墓葬与仰韶文化的墓葬一样，墓葬排列整齐集中，大多埋于集中的公共墓地，葬式基本统一，死者头向一致，这说明以血缘关系为纽带的氏族制度仍然存在。大多数墓葬是单人仰身直肢葬，但合葬葬俗仍然存在。大汶口文化早期有反映氏族成员间牢固血缘关系的同性合葬墓，中晚期有反映父权制确立后葬俗的夫妻合葬墓。山东兖州王因村南部的王因墓葬遗址属大汶口文化早期，年代距今约 6 000—5 500 年。王因墓地二次合葬墓的埋葬形式与仰韶文化的二次合葬墓相同，少则 2 人，多则达 24 人，但与仰韶文化不同的是，大多数二次合葬墓都是同性合葬墓。大汶口文化的后期墓葬则出现了夫妻合葬和夫妻带小孩的合葬墓，标志着只知其母不知其父的母系社会的结束和父系社会的开始。

大汶口文化中晚期的墓葬规模差别很大，墓内随葬品的多少也有很大悬殊。1959 年，在大汶口文化遗址发掘的墓葬中，大墓、中墓、小墓的差别非常明显。大墓规模大，随葬品丰富精美，随葬大量的陶器、石骨器，甚至还有精美的玉器和象牙器；小墓则墓坑窄小，随葬品很少，有的甚至没有随葬品。大小墓的鲜明对比，说明这一时期氏族内部出现了私有制和贫富分化。

大汶口墓葬随葬品的种类和摆放位置，体现着当时男性和女性的社会分工情况和社会地位高低。在大汶口墓葬中，男性多随葬生产工具，女性多随葬纺轮和装饰品。这说明当时的社会分工情况是，男性多从事农业等生产活动，女性则多从事织布和家务劳动。在男女合葬墓中，随葬品多集中在男性的一侧，说明男性不但在生产中已占有重要地位，其在氏族和家庭生活中也占有支配地位。大汶口墓葬的 1 号、13 号、35 号、111 号墓四座男女合葬墓，随葬品均集中在男性一侧。1 号墓中，男性居于墓坑的中央，而女性则葬在墓的北壁向外扩出的土坑中，也体现了女性从属男性的社会地位。①

大汶口文化早期的墓葬无葬具，中晚期则出现了木椁。在大汶口墓葬的 133 座墓中有 14 座发现木椁。大汶口晚期的 10 号墓是一个老年女性墓葬，墓坑东西长 4.2 米，南北宽 3.2 米，墓底有二层台和涂漆棺椁。这位五十岁左右的妇女，很可能是家长制家庭中家长的妻子，颇受尊敬，也较富有，因而随葬品很多。随葬品中有石质饰品、玉臂环、玉指环、玉铲、象牙雕筒、骨雕筒、象牙梳等。陶器则有 90 多件，其中白陶、磨光黑陶和彩陶共 38 件。还有猪头、兽骨、鳄鱼鳞板等随葬品。少数大墓开始设置木棺和木椁，随葬品质地精良，多达上百件；大多数小墓则无棺无椁，随葬品十分简陋，有的甚至一无所有，这种墓葬情况的变化清楚反映了当时社会的贫富分化。

在山东胶县三里河遗址发掘的 66 座大汶口文化墓葬中，有 18 座墓葬随葬有猪的下颌骨，其中最多的一座 302 号墓随葬有猪的下颌骨 37 块。用猪的下颌骨随葬是大汶口－龙山文化墓葬盛行的葬俗之一。这一葬俗不但说明猪在当时已成为私有财产，也从一个侧面说明以养猪为主的家畜饲养

① 高广仁：《大汶口文化》，文物出版社 2004 年版。

业在当时有了很大的发展。

大溪文化是长江中游江汉文化区的代表性文化，时代约为公元前4400—前3300年。目前共发现大溪文化墓葬300余座，其中，在重庆巫山县大溪遗址中发掘清理出200余座墓葬。在大溪遗址的墓葬中，死者的头普遍南向，除个别是成年女性和儿童的合葬墓外，绝大多数都是单人葬。葬式以仰身直肢葬和仰身屈肢葬为主，比较特殊的葬式是将死者捆绑后埋葬的下肢弯曲程度很大的仰身跪屈葬和仰身蹲屈葬。绝大多数墓葬有随葬品，最多的有30余件。其中多数女性墓随葬有玉、石、蚌、骨和象牙质的装饰品，如玦、环、珠、镯、璧等。有的死者颈部带有成串的几百颗小蚌珠，有的则臂戴象牙镯。大溪文化出现以鱼随葬的现象。有的墓葬把鱼放在死者身上，有的墓葬将两条大鱼分垫在死者的两臂之下，有的墓葬则将鱼尾衔在人口中。部分墓葬以龟随葬，在墓里发现完整的龟甲。另外还出现以狗为牺牲的现象。这些现象可能都是原始宗教意识的体现。大溪遗址的儿童葬制与成人葬制基本相同，但在湖北宜都红花套和枝江关庙山遗址，儿童的葬制则是瓮棺葬。

属于燕山文化区的红山文化与中原地区的仰韶文化同时期。辽宁凌源牛河梁发现了一个红山文化后期的贵族墓葬群。这个贵族墓葬群有10余处贵族墓葬，反映了牛河梁红山文化先民颇为独特的积石冢丧葬习俗。墓葬的中心为石椁，然后在墓上垫土，四周砌石，形成或方或圆的巨大冢丘。有的墓葬四周被砌成两、三层的台阶，形制颇类似于祭坛。墓葬外围往往放置着一圈密集排列的筒形陶器。部分墓的周围或冢顶有附葬性的小墓。附葬小墓的主人很可能是大墓主人的随从或近侍，二者是一人为主、众人从属的关系。红山文化的这种墓制充分体现了大墓主人具有至高无上的地位，说明氏族社会的平等关系已被破坏，等级关系已经制度化。随葬品也与其他地区不同，具有“唯玉为葬”的特点，大多只有玉器，陶器和石器极少。①

良渚文化是新石器时代太湖文化区最具代表性的文化，距今约5300—4000年。随着社会生产力的发展，良渚文化的社会制度发生了激烈的变革，社会中分化出贵族和平民两大不同的等级。这种社会分化在墓葬遗存中表

---

① 徐子峰：《牛河梁红山文化积石冢探析》，《中央民族大学学报》（哲学社会科学版）2005年第2期。

现得非常突出。反山、瑶山、汇观山等良渚文化贵族墓地，都位于人工堆筑的大型墓台上，并且这些贵族墓葬大都墓穴宽大，葬具精致，随葬品制作精美，出土了大批玉礼器。徐步桥、千金角、平邱墩、吴家埠、庙前等遗址所发现的小型平民墓葬，则只是散落在居住地的周围，并没有营建专门的墓地，且墓穴狭小，随葬品简陋，只是出土了一些陶器和小件的装饰用玉饰。可见，良渚社会的等级差别是非常鲜明的。

在良渚贵族墓葬中出土的大量随葬品中，玉器占90%以上。良渚文化玉器，数量众多、品种丰富、雕琢精湛，达到了中国史前文化之高峰。良渚文化的用玉制度具有明显的等级差别。贵族墓葬之间，贵族墓葬与平民墓葬之间，以及平民墓葬之间存在着随葬玉器的种类、组合和有无玉器随葬的差异。埋于大型墓台之上的良渚文化贵族墓葬中出土的玉器种类达20余种，主要有象征神权的琮、璧，象征军权的钺，和其他象征财富的锥形器、三叉形器、冠形器、璜、纺轮、圆牌饰等玉器。而那些散落于居住地周围的平民墓葬，随葬的只有管、珠及单件锥形器等小件玉器，没有贵族墓中所见的其他玉器种类。这为我们研究阶级的起源提供了珍贵的资料。一些学者认为，礼制的核心就是体现人们之间的贵贱、上下、尊卑、亲疏关系。良渚文化的用玉制度正体现了这样的关系。良渚文化的用玉制度表明了良渚文化礼制的产生，说明良渚社会已从荒蛮的史前期踏入文明的社会。

龙山文化是中原文化区晚期文化的代表。1978—1980年，在山西襄汾陶寺龙山文化遗址的东南部发现了1 300多座墓葬，这些墓葬年代约为公元前2500年至公元前1900年，有大、中、小三种规格。大型墓约占墓葬总数的1%，每座均有上百件木器、陶器和玉器随葬，甚至还有鼍鼓、石磬、土鼓、龙盘等礼乐重器随葬。中型墓的随葬品也较丰富，上千座小墓的随葬品则十分贫乏，有的甚至没有随葬品，同样体现了当时社会财富占有的金字塔型结构。[①] 2005年，在陶寺遗址中又发掘了四座被盗墓葬，这四座大墓曾遭到彻底的捣毁，墓主人的尸骨、棺椁、随葬品被随处抛弃。[②] 研究者认为，这些墓葬被毁的原因并非是盗掘古墓、追求昂贵的随葬物品，而是随着权力的更易

① 中国社会科学院考古研究所山西工作队等：《1978—1980年山西襄汾陶寺墓地发掘简报》，《考古》1983年第1期。

② 王晓毅、严志斌：《山西抢救性发掘陶寺墓地被盗墓葬》，《中国文物报》2005年11月9日。

和城址的废弃，不同族群之间发生了暴力冲突。毁坏墓葬是对墓葬主人所代表阶层的一种报复行为。这种社会暴力现象，在陶寺遗址的其他墓葬中也有体现，IT5026出土了30余个人头骨，还有四五十架散乱的人骨，人骨以男性青壮年为主。之外，在灰沟的第三层还出土一具35岁左右的女性完整骨架，折颈残害致死，并在阴道部位插入一只牛角。

齐家文化是黄河上游地区的铜石并用时代文化，年代为公元前2000—前1900年，主要分布在甘肃、青海境内的黄河及其支流沿岸。已发现的齐家文化遗址有350多处，墓葬有800多座。齐家文化的氏族公共墓地多位于居住区附近，墓地的分布常与窖穴、住房交织在一起，有些甚至直接利用废弃后的窖穴埋葬尸体。

齐家文化流行长方形土坑墓，有单人葬，也有合葬。在秦魏家遗址清理出138座长方形竖穴土坑墓。该处齐家文化氏族公共墓地分南、北两区。南区规模较大，所有墓葬一律头向朝西北，上层99座很规则地排成6排，下层只零星地发现8座墓葬；北区的29座墓葬，头向一律朝西，整齐地排成3排。研究者推测这两片墓区，可能分属于两个氏族。葬式有单人葬与合葬两种，单人葬多为成人仰身直肢葬；合葬墓共发现24座，以成年男女合葬为主，也有成人与儿童合葬墓。

齐家文化的社会生活状况在墓葬中有比较充分的反映。在该文化的墓葬遗址中出现了一男一女或一男二女的成年男女合葬墓。在甘肃永靖秦魏家遗址的齐家文化墓地中发现的成年男女二人合葬墓中，男性仰身直肢居右，女性则侧身屈肢居左，并面向男性；在甘肃武威皇娘娘台遗址中发现的成年一男二女的三人合葬墓里，男性仰身直肢位于中间，二女分列左右，屈附其旁，女子对男子的服侍奉待之意非常明显。这些合葬墓的葬式不但说明了齐家文化的婚姻状况已由多偶婚制过渡到一夫一妻制，在少数富裕家庭中还实行着一夫多妻制，这表明男子在社会上居于统治地位，女子处于从属和被奴役的地位。

大部分墓葬都有石器、陶器、骨器和猪下颚骨等随葬品，极少部分墓葬中发现有铜环、铜饰等铜器。铜器的发现表明齐家文化的晚期已进入青铜时代。猪的下颚骨是相当普遍的随葬品，并且各墓随葬的数目多少不等，多者达68块，少者仅1块，这已说明猪这一家畜是当时衡量财富的重要标志，并且数量的悬殊表明当时社会上已出现贫富分化现象。贫富不均的社会现实，在其他随葬品上也有所体现。如皇娘娘台墓葬的随葬器物就按身份地位增减，陶器少的只有一二件，多的达 37 件；玉石璧少的只有 1 件，多的达 83 件，个别男性身上集中放置有 80 多件玉璧。

齐家文化墓葬中还存在以人殉葬的习俗，殉葬者都是奴隶和部落战争中的受害者。殉葬现象的出现反映出当时社会在出现经济地位的贫富差别同时，也出现了社会地位的贵贱差别，有了阶级分化。

石峡文化是岭南地区铜石并用时代的文化，年代大约为公元前 3000 —前 2000 年，主要分布在广东省的北江、东江流域，因最早发现于广东曲江县石峡遗址而得名。石峡文化的墓葬很有特色，均为单人葬，且盛行二次迁葬。在迁葬墓中往往有两套随葬品，一套是连同人骨从原墓迁移过来的，已经残破；另一套是二次埋葬时新放入的，仍然完整。石峡文化晚期大小墓的差别非常明显，反映出贫富分化和社会已出现特殊阶层。大型墓葬的随葬品多达数十件甚至百余件，包括成批石器，琮、瑗、璧等贵重玉器，往往会放稻谷米粒作为祭奠食物，而小型墓葬随葬品却很少。大型墓和小型墓的差别明显，反映出当时社会已出现贫富分化和特殊阶层。石峡文化第三期 47 号墓中发现了成套的木工工具，大小成套、七种类型的卷刃凹口锛和凿，说明当时已经出现专业的木匠，木工工具和技术已经专门化。

二　夏商时代墓葬遗址

1953 年在河南登封首次发现的二里头文化，年代约为公元前 1900—公元前 1500 年，是介于龙山文化与商代二里岗文化之间主要分布于中原地区的早期青铜时代文化。

二里头文化在墓葬形式上，并存着长方形竖穴墓、无圹穴墓、瓮棺葬和横穴窑洞式墓四种类型。长方形竖穴墓是二里头文化墓葬中居于主导地位的墓葬形式，具有正统庄重和正式埋葬的含义，有大、中、小型之分。小型长方形竖穴墓数量最多，墓主多为中下层的平民百姓；中型长方形竖穴墓的出土量仅次于小型墓，墓主的身份地位一般都较小型墓高，地位高者可能是氏族政治军事或生产生活组织中的首领人物，低者至少也是一般的小官吏或经济富庶者；大型长方形竖穴墓，占地面积宠大，墓主是当时的贵族或王者。无圹穴墓大多出土于灰土层或灰坑中，墓主的身份低于小型长方形竖穴墓，个别墓的墓主很可能是奴隶或举目无亲的赤贫者。此种墓葬形式，也可能带有凶死的含义。瓮棺葬是用来埋葬婴幼儿的一种特殊葬法。窑洞式横穴墓具有利用废弃房址为墓穴、埋葬多为合葬、随葬待遇较低等特点，其墓主的身份可能与无圹穴墓相似。

二里头文化墓葬有仰身直肢葬、俯身直肢葬、俯身屈肢葬、侧身直肢葬、侧身屈肢葬、蜷屈葬等葬式。仰身直肢葬广泛流行，其使用不存在严格的等级界限，上至王公贵族，下到黎民百姓，只要是正常死亡，有条件实行者都可使用这种殓葬方式。仰身屈肢葬发现的例子不多、地点有限，这种葬式有什么特殊含义还缺乏定论。俯身直肢葬的数量仅次于仰身直肢葬，是二里头文化墓葬的一种重要辅助葬式。研究者认为俯身直肢葬墓主的身份地位与仰身直肢葬者并无区别，采用俯身直肢葬式很可能是因为墓主是非正常死亡。俯身屈肢葬多发现于圹穴墓和窑洞墓，墓中没有随葬品，可见，该葬式很可能是身份低微者的尸体被遗弃时无意形成的，不具特定含义。侧身直肢葬和侧身屈肢葬可能是对人类睡眠时自然侧卧姿态的模仿，并不含绝对的贬义。蜷屈葬则多发现于无圹穴墓，该葬式具有一定的贬义，墓主身份多为卑贱的贫民或奴隶。个别使用此葬式的墓葬随葬品较多，很可能是因为墓主是因病、灾等原因"凶死"的。

二里头文化的中大型墓，有一部分使用了木棺葬具，一般的小型墓，使用木棺葬具较少，说明木棺葬具在二里头文化时期带有明贵贱的色彩，直到二里岗文化时期和殷墟时期，木棺葬具的使用才较普遍。

二里头文化墓葬的随葬品，既有陶、石、骨、蚌等质地粗廉的品类，也有漆木、玉、铜等质地精美的品类。从这些随葬品的种类和数量可以得出这样的结论：二里头文化时期，陶、石器是社会生活和生产活动中主要的器具或工具，骨、蚌器在经济生活中并不占有重要地位；铜、玉、漆木器等高级手工业品已开始在经济生活中占据一定地位；青铜器的随葬开始兴起，但青铜器的制作工艺尚不发达。这一时期，青铜器的出土地点仅限于二里头遗址内，说明此处可能是当时唯一掌握青铜器制作技术和有条件应用的地区。二里头文化在 18 座墓内出土了 41 件玉器，玉器的发现量不多，且多集中于中型墓，说明玉器的随葬应用可能具有一定的明贵贱、别等级的色彩。漆木器的加工制作也是一项新兴的手工业，小型墓中出现漆木器，表明漆木器已开始为中下层平民享用。二里头墓葬中以觚、爵、盉等酒器随葬，酒器的大量出现反映了当时酿酒业的发达。酿酒业的发达与农业生产水平的提高和粮食产量的增多有密切关系。

二里头墓葬中，有朱砂铺撒墓室或骨架周围的朱砂葬 37 例，说明朱砂葬在这一时期相当流行。朱砂葬多在大、中型墓中施用，主要流行于当时的上流社会，带有一定的宗教含义。朱砂葬是原始人类红土葬的一种延续和发展。旧石器晚期，北京周口店的山顶洞人就有用赤铁矿粉铺撒尸骨周围的红土葬葬俗。红土葬和朱砂葬都是原始人类崇尚红色思想的体现。当时的人们直观地认识到维系生命的物质火、血都是红色的，火能助人饮食、御寒，血能维系人的生命。故其用红色来表达“灵魂不灭”的含义。朱砂葬的含义与红土葬相似，从二里头文化时期到二里岗文化时期，都可看到朱砂葬发展的踪迹。[①] 在二里头二号宫殿建筑基址北边，发现了一座较大的墓葬。墓中有棺室，坑底铺有 1—1.5 厘米的朱砂，并出土有铜爵、铜戈、铜戚、圆泡形铜器和玉钺、玉戈、铲形玉器、玉柄形饰以及石磬、绿松石饰、骨串珠、贝、陶器等大量随葬器物。该墓葬规格很高，其与二号宫殿建筑的关系，学界仍在探讨。

夏王朝对外多次发动战争，他们常常把战争获得的战俘杀掉，或用作人牲来祭祀。二里头遗址中的一些灰坑和灰层中发现许多人骨架：有的人骨架和兽骨埋在一起，无任何随葬品；有些骨架身首异处；有的作捆缚状；有的数具骨架共埋一坑；有的只有头骨和零星的肢骨。这些死者都不像是自然死亡，可能是被虐杀后随意处置，也有可能与祭祀活动有关。

二里岗文化首先发现于郑州市东南郊的二里岗，是安阳殷墟之外又一重要的商代文化遗址，是商代前期文化的代表。二里岗商代墓葬遗址充分反映了商代等级分化现象更加明显。

1959 年出版的《郑州二里岗》中发表了 3 座商代墓葬。其中 1 号墓的墓室为长方形，形制、大小和商代长方形灰坑相同，很可能本来就是废弃的灰坑。墓分上、中、下三层：上层共埋人骨 3 架，骨架的摆放很随意，头、腿有相互叠压现象；中层有人骨和猪骨各 1 架，人骨的头骨破碎，侧身屈肢，人头骨旁有残骨簪 1 件；下层有人头骨四个，下颚骨和颈骨有缺失，没有随葬品。这座商代墓葬，既有随便把尸体抛掷进废弃灰坑的乱葬，也有无下颚骨的人

① 郑若葵：《论二里头文化类型墓葬》，《华夏考古》1994 年第 4 期。

头，随葬品很少或基本没有，墓主人的身份应该是奴隶或战俘。[①]

贵族的墓葬则完全不同。20世纪50年代中期发掘的郑州白家庄文化遗存，时代稍晚于二里岗文化，被称为“白家庄期商文化”。其3号墓就是一个典型的贵族墓，形制颇大，随葬物丰富，墓内有殉葬奴隶。该墓为长方竖井形土坑墓，长2.9米，残宽1.17米（实宽约为1.77米），深2.13米。紧靠墓室四壁有熟土堆起的夯土二层台，台高为0.44米，二层台的西南角上放置随葬器物。随葬品有铜、玉、石、蚌和象牙器等，计有铜鼎1件，铜鬲2件，铜斝2件，铜爵2件，铜觚2件，铜簪1件，玉璜2件，玛瑙杯1件，残石器3件，涂朱圆陶片1件，涂朱蚌片1件等。二层台的西边则发现了一具头向北，面部向下稍偏西的俯身葬骨架，当为殉葬的奴隶。墓坑正中有长方形腰坑，坑中有一狗，仅存肢骨及肋骨，当为殉狗。墓室内有椁痕和棺痕，椁紧贴在二层台周围的边沿上，棺在椁内。墓底铺有朱红土0.05米，腰坑内铺朱红土0.03米。白家庄3号墓是郑州商代墓葬中目前所见的形制最大，随葬物最为丰富的一座墓葬。该墓与郑州二里岗1号墓的对比是很鲜明的，体现了商代统治者和被统治者在财富占有和社会地位上的差异。[②] 白家庄3号墓还体现出商代的一些丧葬习俗，如墓底铺朱砂，墓内随葬涂朱圆陶片，墓内挖腰坑等。这些丧葬习俗在其他商代墓葬中也有体现。涂朱圆陶片在商代墓内非常多见，一般是砂质灰陶和泥质灰陶通体磨光后，一面涂朱，可能是商代专门为随葬而制作带有辟邪之意的祥瑞之物。

随葬青铜器在商代仍然是身份的象征，以随葬青铜器为主的墓葬和以随葬陶器为主的墓葬，其身份地位是不同的。以随葬青铜器为主的墓葬，其墓主人应是当时有身份的贵族；以随葬陶器为主的墓葬，其墓主人应是有人身自由的平民。前者可以1979年在河南省商业局仓库发现的一座商代二里岗期上层的小型土坑墓为代表。该墓的随葬品有残柄形玉器1件和铜爵、铜斝各1件。铜爵足尖已稍磨平，有使用过的痕迹，铜斝则是未经使用即已作随葬品，足尖无使用痕迹，袋足内还有残存的红色内范。[③] 后者可以

---

① 河南省文化局文物工作队：《郑州二里岗》，科学出版社1959年版。

② 杨育彬：《郑州商城初探》，河南人民出版社1985年版。

③ 王彦民，赵清：《郑州二里岗发掘一座商代墓》，《中原文物》1982年第4期。

郑州二里岗 23 号墓为代表，随葬品有陶鬲 1 件、陶钵 1 件、石镰 1 件。①

在二里头墓葬和殷商时期的许多墓葬中都发现了贝。郑州白家庄 7 号墓出土了 460 多枚贝，殷墟五号墓出土 6 000 多枚贝，山东益都苏埠屯一号墓出土 3 790 多枚贝。除了真正的贝，商代墓葬中还发现了石贝、骨贝、铜贝等。对于这些贝，有些学者认为这是商代最早的货币。因为甲骨文中有“贝一朋”、“贝廿朋”的记载。贝以朋计算，每十贝或五贝一朋。也有一些学者认为商代的贝并不是货币，而是一种装饰品。每十贝或五贝一朋，正好形成一串项饰或手足镯圈。贝作为装饰品，有它的交换价值，而且贝与海中的龟贝、珍宝联系起来，比较贵重，深得贵族喜爱，常被作为贵族的赏赐品。但这些并不能说明商代贝具有了货币一般等价物的职能。

商代流行含贝、握贝的葬俗。殷墟墓葬中有的死者口中含贝或蝉形玉石，手中握贝或玉石制品。1953 年在安阳大司空村发掘的 165 座殷墓中，有 49 座墓主口内含贝，约占这批墓数的 29.7%，还有不少死者手中握贝玉之类。这些墓葬大都为长方形竖穴小型墓，说明在商代王邑的平民阶层中，含贝、握贝是一种较为流行的葬俗。

商代死者口中所含之物除了贝外，还有石琀、玉蝉。在死者口中放置珠、玉、贝、石、谷米等物的葬俗，古称含，也称琀。若放置的是谷米食物，称为饭；若放置的是贝玉石，一般称琀。在西安老牛坡发现的一个商墓中，死者口内含有石琀碎片 34 块。该墓葬内有棺，却没有其他随葬品，可能是一个平民墓。商代墓葬中死者口含玉蝉，可能是因为蝉能蜕化更生，口含玉蝉表达希望鬼魂再生的愿望。②

商代最有特色的丧葬制度是人殉制度。人殉产生于原始社会末期，最初是族人对享有崇高威望的家长“从死”义务的体现。进入阶级社会以后，崇尚鬼神，极为迷信的殷商贵族希望通过用人殉葬的方式，使自己死后仍然能够享受到在人间的生活，继续驱使自己生前的妻妾、亲信、仆从、奴隶为其服役，因此在他们的墓葬中往往随葬有大批的人。

1965—1966 年在山东益都苏埠屯发掘出一些大中型殷商墓，其中一号墓是一座有四个墓道的大型木椁墓，墓底有腰坑，共殉葬 48 人。殉人除了

① 河南省文化局文物工作队：《郑州二里岗》，科学出版社 1959 年版。

② 宋镇豪：《夏商社会生活史》，中国社会科学出版社 1994 年版。

有少部分放在腰坑内和二层台上之外，大部分放在南墓道靠近椁室的地方，分为三层：下层是排列比较整齐的全躯骨架；中层是被砍下的人头；墓室四角各有一个人头骨，并随葬一戈一盾。据该墓的墓葬形制和殉葬人数，可以推测一号墓的墓主人很可能是贵族首领或方伯之类的人物。①

安阳殷墟发现的大中型墓葬中多有殉葬者。据学者统计，殷墟 14 座大墓的殉人总数达 3 900 人左右。② 安阳殷墟武官村大墓墓道两侧的二层台上排列着殉葬人尸骨。但东西两侧殉葬人数不等，性别和随葬品也不同。东侧二层台上殉葬有 17 人，西侧二层台上有 24 人，共计 41 人。死者均为全躯，有的还有木棺和青铜器鼎、觚、爵、簋、卣、刀、戈、镞和玉佩等器物随葬。葬式有仰身直肢，也有俯身直肢。从骨架检测情况和随葬品配置情况来看，东侧台上的死者多为男性，西侧台多随葬玉佩饰，死者多为女性，估计东侧台和西侧台殉葬的分别是墓主人生前的亲信侍从和姬妾。此外，在墓室上部的填土中还发现 34 个人头骨，这些人头骨是在回填墓室层层夯筑时埋进去的。武官村大墓还殉埋有狗、马、猴、鹿等动物。殷墟妇好墓则埋葬有殉人 16 个。

已发掘的殷代墓葬分属王室贵族、方国贵族、中小贵族及平民等不同阶层。对贵族来说，往往会根据其贵族等级的高低及其对财产占有的多少，死后用一定数量人和动物殉葬。这些殉葬者生前的社会身份可能是墓主人生前的亲信、待从或妻妾，也有可能是地位最低下的奴隶。

人祭也是夏商时代非常盛行的现象。夏商贵族把人当作是和牛、羊等动物一样的“牺牲”来作为祭祀祖先、神灵的“祭品”，通过“人祭”来祈求祖先和鬼神对他们的保佑和赐福。夏商统治者不仅用“人牲”去祭祀祖先，而且他们在营造宫殿时也往往用人作“牺牲”进行祭祀。人祭现象在二里头遗址中已有发现，在商代更是屡见不鲜。

1950 年在武官村大墓的东南面清理出南北向的葬坑 17 个。这些葬坑分成 4 排，排列有序，间隔的距离一致。每个葬坑长约 2 米，宽约 1 米，内埋无头人骨架 8－10 具。所有骨架都作俯身状，交向叠压，无任何随葬品。1976 年，对这一地区再次进行了大规模的勘探和发掘，又清理出葬坑 191

① 山东省博物馆：《山东益都苏埠屯第一号奴隶殉葬墓》，《文物》1972 年第 8 期。

② 黄展岳：《我国古代的人殉与人祭》，《考古》1974 年第 3 期。

座。这些葬坑大多数也为南北向,并且坑的大小、葬式和排列情况与 1950 年发掘的葬坑完全一致。根据这些葬坑排列的疏密、深浅,坑的大小规格等因素,可将这 191 座葬坑分为 12 组,最多的一组有 47 个葬坑,最少的仅有 1 个葬坑。从这些葬坑的位置和分布排列情况来看,它们位于几座大墓之间,很可能并非是专属于某座大墓、某一墓主的杀殉坑,而是商王室祭祀先祖用的公共祭祀场,是若干次公共祭祀后掩埋的人祭遗址。

武官村大墓东南面祭祀场中发掘的多为南北向的葬坑,这些葬坑中的死者多为无头男性。但还有部分葬坑是东西向的,东西向葬坑中的人数不等,且死者大多是未被砍去头颅的成年女性和儿童。部分葬坑中还发现有祭品。在 13 座有祭品的葬坑中,有两座是南北向,其余都为东西向。这些葬坑中的死者尸骨齐全,绝大多数是死后掩埋坑中的。在这个祭祀场中已发现的人牲达 1 300 人,这些人牲的尸骨,有的被砍去头颅;有的是断肢、腰斩或肢解后扔于坑中;也有一部分骨架作捆绑状,可能是活埋的。

类似的祭祀坑在安阳殷墟还有一些零星发现。1959 年在后岗发现了一个直径 1.9 米的圆坑,内埋人骨 54 架。这些人骨在坑中分为上下两层,上层 25 个,下层 29 个,中间用陶器碎片隔开,死者无固定葬式。1971 年在安阳大司空村发现了一个椭圆形祭祀坑。该祭祀坑长 7.8 米,宽 2.3 米,深 0.3—0.6 米。坑中埋有人头 31 个,躯体 26 具,头颅多与躯体分离,一般是五六个头颅放在一起,没有随葬品。死者多为青壮年男子和幼童,无固定葬式。在小屯村南发现的一个浅坑中,在一副马骨架的东、西、北三面埋有人骨架 5 具,共中 3 个成人,2 个幼童。3 个成人有的被砍去头颅,有的是未被砍去头颅的全躯;2 个幼童的骨架则非常散乱,可能是肢解后弃置坑中。1975 年在小屯村北的一座房基内发现一方形祭祀坑,埋有一个被肢解的成人。

殷商社会使用人祭的现象,在甲骨文中有不少记述。据胡厚宣先生统计“从盘庚迁殷到帝辛亡国 273 年是商代社会的昌盛期间,其用人祭 13 052 人,另外还有 1 145 条卜辞未记人数,即都以一人计算,全部杀人祭祀,至少亦当用 14 197 人”。[①] 这个统计不能说非常精确,但可以反映出商代人祭的大体状况。

① 胡厚宣:《中国奴隶社会的人殉和人祭》,《文物》1974 年第 8 期。

商代墓葬多有腰坑，腰坑内往往会奠犬牲。1969—1977 年殷墟西区发掘的 939 座墓，带腰坑者为 454 座，约占 48.3%。山东滨州邹平的丁公村遗址发掘出的商末周初的墓葬则体现出商周时期的殉狗葬俗。丁公遗址的 23 号墓为长方形土坑竖穴，墓壁微外斜。墓口长 2.22 米，宽 0.84 米，墓底长 2.30，宽 0.94 米，残深 1.02 米。墓向 105 度，葬具已朽，人骨架的上、下分别发现有竖向板灰和草席编织物的遗痕。墓主单人仰身直肢，成年。人骨架下有腰坑。在腰坑内及墓穴近北壁的填土中各有一狗骨架。[①]

大量的殷墟墓葬材料表明，商代存在具有礼制色彩的墓道制度。在晚商时期的殷墟王陵遗址发现有带墓道的商代大墓 14 座。其中王陵区西区有四墓道大墓 7 座，单墓道大墓 1 座和未完成大墓 1 座；东区有四墓道大墓 1 座，双墓道大墓 3 座和单墓道大墓 1 座。通常认为四墓道大墓是商王王陵，双墓道大墓和单墓道大墓可能是商王配偶的墓葬。这些带墓道大墓充分说明了墓道设置的礼制色彩。

对殷墟已发现的所有带墓道墓葬进行考察，会发现殷墟初期和殷墟后期，墓道的使用规则有所变化。殷墟最早的带墓道大墓是在武丁即位之前的侯家庄北地一号墓，该墓反映了墓道制度初创时期的情况。武丁在位的后期，墓道制度逐渐成熟。武丁到祖庚、祖甲时期，墓道的使用规则是只有高级王室成员才能使用墓道，只有商王才能使用四条墓道。并且，这一时期殷墟带墓道大墓的墓室形制和墓道形制都比较统一。墓室形制都是较规整的长方形或“亚”字形，墓道的平面形制则都是较为规整的长条状，如果只有一条墓道，墓道都位于墓室的南面。殷墟后期，墓道制度发生了较大变化。殷墟三期、四期时，带墓道墓葬的墓室形制和墓道的形制趋于多样化。除继续存在长条状墓道外，还出现一些新的墓道平面形制。如西北冈王陵区三期四墓道大墓 M1500 北墓道东西两侧各开有一条较短窄的支道，M1217 的西墓道西端北侧开有一窄短的支道；后冈西区四期 M9 墓室东西两侧有长方形耳室，且北墓道很短，近乎单墓道的形制；殷墟四期偏早阶段的郭家庄 M172 墓室为东西向，即东西宽、南北窄，但其墓道却开在墓室南侧，即长边一侧，其墓道东西两侧还各有一耳室等。

---

① 山东大学历史系考古专业：《山东邹平丁公遗址第二、三次发掘简报》，《考古》1992 年第 6 期。

研究者认为产生上述现象的原因可能是殷墟后期礼制的松弛与僭越以及墓道本身寓意的变化。如巨大的"亚"字形椁室见于西北冈王陵区的四座带墓道王墓,是最高等级殷墓的标志之一。后冈西区 1933 年大墓与 91M9 亦发现有"亚"字形椁室,但若与西北冈四墓道王陵相较,丧葬等级又明显低很多,不太可能是殷王之墓,加之其时代皆在殷墟四期,故它们的"亚"字形椁室可以视作殷末礼制僭越的产物。除西北冈王陵区与后冈西区墓地之外,见于殷墟普通族墓地内带一或两条墓道的墓葬规模一般不太大,而且时代多在殷墟后期。如在殷墟后期的大司空村东南的一座墓,虽然有南北两条墓道,但墓室面积仅为 10.464 平方米,还不到双墓道大墓武官大墓墓室面积的十六分之一。这些情况说明,虽然殷墟后期墓葬制度逐渐松弛,僭越现象时有发生,但普通族墓地内带墓道大墓的规模与丧葬内容明显低于王室墓地。①

商代墓葬多使用葬具,历来学界都有"殷人棺椁"的说法。对 1958—1961 年殷墟发掘的 302 座墓进行统计,其中有葬具者 194 座,占 64.2%;无葬具者 24 座,占 8%;不明者 84 座,占 27.8%。在上述 194 座有葬具的墓中,有两座是一椁一棺,有的椁上还被覆以白底黑线彩绘织物幔帐;有棺者 185 座,部分棺上涂有朱砂或红、黄、黑三色或红、黑二色彩绘;有编席裹尸者 6 座;用圆木棍作"盖"者 1 座。椁室多作"井"字形,由厚木板叠砌而成,有的还以榫头接合,除置内木棺外,或又隔出头箱、左右边箱,以放随葬器物,有的墓内还挖有壁龛或耳室。可见,"殷人棺椁"说大体可信。

殷墟遗址中除了王陵区的墓葬外,还发现有族墓地与族众墓、奴隶墓和瓮棺葬。族墓地包括商代宗族系统中的族氏墓地和家族墓地。已发掘的殷墟族墓地的墓葬总数 7 000 座以上。族墓地中的墓葬有时可见双墓道大墓和单墓道大墓。这些墓葬的墓主人可能为各族的"族尹",即族长。这些族长有的可能还在王室中担任一定职位。殷墟遗址中发现有一些埋有人架的灰坑和少量零散分布的长方形竖穴土坑墓。埋入这些坑穴中的人架一般不见有棺,个别以席裹身。普遍没有随葬品。这种草率的葬法反映了死者很可能是社会地位低下的奴隶。在殷墟的族墓地中极少发现儿童墓。儿童的瓮棺墓葬常常是在居住区中发现的。从发掘情况看,殷墟瓮棺葬所埋儿童

① 胡进驻:《殷墟晚商葬制与葬俗的几个问题》,《郑州大学学报》(哲学社会科学版)2009 年第 2 期。

多是非正常死亡。他们被埋在房址的夯基中或门道下，可能与修建房屋过程中的“奠基”或“安门”仪式有关。

商代的葬俗虽然多样化，但是按照族氏或家族来组织墓区系列的特征仍然非常明显。在殷墟发现的王陵区墓葬、贵族家族、一般族氏或家族墓葬、奴隶墓葬，虽然规格高低、规模大小、随葬品多寡有所区别，但凡是一个墓区的集群之墓，其葬式、葬制都大体一致。这说明殷墟王邑不同类型的人口，虽然信仰不同，葬俗各异，但都仍维持着以血亲关系为内聚的生活单元组织形式族氏和家族。在河南罗山天湖发现的一处息国贵族家族墓地中，25 座墓葬自北而南集中排列在长不过百米，宽近 30 米的狭长山坡上，时代早的墓葬位于北端，时代愈晚的墓葬愈往南排列，头基本向北方。其中有 14 座中型墓分布在墓地中轴线上，显示出“父蹬子肩”的葬俗。这种墓区系列的组织形式，既突出了社会的崇祖意识、子孙观念和鬼魂信仰传统，又在墓葬位置、规模和随葬品多寡等方面体现着族氏内部或家族组织内部存在的尊卑等级之分。

20 世纪以来，一些早期巴蜀文化遗址在四川地区先后被发现，它们的发现，特别是四川广汉三星堆文化遗址的发现充分说明，长江上游曾出现过具有很高文明程度的古蜀文明。古蜀文明既具有相对的独立性，又与中原地区的夏商周文明有着广泛的接触和交往。就墓葬遗址而言，三星堆遗址尚未发现有大片墓地和大型墓葬，仅发现四座小型墓葬，并不能全面地反映当时的丧葬制度。但这些墓葬遗址还是体现出三星堆先民的一些基本丧葬习俗。如女性和儿童的葬法相同，盛行土坑葬，已发现的四座墓葬中有三座的墓主是未成年儿童，一座的墓主是成年女性，除一座墓葬的墓坑不甚规则外，其余三座均为长方形竖穴土坑；墓葬方向大体一致，墓向偏西北 30°—40°度之间；葬式有仰身直肢葬、仰身屈肢葬和侧身屈肢葬。三星堆发现的实行屈肢葬的墓主都是未成年儿童，有研究者认为这体现了三星堆先民的灵魂观念，通过屈肢葬这一葬俗来模仿母腹中胎儿的姿势，表示人死后灵魂的转世再生。①

① 傅正初：《三星堆墓葬与古蜀人的丧葬习俗》，《天府新论》1994 年第 3 期。关于屈肢葬葬俗的意义，有多种解释：为节约挖墓坑的劳动力；为了模仿生者坐、卧休息的姿势，让死者安眠；模仿母腹中胎儿姿势，表示人死转世重新再生；为了镇压死灵，防止作祟。

第二节　外国古代墓葬遗址概述

死亡是一切生灵的必然归宿，即便万物之灵的人类也概莫能外。正因如此，先民面对死亡和亡人，不免百感交集，恐畏与崇敬之情叠加。在对中东地区杰瑞克(Jericho)小城的考古挖掘中，考古工作者发现了数颗9000年前的先民头颅。与众不同的是，这些头颅显然经过艺术性的装饰，诸如整个头颅为一层泥土所包裹，但眼鼻口等部位仍被刻意凸显出来；更令人惊奇的是，在眼部各安插有两片大小适合的贝壳；而头颅的颈部则被做成一个平面，以便于安置在某处。据此，考古学者认为这些头颅更有可能来自于此地居民的先人或家庭成员而非战俘，他们的头颅不是被埋在地下而是放在居所以便为活人瞻仰。这些精心加工过的头颅的功能或许与今日亡者遗像大体相当，它们与活人朝夕相处，阴阳之隔、生死之别或许便变得不再那么泾渭分明，不可逾越。这也提醒我们，在先民朴素的意识中便存有超越死亡的某些思想灵光。这些灵光与人类文明历程相始终，并发展出蔚为大观且缤纷多彩的文明成果，以至泽被今世。历史上遗留下来的墓葬遗址便是这些灵光的集中体现，它们以一种无声的语言述说着先民对生与死的严肃思考。

一　史前时代墓葬遗址

人类有文字以来的历史其实非常短促，在所谓的史前时代，人类经历了漫长的岁月。考古学者和历史学者据人类所用的生产工具，把史前时代划分为旧石器时代、新石器时代以及青铜时代等不同阶段。大概在青铜时代，人类社会才发展出完善的文字书写系统，而在此之前人类社会的信息，后世学者主要依靠史前先民的活动遗迹，诸如使用的器物、居所、坟墓等获得。墓葬及其葬俗仪式自然便为考古学者和历史学者所关注。

就目前所掌握的考古资料，人类的墓葬习俗可上溯至旧石器时代中期。在整个石器时代，人类对尸体的处置主要使用土葬，而尸体的摆放则可分为直肢、屈肢两种方式。到了青铜时代，直肢葬逐渐占据了主流位置，而屈肢葬则逐渐退出历史舞台。当然，这一变迁是极其漫长的，在铁器时代早期，我们仍可发现个别的屈肢葬，但此时在世界范围内，直肢葬已获得统治地位。① 在中石器时代，还出现了另一种变异的土葬方式，即把尸体置于荒郊野外，任凭尸体腐坏或被禽兽吞食。剩下的骨骸要么被掩埋地下，要么被抛之荒野。此种处理尸体的方式虽不为人类广泛践行，但也长久地存在于某些部族。

就在土葬方式变化的同时，另一种处理尸体的方式——火葬在新石器晚期出现了。起初，火葬主要分布在今天欧洲西部、中部、北部等地区，在铁器时代，火葬甚至在上述地区占主导地位；而在地中海沿岸地区，诸如希腊、迦太基等地，土葬虽与火葬并存，但占有优势地位的似乎是土葬。后来，不知出于何种原因，希腊人突然对火葬更加青睐，希腊人葬式的转变接着也影响到罗马人。从罗马帝国早期开始，火葬迅速风行整个罗马帝国。然而，随着罗马帝国三世纪危机的总爆发，社会经济条件的恶化以及基督教的广泛传播，罗马人又开始回归土葬习俗。从此以后，在相当长的时间内欧洲社会便以土葬为主。在世界其他地方，火葬或许仅在印度大陆占据明显的优势地位。

随着人类生产力的提升，人类墓葬的诸多方面也发生了显著变化。例如，墓葬之地与居所之间的空间位置逐渐分离，墓葬中的陪葬品逐渐丰富，纪念性的丧葬建筑开始营建等等。这些墓葬发展的一个极端现象便是出现所谓的“皇家墓葬”，其富丽堂皇足以让今世之人瞠目结舌。

二　两河流域的墓葬遗址

所谓的两河即指今天的幼发拉底河和底格里斯河，在历史上它们所滋润的新月沃土地带哺育着人类最早的文明——美索不达米亚文明。这一文明最早的创建者乃是苏美尔人，但苏美尔人却不是此地唯一长久的主人，继苏美尔人之后，阿卡德人、巴比伦人、赫梯人、亚述人、波斯人、马其顿人、罗马人乃至后世的阿拉伯人、突厥人等先后粉墨登场，他们除了给此地带来新鲜的族群和发展的动力外，杀戮与破坏也难免与之相伴而至。加之两河泛滥的洪水，时常威胁着两河流域的居民，他们面对这些人为的抑或自然的灾

① （英）戈登·柴尔德：《五万年葬俗的演变趋势》，载于其著作《历史的重建：考古材料的阐释》，上海三联书店 2008 年版，第 202 页。

难，不免产生了消沉的人生观。一位苏美尔人写道："只有人，他的寿命不会很长。无论他做什么，只是一场虚无。"[①]此种悲观的心态甚至影响到他们对死后世界的构建。一位历史学者评价道："从建筑学的角度而言，两河流域的墓穴完全不具备富丽堂皇的特点，可是要知道这一时期正是胡夫、卡夫拉和孟考尔修建伟大的金字塔、构筑自己的天堂之时。"后世学者对两河流域的考古挖掘也证明两河流域的墓葬遗址比起金字塔来要逊色得多。

1922—1934年间，英国考古学者查尔斯对两河流域南端的乌尔城进行了考古挖掘。乌尔城是苏美尔文明最早的发祥地之一，距今已有5 000余年的历史。乌尔城历经苏美尔三个王朝，始终是其政治、宗教的中心。后来由于幼发拉底河改道，乌尔城深埋地下，直至20世纪初的考古挖掘才使得它重现天日。据考古挖掘发现，乌尔城中分布着近2 000余座大小不等的墓葬，有16座墓葬被认定为王陵，号称乌尔王陵，其中标号为779、800、1237的三个墓葬被认为是乌尔王陵的典型之作。它们要么是出土的陪葬器物最多，以800号墓葬为代表，其葬主乃是一位女性，或为苏美尔人的女王或王后，墓室内出土了一衣柜以及衣柜的其他配件，室外则发现陪葬者的尸体及其他陪葬品；而1237号墓的规模最大。但总体而言，乌尔王陵无论在规模上，还是陪葬品的数量和质地上，均无法与同一时期埃及的金字塔相提并论。所谓的王陵其奢华程度不过如此，其他的墓葬更不值一提。这在某种程度上反映了苏美尔人对死后的世界并没有太多的期望。

三　古埃及墓葬遗址

在很大程度上，古埃及文明受惠于美索不达米亚文明，但与之不同的是，埃及文明在相当长的时间内保持着稳定，享受着安宁。这得益于埃及文明所处的优越地理环境，周边的荒漠和海洋使它免受其他部族的侵害。流淌全境的尼罗河虽与美索不达米亚的两河一样时常泛滥，但却有益于埃及的农业生产，故而埃及人视之为神明的赠礼。总的来说，埃及人对生命和现世的看法要积极得多。正是基于对此生此世的留恋，埃及人对生命复活有着强烈愿望。埃及人复活的观念或许也与尼罗河周期性的泛滥有关，他们

① （美）斯塔夫里阿诺斯：《全球通史——1500年以前的世界》，上海社会科学院出版社1988年版，第123页。

从尼罗河的潮涨潮落中体悟到生命的不息与转换，死亡如同潮落，并非是生命长河的枯竭，待以时日便会潮涨水起、死而复生，重享世间福乐。而人是否能够顺利复活则与死亡后身躯的妥当安置与否有莫大的关联，故而埃及人发展出一整套颇为奇特的墓葬方式。

埃及人复活的观念以及墓葬方式集中体现在国王法老的丧葬及其陵墓上。今天矗立在埃及沙漠地带的90余座金字塔以及分布在帝王谷中的墓陵便是埃及人向往复活的明证，埃及人用它们来铺垫复活之路，而我们则可通过它们来沟通古今，一探上古埃及文明的真容。在埃及金字塔中，规模最大的是胡夫金字塔，距今已有4 500年的历史。胡夫乃是古埃及王国第四王朝的第二位法老，在位23年。胡夫金字塔高146余米，塔基呈正方形，占地52 900平方米，由230万块巨石砌成。此外，闻名遐迩的人面狮身像斯芬克司便是胡夫金字塔的附属部分，昂首矗立在胡夫金字塔的前方，是胡夫金字塔忠诚的卫士。金字塔的外观雄伟肃穆，内部构造也非凡复杂，里面的装饰更是令人叹为观止。在光滑的内部墙壁上雕刻着美轮美奂且充满神秘气息的图像，它们要么是述说着法老的丰功伟绩，要么是展示着亡灵的复活之途。整个金字塔最为核心、最为神秘的部分当属法老的墓室。在墓室中安放着已被制成木乃伊的法老躯体。出于防腐的目的，埃及人对法老遗体进行解剖，取出内脏另置他处，身上则塞入名贵香料，双手交叉摆放在胸前，周身再用纱布缠绕包裹，安置在人形镀金的棺木中。通过此种方式，埃及人尽可能地保存人的肉体，以便于他们可以复活重生。埃及人之所以对法老遗体如此郑重其事，不仅在于他们生前作为国王具有无上权威，而且还在于法老自视为神明，万世不朽，理应在死后的世界继续保有他们作为神明的荣耀。在人类文明史中，死而复活的观念虽然普遍存在，但此种对遗体的处置方式或许仅为埃及人所独有。

埃及法老遗体的安置之所并非一直保持不变，金字塔并非是法老亡故后魂归的唯一选择。其实在第五、第六王朝时期，法老们便不再建造金字塔作为他们的陵墓，而是把帝王谷作为安息之所。有人认为，金字塔虽壮观，但也易于遭盗墓者的毁坏，故而埃及法老把目光转向更为隐蔽的帝王谷。这一巨大转变更有可能与埃及政局变更以及随之而来的神学思想的变迁有关。有学者指出，随着上下埃及的统一以及迁都孟菲斯，法老在权势达到顶峰的同时也不得不与孟菲斯祭司集团相妥协，为了笼络这些祭司，法老们便改弦更张，宣称自己乃是祭司们所崇奉的太阳拉神之子，并为拉神建造庙宇。而此前，作为昭示法老为神明的金字塔便显然不合时宜。在帝王谷法老陵墓中，保存最为完好的要数图坦卡蒙的坟墓，该墓直到 1922 年才被考古学者发现。

埃及人的复活观念与其宗教信仰密切相关。在古埃及，冥神和植物神奥西里斯与女神伊西斯广受欢迎，演绎这两位神明故事的核心议题便是死亡与复生。奥西里斯被杀死后，尸体被切成碎片，分散各处，他的妹妹兼妻子伊西斯则不辞辛苦，收集这些碎片并拼凑在一起，由此，奥西里斯便死而复生。[①] 从这个神话中，我们或许能够理解埃及人制作木乃伊的良苦用心。

四　古希腊罗马墓葬遗址

古希腊和罗马社会的墓葬方式几经变化，且两者之间互有影响。在古希腊社会，起初人们对于死后世界的看法并没有取得共识，在处理尸体方式上也是土葬和火葬并存，但在不同时代，又各有所侧重。如在迈锡尼时代，土葬流行，到了公元前 1200 年左右直至荷马时代，火葬占据主流。公元前 5 世纪，土葬又取代火葬成为主要的埋葬方式。[②] 罗马人如同希腊人一样，在墓葬方式上也经历了由土葬让位给火葬，后来又重新取代火葬占据主流这一历史变迁的过程。共和国末期，火葬便取代土葬成为罗马人首选的墓葬方式，其中的原因或许与罗马对外扩张有关。一方面，在征战过程中，许多罗马人战死沙场，如何处置这些人的尸首便成为一迫切的现实问题，把他们火葬后取回骨灰，安葬在家乡是最好的选择。由此，火葬开始在罗马社会流行。另一方面，在征战过程中，罗马人接触到不同的民族、不同的文明以及不同的死亡观念，诸如希腊哲人对灵魂不死的教导，埃及人对复活的企求，这些观念也大大改变了罗马人对死后世界的看法，希腊人火葬习俗或许正是在此时被罗马人所效法。然而到了公元 3 世纪中叶，土葬重新获得人们的青睐。究其原因，当时社会经济的萧条已经难以支付火葬的高昂成本，另一方面，随着基督教广泛传播，基督教所倡导的灵肉合一、死后复活等观念

① （英）约翰·布克主编：《剑桥插图宗教史》，山东画报出版社 2005 年版，第 227 页。

② （英）莱斯莉·阿德金斯，（英）罗伊·阿德金斯：《探寻古希腊文明》，商务印书馆 2010 年版，第 783 页。

与火葬习俗也格格不入。在各种因素共同作用下，罗马人重新回归土葬习俗。

在古希腊罗马社会，遗留下来的墓葬遗迹有两类值得关注，一是帝王贵族的陵墓，它们如同其他文明的帝王墓穴一样豪华富丽，诸如爱琴海岸上小城哈利卡那索斯中的波斯总督摩索拉斯陵墓、马其顿维吉那村附近的大冢（或为亚历山大大帝之父腓力二世的陵墓）、埃及亚历山大城中所谓的亚历山大大帝墓、罗马皇帝哈德良墓等；另一类是罗马帝国时期基督徒的地下墓室。众所周知，在罗马帝国相当长的时期内，基督教被视为一种非法的宗教，基督徒饱受迫害，不少罗马皇帝都曾发动过反对基督教的政治运动和司法审判，由此，基督徒不得不转入地下活动，他们死亡后也葬在地下墓室中。这些地下墓穴虽然建造得简易朴实，仅在墓壁中刻画有崇拜性的图画，但其规模却巨大无比。据说，仅罗马地下墓道合计有 13000 千米之长，盘根错节地环绕在罗马城下，有人称之为地下迷宫。类似的地下墓穴还可见于地中海世界的其他地方。当然，随着基督教获得罗马帝国正式认可乃至后来成为国教后，基督徒们便从地下走向公开，他们亡故后也不必再隐藏在地下墓穴，于是开始公开修建墓地。而教堂多半处在这些墓地的中央，在某种程度上，教堂便是基督徒坟墓的象征，随着欧洲社会对基督教的崇尚，教堂也被修建得越来越高大挺拔，高耸直立的教堂塔楼和十字架似乎喻示着它将接引信徒灵魂荣升天堂。

五　美洲玛雅文明墓葬遗址

美洲大陆长期以来与欧亚非大陆相隔绝，直至哥伦布发现所谓的新大陆之后，美洲文明才向欧亚文明展现出它神秘的面纱。美洲人在一种相对独立的环境下发展起自己的文明，但在某些方面却也与欧亚非大陆上的古代文明有相似之处，例如在美洲玛雅文明中，最引人注目的便是玛雅金字塔，它们与万里之外的埃及金字塔在外观上相类，功用上相通，均是用来作为王者陵墓。

玛雅人主要活动在今天的危地马拉、洪都拉斯等中美洲地区，与北边墨西哥地区的阿兹特克文明以及南美洲太平洋东岸地带的印加文明三足鼎立，玛雅人所建立的文明处在被后世学者称之为美洲历史上的“古典时代”，时间跨度为公元 300－900 年，这乃是欧洲人进入美洲之前，美洲本土文明最为辉煌的阶段。正是在此一阶段,玛雅人建造了为数可观的金字塔,既用来进行祭祀神明、观察天象,又作为国王的坟墓。然而,后世的人们在相当长的时间内并不知晓玛雅金字塔还是王陵的所在,直到1952年,墨西哥考古学者阿尔维托在对玛雅人废弃都城帕伦克一金字塔神庙的考古挖掘中发现了金字塔地基下面的帕卡尔王陵。整个墓室埋在神庙地下,墓室长9米余,高7米,中央摆放着帕卡尔王的石棺。石棺盖上雕刻有精美的浮雕,内容反映的是生命的轮回与再生。有人也突发奇想,认为刻画的图像乃是一宇宙飞行器。棺内便是帕卡尔王的尸骨,并有为数众多的玉器等陪葬品。

包括玛雅文明在内的美洲本土文明中普遍存在血祭习俗,在金字塔祭祀神明时,要用活人的鲜血作为祭品。血祭习俗与美洲人独特的宗教信仰相关。[①] 如阿兹特克人崇奉太阳神,认为太阳神通过自己的鲜血滋润大地,泽被人类,那么人类就要用最宝贵的生命来酬谢神明。神明可以从人的血液中获得持续不断的力量,从而保持自己的威力。否则,太阳就会熄灭,灾难便降临人间。可见,金字塔把神明与人相连接,连接的纽带即为人的鲜血,活人献祭虽是个人生命的终结,换来的却是整个族群乃至地球生命的延续。美洲人把恐怖的死亡图像刻画在庙宇、金字塔以及陵墓等神圣场所上,这可理解为对生命的讴歌。

第三节　深入探究指引

一　中国史前时代墓葬遗址研究的意义和发展历程

考古学是一门通过对实物资料的调查、发掘和研究来探讨古代人类社会历史,了解、解释乃至复原古代社会的科学。考古学所研究的实物资料往往是以物质遗存的形式出现。这些物质遗存包括遗迹和遗物两类。遗迹是指人工建造的各种工程和遗留下来的各种痕迹,如聚落、建筑、墓葬、道路,甚至人类留下的脚印等。遗物指人类制作和使用的各类物品,如工具、武器、日用器具和装饰品等。对于中国古代史的研究来说,历史越古老,文字记载越少,考古学研究的重要性也就越显著。人类历史常被划分为史前时

① (英)约翰·布克主编:《剑桥插图宗教史》,山东画报出版社2005年版,第23页。

期(pre-history)和历史时期(history)。所谓史前时期，就是还没有文字记载，只能依靠考古学、人类学来研究的时期。因此史前史的研究，因为缺乏文字记载，几乎完全依赖于考古学。而对于文字出现后的历史时期来说，考古学的研究既可以补充文献资料的不足，又能纠正文献资料中的错误。

墓葬作为生者处理死者的一种方式，包含着生者对死者生前的社会关系和社会定位的再认可和再强调。因此，墓葬研究已被证明是考察古代社会组织、社会结构及其演变发展的有效方法。同时，在各种物质遗存中，墓葬资料具有保存相对完好、内容系统而复杂等特点，因此墓葬资料对于史前社会研究，具有特殊的价值和意义。对一个资料基础较好的墓地进行全面分析具有多方面的意义。目前学界对墓葬资料主要是利用葬具及其痕迹、人骨架的葬式、随葬器物的位置和它们相互间的关系等发掘资料，进行多角度的分析研究。如通过对墓葬资料进行考古编年研究，从而构建出一个完整而系统的文化发展谱系和时空框架；通过对墓地的形成过程、葬俗和葬制、随葬品进行研究，来解析当时的经济发展水平、社会组织状况和社会结构特征；通过对尸骨的体质特征、人种情况和病理情况进行分析，来透视当时的人口数量与人口结构。当墓葬研究的成果积累到一定程度时，还可以对墓葬形式本身的变迁，随葬器物的变化进行分析，来探讨墓葬形式改变所代表的宗教、经济、社会意义。

20 世纪 50 年代中期，西安半坡遗址、宝鸡北首岭遗址、华县元君庙遗址、华阴横阵村遗址都发现了数量可观的仰韶文化墓地。在这些墓葬资料的基础上，在 60 年代初期，史学界出现了探讨仰韶文化时期的葬俗、家庭婚姻形态、社会组织结构和社会性质等问题的小高潮，发表了一系列论文，如吴汝祚的《从墓葬发掘看仰韶文化的社会性质》，许顺湛的《仰韶时期已进入父系氏族社会》，王珍的《略论仰韶文化的群婚和对偶婚》，张忠培的《关于根据半坡类型的埋葬制度探讨仰韶文化社会制度问题的商榷》等。[①] 这些论文讨论的焦点主要集中在仰韶文化属于母系氏族社会还是父系氏族社会，元

---

① 吴汝祚:《从墓葬发掘看仰韶文化的社会性质》,《考古》1961 年第 12 期；许顺湛:《仰韶时期已进入父系氏族社会》,《考古》1962 年第 5 期；王珍:《略论仰韶文化的群婚和对偶婚》,《考古》1962 年第 7 期；张忠培:《关于根据半坡类型的埋葬制度探讨仰韶文化社会制度问题的商榷》,《考古》1962 年第 7 期。

君庙墓地和横阵墓地所反映的社会组织是氏族还是部落，多人合葬墓所代表的社会单位是否为母系家族等问题上。在讨论中，部分学者借鉴了一些民族学的材料来进行研究，如李仰松的《佤族的葬俗对研究我国远古人类葬俗的一些启发》，宋兆麟的《云南永宁纳西族的葬俗——兼论对仰韶文化葬俗的看法》等。[①] 但是这一时期的墓葬研究所使用的概念、所提出的问题和得出的具体结论，都深受摩尔根的《古代社会》和恩格斯的《家庭、私有制和国家的起源》等著作的影响。虽然这一时期墓葬遗址研究的方法相对单一，但却开创了我国运用墓葬资料进行社会历史研究的新局面。70 年代中期以后，邵望平的《横阵仰韶文化墓地的性质与葬俗》（《考古》1976 年第 3 期）将对这一问题的探讨推向深入。

20 世纪 70 年代末到 90 年代初，墓葬研究的重心依然是中原地区的仰韶文化。1984 年，北京大学历史系考古教研室编写的《元君庙仰韶墓地》正式出版，公布了元君庙墓地的一些基本资料，同时对该墓地的随葬品、人骨性别、人骨年龄等内容进行了研究，对墓地的布局、墓地所代表的社会组织结构等问题进行了探讨。[②] 这些研究对利用墓葬资料探索中国史前时期的社会组织结构与社会性质具有启发意义。此后，关于元君庙墓地、横阵墓地、史家墓地研究的论文大量出现，形成了墓地研究的高潮。[③]这些研究一般都通过对墓葬的埋葬方式和分期布局等问题进行探讨，以此来研究当时社会的组织结构、社会制度、社会性质和历史变迁等重大问题。如：严文明的《横阵墓地试析》在分析墓地的范围、分期、人口数量的基础上，讨论氏族社会的族群和阶层情况、生产关系状况和社会发展阶段。张忠培的《史家村墓

① 李仰松：《佤族的葬俗对研究我国远古人类葬俗的一些启发》，《考古》1961 年第 7 期；宋兆麟：《云南永宁纳西族的葬俗——兼论对仰韶文化葬俗的看法》，《考古》1964 年第 4 期。

② 北京大学历史系考古教研室：《元君庙仰韶墓地》，文物出版社 1983 年版。

③ 张忠培：《元君庙墓地反映的社会组织》，《中国北方考古文集》，文物出版社 1999 年版；严文明：《从埋葬制度探讨社会制度的有益尝试——〈元君庙仰韶墓地〉读后》，《仰韶文化研究》，文物出版社 1989 年版；马洪路：《元君庙墓地的分期与布局——〈元君庙仰韶墓地〉商榷》，《中原文物》1985 年第 1 期；伊竺：《关于元君庙、史家村仰韶墓地的讨论》，《考古》1985 年第 9 期；严文明：《横阵墓地试析》，《仰韶文化研究》，文物出版社 1989 年版；朱延平：《横阵墓地初识》，《青果集——吉林大学考古专业成立二十周年考古论文集》，知识出版社 1993 年版；陈雍：《横阵排葬墓再检讨》，《考古》1994 年第 10 期；张忠培：《史家村墓地的研究》，《中国北方考古文集》，文物出版社 1990 年版。

地的研究》认为埋葬制度是现实社会的折射，史家村墓地的葬式、墓坑排列、墓地分区情况都反映了当时社会的人群关系。

20世纪90年代初至今，墓葬遗址研究的深度和宽度进一步扩展。一些学者开始运用墓葬资料对史前人口的构成状况和数量等问题进行研究。如辛怡华的《元君庙墓地所反映的人口自然结构之分析》，王仁湘的《我国新石器时代人口性别构成再研究》，朱乃诚的《人口数量的分析和社会组织结构的复原——以龙岗寺、元君庙和姜寨三处墓地为分析对象》。[①]

一些学者针对大汶口和西夏侯等墓地的人骨材料进行体质人类学研究，利用墓葬的人骨鉴定资料来对古代族群的体质特征、风俗习惯、亲缘关系、世系传承、生理和病理情况、饮食结构、生产和生活状况等内容进行研究。如潘其风的《中国古代居民种系分布初探》，韩康信的《中国新石器时代种族人类学研究》等。[②]

一些新的具有典型意义的墓葬遗址的发现，使学者们的研究出现了新的内容。花厅墓葬遗址的文化面貌复杂，大汶口文化、良渚文化及淮河流域文化的因素都在这一地区共存，不同文化之间的消长碰撞在花厅墓葬遗址中有所体现。一些学者对花厅墓地的文化归属问题发表了自己的看法，如严文明的《碰撞与征服——花厅墓地埋葬制度的思考》，栾丰实的《花厅墓地初论》和高广仁的《花厅墓地"文化两合现象"的分析》。[③]

反山、瑶山贵族墓地和祭坛的发现，一度使良渚文化成为中国文明起源研究中的一大亮点。一些学者对良渚文化墓地的分期、空间布局、形成过程、社会组织结构等问题进行研究，涉及的内容相当丰富，包括"祭坛"与墓地的关系、墓地内部所体现的社会分层和性别分工状况、不同墓地之间的关

① 辛怡华：《元君庙墓地所反映的人口自然结构之分析》，《考古》1991年第5期；王仁湘：《我国新石器时代人口性别构成再研究》，《考古求知集——96考古研究所中青年学术讨论会文集》，中国社会科学出版社1997年版；朱乃诚：《人口数量的分析和社会组织结构的复原——以龙岗寺、元君庙和姜寨三处墓地为分析对象》，《华夏考古》1994年第4期。

② 潘其风：《中国古代居民种系分布初探》，《考古学文化论集(1)》，文物出版社1997年版；韩康信：《中国新石器时代种族人类学研究》，《中国原始文化论集——纪念尹达八十诞辰》，文物出版社1989年版。

③ 严文明：《碰撞与征服——花厅墓地埋葬制度的思考》，《文物天地》1990年第6期；栾丰实：《花厅墓地初论》，《海岱地区考古研究》，山东大学出版社1997年版；高广仁：《花厅墓地"文化两合现象"的分析》，《海岱区先秦考古论集》，科学出版社2000年版。

系、性质、族属等一系列问题。

随着部分墓葬遗址研究的深入开展，一些学者开始走出单个墓地研究的限制，从一个相对比较大的地理范围对某一区域的墓葬遗址进行探讨，如赵辉的《长江中游地区新石器时代墓地研究》和魏峻的《海岱地区史前墓葬研究》。这些学者对于葬俗及其他一些问题的系统论述，既是对单个墓地研究的深化，又对单个墓地研究具有借鉴意义。[①]

总之，学界的墓葬遗址研究既可以通过分析墓葬资料来对史前社会的社会结构、生产和生活情况有所把握，同时也对当时社会的经济发展状况、家庭形态、原始宗教信仰、艺术和习俗等内容有所了解。

二　坟墓：人生的终点站，抑或中转站

对于死亡的超越为人类所孜孜追求，为人类所独有，这成为人类区别于其他物种的标志之一。就人类文明社会而言，对死亡的超越不外乎两种途径，一是重视现生此世而对死后的世界存而不论，生命的价值体现在现世的事功之中。大体言之，古典希腊文明、儒家文明以及当下的现代文明，大多数人或者说知识阶层中的多数人服膺此种超越之道。希腊先哲们醉心于哲学探讨，从世界本原到宇宙构成，从城邦政治到人性良善，现世的凡凡种种均引起希腊人的兴趣，但却鲜有专门论及人死之后的世界。虽然他们也知道肉身终将毁坏，但这却成为某些哲学流派兜售其“及时行乐”理论的依据之一。希腊哲人的东方同侪们——中国先秦诸子百家也大多持有类似观点，影响深远的儒家学说便谦虚地认为“未知生焉知死”，且坚守“不语怪力乱神”之训。他们同样把精力放在人伦之亲以及仁政良治学说的构建中。对于儒者个人而言，“不朽”——立德、立功、立言，与其说所追求的是身后目标，不如说是生前的境界，这其实与死亡这一人生时刻并无太大关联。可是如果我们就此认为，希腊先哲、儒家士人不怎么重视丧葬礼，那便要犯错误。伯利克里在希腊阵亡将士葬礼上的演讲至今传为美谈，引为经典；儒家对丧葬也是郑重其事，“死，葬之以礼，祭之以礼”。对死者而言，这是总结一生的恰当时刻，即所谓的“盖棺定论”，对生者来说借此可以寄托“慎终追远”之情。其实，这些葬礼形式除了表达对亡者的追思之外，更主要的是为了警示

① 王芬：《史前墓地研究述评》，《东南文化》2004年第5期。

后人，呈现出鲜明的现世教化功能，这与古典希腊文明、儒家学说的入世特征一脉相承。

不可否认，希腊先哲、中国儒士对于死亡的超越之道并未减轻丧葬礼上沉闷的悲哀之情，它们虽被某些精英所倡导、躬行，但却并不表明已为普罗大众所接受。素具平民色彩的神话传说、史诗文学作品则更多透露出大众对死亡的畏惧与胆怯，对死尸的厌恶与恐惧。在希腊英雄史诗中，智勇双全、脱凡超俗的英雄即便可以挑战神明，但却也时常被命运所捉弄；即便在紧要关头某些命运可以被改变，但却终究难逃一死。正是这些无常的命运及不变的死亡造就了伟大的希腊悲剧，人们在对英雄业绩欢呼赞叹的同时，却也不得不接受英雄终究为蛆虫所腐蚀的无奈结局。而秦汉时期的中国人用一种类似喜剧的方式演绎着同样的哀叹。在当时出现的一些志怪传奇、神话故事中，不死药、西王母、长生不老、白日飞升等是时常论及的话题。正是在此种舆论氛围下，造就出一批专职的方士道人，他们竟然可以说服雄才大略的秦始皇嬴政，派遣童男童女出海找寻长生不死之药。众所周知，秦始皇并未如愿以偿，最终死在出巡的路上。其后的中国帝王并没有放弃对长生之道的孜孜追求，但无不徒然而返。而在中国民间社会，诸如嫦娥奔月的传说却也使人们对长生不死保有一种颇具浪漫色彩的无限遐思，不死如同夜间悬挂的松间明月，似乎唾手可得，但却总是遥遥无期。

我们固然可以说，希腊哲人与中国儒士对死亡的消解曲高和寡，但也反映出他们的学说并未真正回应大众对死亡的关切。因此，人类社会试图寻找另一种超越之道。希腊化时代，颇富神秘色彩的柏拉图主义、新柏拉图主义的兴起以及东方宗教在罗马帝国的泛滥，并最终导致基督教脱颖而出，这在某种程度上便是西方社会对死亡回应的精神探索；与此同时，在东方的中国，秦汉之后玄学思潮的兴盛以及佛道两家的崛起，也可视为中国人对来世世界精神探险的呈现。在此后的历史中，东西方殊途同归，僧侣（无论是基督教抑或佛教、道教）而非哲人在丧葬礼中扮演着举足轻重的角色。这意味着，人类试图借助宗教来消解死亡对人的局限。不同的宗教其教义虽大相径庭，但均教导说人生旅途并不仅限于此世。坟墓是此世的终结，更是来世的开启，并且来世比现世更为真实，更值得向往。由此，坟墓不再是阴森可怖的黑暗深渊，而是走向新生的不二法门。

20世纪50年代初，在扬州出土了两块元代基督徒墓碑，碑石刻画的图像栩栩如生地诠释了罗马教会对死亡的基本态度。在第一块墓碑上，一位圣女被杀，她的尸首被两位带翼天使放入棺木中。怀抱圣婴的圣母玛利亚端坐在碑石的中上方，这表示在圣母子的关照下，其灵魂将荣升天域。第二块墓碑图案则展现了末日审判的场景。坟墓中的尸首复活，匍匐在正中央耶稣的脚下，接受最终的审判。良善之人将在天堂尽享福乐，邪恶之人将永堕地狱。显然，在基督教看来，人生要经历不同的阶段，人在现生此世如同过客宿居旅馆，当然不是人生的归宿。如此一来，在基督教视野下，坟墓对人的意义更甚于家庭。其实，那些高耸入云、宏伟壮观的教堂原本便是一座座坟墓。众所周知，教堂最核心的圣域便是祭台，在它的正上方一般悬挂着耶稣苦像。神父便在祭台边主持弥撒，而弥撒中最重要的环节便是领圣餐。据天主教会的解释，酒和饼便是耶稣的血和肉。这些具有高度象征意义的仪式无非是再现耶稣的死亡，而教堂便是耶稣的坟墓。耶稣死而复生便赋予教堂不同寻常的神圣意义，即在这一圣域中，死亡已被征服。信徒们不仅生前常来教堂礼拜诵经，亡故后更是希望自己能安眠于此，以寻求常生。这也就解释了在欧洲许多教堂内外为何有如此多的尸骨、坟墓。

把死亡作为关注的核心议题似乎是大多数宗教共有的情结。如同基督教的教堂，佛教的佛塔也是用来供奉高僧大德舍利的所在，因此，我们也可把它当作坟墓等而视之。这些后世成熟的宗教，对于死亡均有一整套较为系统的神学说教，原初意义上作为坟墓的教堂、佛塔也被附加愈来愈多的其他功用，以至于我们第一印象很难把它们与坟墓相联系。当然这些宗教对死亡的基本态度并非是它们的原创，在人类文明曙光初现之时，先民便开始探寻生死之间的界限。他们从周期性的荣枯相继、星移斗转等自然现象中体悟到生命的轮回与不息。因此，大地、星空、植物便成为先民最先顶礼膜拜的神明。久而久之，祖先、政治军事领袖开始跻身神明之列，他们的坟墓则修建得越来越富丽堂皇，那些地处埃及沙漠的金字塔便是明证。古埃及人对于永生的执著态度确实令人惊奇，法老亡故后被制成木乃伊，安葬在巨大的金字塔下，为的就是有朝一日能够复活。与此同时，古埃及所流传的奥西里斯和伊西斯的神话传说也给整个地中海世界带来了更多的永生希望，并多少启示了后来的诸多宗教。

在古代社会，面对死亡，不同地区的人们发展出不同的应对之道，并通过丧葬礼和坟墓这些可见的仪轨典礼和物质设施呈现出来。后人通过对古代遗留下来的墓葬遗址的考察,便可较为直观地窥视先民的死亡观念以及丧葬习俗。所谓"窥豹一斑",我们从中还能获得更多的有关古代社会的真实信息。因此,墓葬遗址对于历史学、考古学、人类学等学科而言还具有更加重要的意义以及无法替代的作用。

三 墓葬的变迁

生死相随,先民在上古社会便发展出较为成熟、系统的墓葬观念。《释名》中言:"墓,慕也,孝子思慕之处也";《礼记》中载:"葬也者,藏也;藏也者,欲人之弗得见也。是故衣足以饰身,棺周于衣,椁周于棺,土周于椁。"这虽是中国先民对墓葬的理解,但在一定程度上也是古代社会墓葬形式的普遍反映。一般而言,一个较为完整的墓葬要由地上、地下两部分构成。地上部分多封土成丘,刻字立碑,以便于生者"思慕";地下的墓穴则是亡者安息之所,亡者遗骸、墓室以及随葬品的设置无非是为了能让亡者的肉体抑或灵魂有一妥当归宿。世界上的墓葬虽千差万别,但其基本形式及功用并不出中国先人对"墓"、"葬"二字的理解范畴。

当然,墓葬在具有某些一致性之外,更多表现出的是多样性与多变性。纵观历史,墓葬本身便有一发展、演变的过程。《礼记》中所言的葬式其实乃是社会演进、文明进步到一定程度后的产物。据《周易》披露,"古之葬者,厚衣之以薪,葬之中野,不封不树,丧期无数,后世圣人易之以棺椁"。今世对远古社会的考古挖掘在很大程度上也证实古典文献所言非虚。墓葬由简到繁不仅是人类社会物质文明进步的表征,而且也反映出思想观念的变迁。而在此之中,宗教思潮扮演着引人注目的角色。在罗马帝国时期,十字架本来是帝国政府惩治不法之徒的刑具,为了警示他人,十字架一般安置在罗马大道的两边。那些被钉十字架之人要忍受身体上的磨难,因为被钉十字架乃是一种极为痛苦的死亡方式,一般要延时日久,待身竭气耗后窒息而亡。不仅如此,他们还要忍受人格上的屈辱,受尽旁观者的冷嘲热讽与唾弃咒骂。所谓的地狱对受刑者来说,并不用等到生命结束后再来体验,而是实实在在地降临在他们生命的最后关头。这种恐怖氛围也足以让生者畏惧而引以为戒。对此种残酷死亡方式的恐怖氛围的渲染恰恰来自于被后世基督徒奉为经典的福音书。在福音书中,被钉十字架的耶稣也难免哀号悲鸣,绝望不已,而昔日的门徒早已如兽作散,逃之夭夭。然而,正因着耶稣被钉十字架而死，接着死而复生，却让十字架成为引导基督徒寻求常生的救赎工具。十字架由此完成了一华丽的转身，不再是令人胆战心惊的刑具而是安生慰死的永生之望。因此，在基督徒的坟墓前立十字架成为一种风尚，继而以一种习俗传承至今。

不同文明、宗教对死亡的不同理解也会导致墓葬方式上的差异，这突出表现于火葬中。大体而言，在历史上，人类文明社会普遍采用土葬的形式，埃及文明、犹太文明、古希腊罗马社会、基督教的中世纪时代以及中国传统社会均主土葬，虽然各民族、各文明对土葬意涵的解读不尽相同，但大家在一点上具有基本的共识，即亡者尸首不应被亵渎，保持尸体的完整性是出于基本的良知。由此，土葬便是处理亡者最为恰当的方式，而其他方式诸如天葬、水葬、悬棺葬等等虽在某些文明、某些部族中长期存在，但整体而言它们处在人类社会的边缘，并被所谓的文明社会所鄙夷，以俟接受更为先进的文明后，这些墓葬方式便基本上退出了历史舞台。然而，火葬却是一个例外。历史上主要的文明均对火葬持一种反对、排斥的态度。如儒家文化熏陶下的中国汉地长久以来视火葬为一种“违礼背伦”的大不孝之举；而基督教会则把火葬与地狱之火相提并论，密切相连。在中世纪，教会便是用火刑来对付那些所谓的异端分子，当他们的身躯被大火吞噬的同时，似乎也预示着他们已魂飞形散永堕地狱深渊。然而火葬在人类文明社会中仍获得某些人士的青睐，在当下社会更是成为一种主流的葬式。这其中必定存在着极为复杂的文化、政经根源。

在希腊神话中，火是普罗米修斯从天界带给人类的礼物；在中国同样流传着燧人氏钻木取火“教民熟食，养人利性，避臭去毒”的故事。由此，普罗米修斯和燧人氏(即炎帝，与黄帝并称被视为人文始祖)。即便是后世的进化史观对此种神异传说不屑一顾，但仍把火视为人类所掌握的第一种自然资源。可见，火的使用在人类文明进程中具有里程碑式的意义。对火的崇拜自然也是源远流长，火在被视为圣洁、永恒象征的同时，也成为毁灭、终结的代表。火的这一双面特性特别适合人类社会中的某些二元论思想，甚至成为摩尼教、琐罗亚斯德教等宗教的图腾。而在无神论的佛教那里，火成为破除虚妄的物质世界，摆脱六道轮回的利器。故此，自焚成为某些佛教僧人修行所采用的一种独特方式。当然，此种极端方式并不能获得普遍推广，那么退而求其次，佛教信徒死后采用火葬也算是信仰虔诚且功德圆满的表征了。佛教的此种解脱之道与儒家孝道格格不入，两者产生冲突自然不可避免。有趣的是，佛教在不断修正某些做法的同时，中国的丧葬礼也前所未有地向佛教敞开了大门，除屏弃火葬外，中国人似乎更乐意让佛教僧侣来参与丧葬。佛教对于火葬的践行终究为当代社会所普遍接受，这既得益于世俗无神论思潮及其政治运动的倡导，也受惠于科学主义的泛滥，背后还存有当代人类社会发展进程中的一系列深层次的经济危机、伦理困境等根源，诸如人口增殖带来的诸多社会资源的匮乏，消费主义、享乐主义等现世伦理对人自我尊严的扭曲和利用，毕竟在一个充满诱惑和竞争的世界，死人是争不过活人的。

在不同文明社会、不同历史阶段，墓葬呈现出极大的差异。其实在同一社会、同一历史阶段中，墓葬的形式也不尽一致，这与亡者本人的社会地位密切相关。按马克思主义史学观点，私有制与人类文明社会相伴而生，随着私有制的确立和发展，人类社会内部的阶级分别也日益鲜明与尖锐，并愈发成为等级森严的社会。社会存在决定社会意识，此种意识突出地反映在人对身后世界的构建中，鲜明地体现在墓葬葬式、规模、结构及葬礼礼仪上。如《礼记》便不厌其烦地强调天子、诸侯、大夫、庶人在墓葬规制及葬礼礼数上的差别。此种繁琐规定即便没有得到完全实施，但其“礼有以多为贵者”的原则则基本上被中国传统社会所认可并遵从。不仅中国如此，世界其他文明也遵循同样的规则。那些存留至今，令人叹为观止的巨大陵墓，诸如中国的秦兵马俑、明十三陵以及埃及的金字塔、印度的泰姬陵等无一不是帝王贵胄的坟墓，而庶民的墓葬如同生前的居屋一样狭小寒酸，陪葬品寥寥无几。

历史上的凡凡种种早已随风远逝，无论帝王的丰功伟业，还是平民的辛苦过活，在今人的眼界中均变得模糊不清。有限的历史文献即便可以给我们展示他们生前的功绩，但却也仅是一鳞半爪；无论帝王将相还是庶民百姓终将面对死亡，走进坟墓，而墓葬作为对自我一生总结的一种方式则包含有丰富、生动的历史信息，因此历史遗留下来的墓葬遗迹便成为我们深入理解古代社会的方便之门。

四　墓葬遗址的历史价值

从历史学的角度看，通过对人类死后世界的考察可以窥视人类生前社会，进而有裨于史学研究，这对历史久远、文献有限的古代社会尤其重要。

而其中，墓葬便充当了最为重要的媒介。在对古代社会遗址的考古挖掘中，墓葬遗址所占有的比重也是最大的。这些新近发现的墓葬遗迹以及相关的陪葬品等器物，即所谓的地下文物已经大大丰富了古代历史研究的资源库，大大开拓了人们对古代社会的认知眼界；与此同时，地下文物还可印证、补充乃至修正某些传世文献以及基于此而形成的固有观念，此乃所谓的"二重证据法"，在史学史上具有重要的地位。因此之故，墓葬遗址日益成为史学家在进行史学研究时所珍视的历史文物，在史学研究领域发挥着独特的功用。

首先，历史研究主要基于对文字文献的解读之上，墓葬中所发现的文字资料自然便为历史研究所格外注重。一般而言，墓葬地上之墓碑、经幢等附属部分一般会刻有文字资料，要么是记载坟墓主人的生平事迹，颂扬其人品事功，要么是坟墓主人的亲朋好友撰文以表达其追思之情。如新近在河南洛阳发现一唐代景教经幢，据其幢记可知，此乃亡者嫡子与其他亲属为亡者坟墓所树。值得一提的是，经幢上还刻有《大秦景教宣元至本经》(残损)，这可与敦煌文书中的《大秦景教宣元本经》相印证，两者内容节节相符，而与小岛文书《大秦景教宣元至本经》大相径庭，据此，先前学者有关小岛文书真伪的争论便可尘埃落定，判定小岛文书《大秦景教宣元至本经》为"伪经"基本可以定案。[①] 此一景教经幢乃是明季大唐景教碑出土以来所发现的又一景教碑刻，它对于景教研究、中西交通史研究以及唐代社会史研究的价值自不待言。此外，一般而言，墓葬内部也会保存有大量的文字资料，墓穴中作为随葬品的青铜、石器上的铭文以及帛书、竹简、纸质文书(草纸、羊皮纸等)上的文字数量更为可观。如在晋武帝太康年间出土的汲冢书中的《竹书纪年》、《穆天子传》、《汲冢周书》等披露了许多有关先秦时期的历史与传说，乃是研究中国古史最为重要的文献资料；近几十年来所出土的洋洋大观之简帛书，诸如望山楚简、九店楚简、郭店楚简、上海博物馆楚简等大部分也是在墓葬考古挖掘(或盗墓)时所得。正是基于如此之多的先秦及秦汉简帛文书，有的学者呼吁中国古史研究要走出所谓的"疑古时代"。由此不难看出，墓葬中的文字资料对古史研究风气的转变起了莫大的作用。

① 葛承雍主编:《景教遗珍:洛阳新出土唐代景教经幢研究》，文物出版社 2009 年版，第 66 页。

其次，墓葬中的绘图、雕刻等非文字形态的艺术造像也为我们研究古代社会提供了丰富的一手材料，它们所传递出古代社会的信息比文字记载更为生动，其中的一些细节，诸如人物的面貌表情、衣着服饰、饮食器物等等则为我们得以一览古代社会之真容提供了难得机会。例如 2007 年山东东平县发现了几座两汉之际的汉墓，墓室内的厅堂、门楣以及石壁上绘有精美的人物壁画，间有鸡、狗等家禽形象，刻画的内容大体是敬献拜谒、斗鸡取乐、宴饮舞蹈等生活场景。令人叹为观止的是，保留在地下墓室中的壁画，由于较少受到自然及人为因素的损坏，还保有鲜艳的色泽。从此中场景，我们不仅可以一窥两汉之际民人之形象及其日常生活，而且对于了解当时的绘画技术及绘画材料等美术史课题大有助益。

复次，墓葬还有数量不等、规格不一的陪葬品，诸如陶瓷、青铜器、玉器等等，这些器物虽为亡者死后世界所备，但其实大多也是其生前日常所用。陪葬品的质地首先可以反映出当时社会生产力的情况，考古及历史学者多以墓葬中的陶器质地来划定史前时代先民所处的文化阶段，如在早期人类社会，墓葬中多见红陶，随着烧制技术的改变，黑陶、灰陶逐渐增多。与此同时，青铜器开始出现，这意味着人类掌握了金属的冶炼技术，对金属工具的使用意味着先民对自然改造的能力大大提升，为古典文明作了物质上的准备。墓葬中的器物除了反映社会发展进程外，更与墓葬主人休戚相关，是其身份与社会地位的表征。如湖北随县挖掘的战国时期曾侯乙的墓葬出土了大量青铜礼器，其中引人注目的乃是大批制作精美、保存完好的乐器。整架的全套编钟、编磬尤其世所罕见，这些实物极大丰富了我们对先秦乐理的认知，某种程度上可以弥补先秦亡佚的《乐》书之缺憾，于中国音乐史有再造之功。

最后，墓葬葬式、结构、丧葬礼及其变化从一个相当独特的角度展示了人类社会的变迁，引发了历史人类学、社会学、考古人类学的广泛关注。如在古典希腊罗马时代，墓地通常远离人口集中的城镇，处在城墙以外的边远荒凉之地；而到了罗马帝国后期以及中世纪，墓地通常处在教堂周围，而教堂则是村镇的中心所在，意即坟墓从边远地带转移至人口聚居的中心地带。连同此一转变的还有其他相关的意味深长的变化，它们一道使整个社会景观迥然有别于此前的希腊罗马社会。此一转变背后的力量便是基督教的崛起。然而当此一基督教式的死亡观念及其墓葬方式在明清时代传入中国后则引发了诸多误解乃至教案。中国人不理解为何把传教士尸首就近安葬在教堂地下，而不给他们找一风水宝地；对于教堂所收养的弃婴孤儿遗骨的处理更被认为是传教士心怀叵测，有不可告人之目的，遂引发大规模的流血冲突。相比较而言，佛教与中国丧葬的融合多于冲突。根据对南北朝时期墓葬的考古挖掘，墓葬中的礼佛色彩逐渐浓厚，出土的陶俑、瓷器等陪葬器物中时常可见到佛像、佛经等佛家印记。此时中国人也开始为超度亡灵而出资建造佛像，相关的内容在佛教造像记中时常提起。甚至佛教寺院中的经幢也被用来树立在亡者坟墓前，以邀福辟邪。

第四章　古代宫殿遗址

远古时代“宫”是房屋的通称。《易·系辞》记载“上古穴居而野处，后世圣人易之以宫室”。《尔雅》载“宫谓之室，室谓之宫”，可见，“宫”即房屋。随着社会历史的发展，人类社会出现了贫富分化和等级差别，人们活动的场所——建筑物也出现了等级差别。“宫室”成为统治者的专用建筑物。“殿”，《仓颉篇》称“大堂”为“殿”，而“堂”或“大堂”是指宫室之宽大者。秦汉以来，“宫殿”成为代表王权、皇权的统治者建筑物的代称，但一些反映神权的礼仪、祭祀和宗教性建筑也可用“宫”或“殿”来命名。所以，广义的宫殿，既包括统治者居住生活、处理政务的场所，也涵盖宗庙建筑。

第一节　中国古代宫殿遗址概述

对中国宫殿建筑进行研究，具有非常重要的意义。杨鸿勋在《宫殿考古通论》中说：“宫殿是中国建筑史学研究的重要组成部分。西方古代最伟大、最辉煌的建筑是宗教建筑，而中国历史上长期以来以儒立国，古代轻于宗教，着重伦理，使得宫殿成为建筑最伟大的代表。”[①]那么中国宫殿建筑最初的源头是什么？产生早期发展变化的情况如何？要想了解这些，必须借助于已有的宫殿考古成果。

一　新石器时代晚期的宫殿遗址

宫殿在考古学实践中常以大型夯土建筑基址的形式出现。新石器时代晚期，在社会历史的剧烈变革中，中国社会的聚落形态发生了一次重大飞

① 杨鸿勋：《宫殿考古通论·绪论》，紫禁城出版社 2009 年版，第 2 页。

跃，城开始大量出现。在这些城址中往往有大型的夯土建筑遗迹，一些夯土建筑遗迹非常宏伟，被研究者认为已具有宫殿建筑的性质。

山西襄汾的陶寺遗址，因其面积巨大、遗迹丰富而备受世人瞩目。陶寺遗址总面积约400万平方米，年代为公元前2500—前1900年，是新石器时代末期龙山文化的代表。1999年以来，中国社会科学院考古研究所、山西省考古研究所、临汾市文物局等单位联合对陶寺遗址进行新一轮的大规模发掘，发现并确认了陶寺早期小城、中期大城、中期小城以及城内祭祀区、宫殿区、手工业作坊区、仓储区等不同的功能区域。早期小城面积约56万平方米，城的东南部有一般贵族居住区和宫殿区，宫殿区的面积达6.7万平方米。中期城址分为大城和小城两部分。中期大城是在早期小城的基础上扩建而成，面积达270万平方米左右，继续利用了早期小城的部分建筑设施，小城的宫殿区和贵族居住区到中期继续使用。2005—2007年，考古工作者对陶寺城址宫殿区IT5026、IT5126一带进行了继续清理，初步确定了陶寺文化中期大型夯土建筑基址IFJT3的范围和规模，以及其上的主体殿堂柱网遗迹。

大型夯土基址IFJT3位于早期小城的东南部，即中期大城内东北部。IFJT3的基坑形状大致呈正方形，边长约100米，基址面积达1万多平方米。夯土建筑基址上的主体殿堂柱网遗迹显示，该主体殿堂遗迹面向正西南，方向约225°，与IFJT3的整体方向一致。柱网所占范围东西长23.5米，南北宽12.2米，面积为286.7平方米。主体殿堂柱洞有三排，总计发现18个柱洞，其中南排保留7个，中排残留3个，北排保留8个。南排柱与中排柱的间距约5米，中排柱与北排柱的间距约6米。柱洞直径达0.5米（柱础石直径为0.3米），非常粗大。这些遗迹都确证了陶寺城址宫殿区以及宫殿建筑的存在。宫殿核心建筑区北口夯土台阶IFJT2的发掘，也有力地证明了陶寺城址内宫殿建筑的存在。这些高规格的宫殿建筑，应当是“王都”级聚落所应具备的标志性建筑。[①] 此外，发掘者还在IFJT3主体殿堂柱网分布区内的

---

① 中国社会科学院考古研究所山西队、山西省考古研究所、山西省临汾市文物局：《山西襄汾县陶寺城址发现陶寺文化大型建筑基址》，《考古》2004年第2期；《山西襄汾县陶寺中期城址大型建筑IFJT1基址2004—2005年发掘简报》，《考古》2007年第4期；中国社会科学院考古研究所山西队、山西省考古研究所、山西省临汾市文物局：《山西襄汾县陶寺城址发现陶寺文化中期大型夯土建筑基址》，《考古》2008年第3期。

夯土基础板块中，发现了5处比较明显的奠基性的人骨遗存，均被打在夯土板块里，多数都是肢体残缺或散乱的人骨。这些奠基坑应该是人祭的原始宗教遗迹，其存在从一个侧面反映了当时社会的宗教观念和等级差别。

在2005年的发掘中，该主体殿堂柱网遗迹北侧约16米处还发现有两个柱坑和柱础石，这两个柱坑与已经完整揭露出的主体殿堂柱网不属于同一个系统。发掘者认为这些情况预示着IFJT3之上可能有不止一个殿堂建筑单元，也许是成组的殿堂建筑。

陶寺城址宫殿区IT5026和IT5126出土了陶寺文化陶板。有学者认为陶寺陶板就是陶瓦。同时指出如果陶寺文化陶瓦的分析成立的话，就将中国古代陶瓦出现的最早年代从原来的西周早中期或二里岗上层时期提前到龙山时代末期，是世界迄今发现的最早的陶瓦。陶瓦的出现，标志着中国古代建筑技术水平的进步，基本上解决了草拌泥屋顶的渗漏问题。陶瓦除了具有遮顶护檐的实用功能外，更具有标榜等级地位、炫耀经济实力的作用，从一个侧面反映出陶寺城址内大贵族宫殿的奢华。[①]

位于河南省新密市的古城寨遗址中也发现了一座龙山文化的大型夯土建筑基址和同时期的大型廊庑建筑。这座大型夯土建筑基址位于城内的中部略偏东北，为南北长方形夯筑高台建筑，坐西朝东，南北长28.4米，东西宽13.5米，面积383.4平方米，其南、北、东三面皆有回廊，基址上南北排列着的六排柱洞和磉墩，把房子分隔成七间。发掘者推测其当为古城寨龙山文化城址中的宫殿建筑。廊庑建筑基址，南距夯土建筑基址有7.4米，由二三道墙基槽、门道、守门房和众多的柱洞组成，发掘者认为这座廊庑建筑基址当属城中宫殿建筑的一部分。廊庑基址宽4米。北廊庑东半段三道墙基槽南北并列，其中南北两基槽内有较多的柱洞，可能是木骨泥墙主体柱的柱洞；中部基槽柱洞较大，间距较远，当为承托房脊中心柱而留。北廊庑由东向西19.2米处，有一北向的门道缺口，宽1.1米，为1号门。靠近1号门，有一个门卫房。由1号门向西22米，在廊庑的西北拐角处，发现了2号门，门北向，外侧有一道墙，将门道变成东向。在拐角处向南11.4米处，又发现3号门，门道较窄，仅能容身，门西向。从布局看，该廊庑是围绕夯土建筑基址而建的，当是夯土建筑基址的重要组成部分。

---

① 何努：《陶寺遗址出土陶瓦略论》，《中国文物报》2006年6月30日。

古城寨龙山文化遗址中的大型宫殿基址与结构复杂的廊庑建筑基址的发现，说明了当时建筑技术的显著进步，既为二里头文化的宫殿基址和廊庑基址找到了源头，也为郑州商代宫殿基址坐落在城东北部的布局开了先河。[①]

二　夏商王国的宫殿遗址

城市是文明时代最重要的标志。城市的形成意味着史前生产方式和村落生活方式的基本结束，新的生产方式和城市生活方式开始出现，宣告了文明时代的来临。夏商时代，国家出现，城市产生，一些城市成为王朝的统治中心，具有都城的性质。考古发现的二里头遗址、郑州商城遗址、偃师商城遗址、洹北商城遗址、安阳殷墟遗址等，都已具有都城的性质。在夏商王国都城内，出现了行使统治者举行朝会和处理政务职能的大型宫殿建筑。这些宫殿建筑遗址可以二里头文化遗址中的一号宫殿建筑和二号宫殿建筑为代表。

河南偃师二里头文化遗址被认为是夏王朝中晚期的都城遗址。作为夏都故城，二里头文化遗址是中国古代文明和国家形成时期的一处重要都邑遗址。在二里头文化遗址的东南部，有面积约 10.8 万平方米的宫城。宫城中发现了多座大型夯土建筑基址，目前经过发掘的主要有一号、二号和四号、七号建筑。

二里头一号宫殿建筑基址位于二里头遗址中部，是一座大型的夯土台基，形状略呈正方形，东北角向西凹进一角。台基西边长 98.8 米，北边长 90 米，东边南段长 48.4 米，北段长 47.8 米，总长 96.2 米，南边长 107 米，总面积达 9 585 平方米。台基面大体平整，高出当时地面约 0.8 米。在台基上保留大量的柱洞、柱基槽、木骨墙基和主体殿堂的下部夯土基座。[②] 根据这些现象可以看出，在台基中部偏北处有一座主体殿堂建筑，四周有回廊相围，南面有宽敞的大门，东面、北面有两个侧门，建筑形制布局紧凑、主次分明，

---

① 河南省文物考古研究所、新密市炎黄历史文化研究会：《河南新密市古城寨龙山文化城址发掘简报》，《华夏考古》2002 年第 2 期。

② 中国科学院考古研究所洛阳发掘队：《1959 年河南偃师二里头试掘简报》，《考古》1961 年第 2 期。

颇为壮观。

主体殿堂位于夯土台基北部，北距台基北边约 20 米，距夯土台基东、西两边各约 30 米，距夯土台基南面的大门约 70 米，殿基高出台基面 0.1—2 米，平面长方形，东西长 36 米，南北宽 25 米，面积为 900 平方米。殿基四周有一圈大柱洞或柱础石，是主体殿堂的回廊柱。廊柱柱洞排列整齐，间距约 3.8 米，口径约 0.4 米，外有柱基槽，下有柱础石。其外侧有一圈小柱洞或柱础石，多为两个小柱洞配一个大柱洞，可能是回廊的挑檐柱。殿堂内部未发现柱洞或其他建筑痕迹。

基址四周的围墙，墙体已毁，仅存墙基。西墙内侧有一排南北向的大柱洞，北、东、南三面围墙的内、外侧各有一排与之平行的大柱洞。这些柱洞排列整齐，多数间距为 3.7 米—3.8 米，直径为 0.25 米—0.3 米，形制结构与主体宫殿的大柱洞完全相同，组成宫殿四周的回廊式建筑。北墙东段和东墙北段各有一处缺口，缺口两边各置一段横墙，长约 1.5 米，形成 2.9 米宽的侧门道。南面回廊中间有一个较大的缺口，是宫殿的正门。门道下有长方形的基座。基座南北两边各有八个较大的柱洞和基槽，是南大门的廊柱。在柱洞之间有三条南北向的通路，使基座形成四个隔断。除此之外，上面还保留有一些柱洞、柱础石和残墙基，发掘者认为很可能南大门的南北有回廊，中间有三条通路和四座屋室，形制相当宏伟。在南大门之外，是一片开阔呈缓坡状的路土面，是出入宫殿建筑的大道。

二里头一号宫殿遗址还发现了其他一些值得关注的遗物和遗迹。发掘者在一号宫殿台基北侧，发现了陶水管一节；在夯土台基西北部和西侧也发现了陶水管。陶水管呈长圆筒形，一端稍粗，一端稍细，表面饰粗绳纹，形式与安阳殷墟发现的陶水管相似。陶水管的发现，说明一号宫殿建筑已有了地下排水管道，并且其位置很可能与二号宫殿排水设施的位置相似。西墙基外侧，发现有 2 口水井，井深分别为 3.3 米和 3.15 米。这说明宫殿的供水和排水设施已比较完善。

在主体殿建筑周围发现 5 座葬式特殊的墓葬。这 5 座墓葬均无随葬器物，墓主皆非正常死亡，墓中人骨都呈跪状或捆绑状，有的手足还被砍掉。其中三座还在主体殿堂北面檐柱与北面内排回廊的檐柱中间，围绕着一个圆形夯土深坑。可能是宫殿的祭祀墓。

二里头一号宫殿建筑基址，是我国迄今发现的时间最早、规模最大、保存较好的一座宫殿建筑基址。整个宫殿建筑布局合理，结构严谨，规模宏伟，已完全具备我国以后宫殿建筑的规模。①

二里头二号宫殿建筑遗址，位于二里头遗址中部，宫城的东部，西南距一号宫殿建筑基址约150米，是包括廊庑、大门、主体殿堂、大墓的一组建筑。该组建筑呈长方形，南北长72.8米，东西宽57.5—58米，主体殿堂，东、南、西三面的回廊和四面的围墙，以及南面的门道及庭院，共同组成一座完整的大型院落式建筑。

主体殿堂的墙基东西长26.5米，南北宽7.1米，墙基槽宽约0.75米，基槽内排列有较为密集的柱洞。主体殿堂三间，面阔从东到西依次为7.4米、8.1米、7.7米，进深5.55—5.6米。在主体殿堂建筑基址的南面有三块夯土台紧贴基址，高度略低于基址而高于庭院的地面，可能是供上、下出入用的台阶。

主体殿堂东边有东围墙和东回廊。东围墙全长72.8米，从北往南有四个缺口，第一道缺口下有陶质排水管道通过，第四道缺口下面有一条用石板砌成的排水沟通过。东回廊全长59.5米，宽4.4—4.9米。在东回廊的中部，有一间塾房。塾房东西宽3.5米，南北长6.1米。在东回廊基址上面有南北向的一排柱洞，此排柱洞在东塾房以北和以南各有8个。其中在东塾房以南的已被破坏1个，现存共17个。柱洞的间距为3.5米，柱洞的口径0.2米，洞深约1米。

西墙与西回廊保存较差。西围墙北部宽3.4米，南部宽4.7米。西回廊共有柱洞17个，现存9个。廊柱柱洞的情况与东围墙相同。在西围墙的北部往西约0.7米处，有一条与西围墙平行的灰沟，它北高南低，可能是宫殿的排水沟。

北墙全长57米，中段南侧略偏西处，有一紧依北墙的短廊式建筑，长约13米，宽约2.4—2.6米。此建筑基址的南面边缘有东西向一排6个柱洞，柱洞的口径0.19米，间距2.1—2.75米。该建筑可能是宫殿的后增建筑。在北墙与主体殿堂之间发现一座东西向长方形竖穴墓，填土经夯筑，墓中遗物已被盗光，该墓年代应与二号建筑年代相近。

---

① 中国社会科学院考古研究所:《偃师二里头——1959—1978年考古发掘报告》，中国大百科全书出版社1999年版，第138—151页。

庭院南北长 56.5 米，东西宽约 45 米。庭院的北半部较高，南半部较低，到接近南面塾房的内廊则又逐渐高起。在主体殿堂建筑的四周，普遍发现有路土，以主体殿堂基址北面的路土最厚，4－5 厘米，质地较坚实，起厚片，非一时所形成。在 MI 附近路土层的底部十分平整，并平铺着整齐的石板，应为当时的地面。

庭院南端有南围墙、内外回廊及南大门。南围墙东端保存较好，西端破坏较甚。南围墙被位于中间的门道分隔成东、西两段，东段长 15.5 米，西段残长 25 米。南围墙的内、外两侧皆有回廊，东段回廊长 16.3 米，西段回廊长约 26 米。南大门处于南墙中部偏东，是一种两面附廊式的建筑，被木骨夯土墙隔成三间小型屋室，中间为门道，两侧当为塾。①

二号宫殿建筑基址已完全具备后世宫殿建筑的体制规模：主体殿堂在整组建筑的中间偏北处，坐北朝南，东西向，面阔三间，外有回廊；主体殿堂的东、西、北三面皆有宽约 1 米的夯土围墙，南面有木骨围墙；在东、西两面的围墙内侧有一面坡的回廊，南面的围墙两侧有两面坡的内、外回廊；在南围墙的中间偏东处有三间塾房，东面围墙中间有一间东塾房。

二号宫殿基址庭院中的两处地下排水设施，反映了当时我国排水管道建造的高超技艺。在庭院的东北部和东南部发现有两处地下排水沟，一处是在庭院的东北部，由若干节陶水管相接而成，安装在预先挖好的沟槽之内，水道西高东低，便于将庭院的水排出去；另一处在庭院的东南部，它是在一条挖好的沟槽内用石板上下左右砌成的方腔水道，其上再垫土以便行走。该水道南北向的一段内腔较窄小，北高南低；东西向的一段内腔则渐次变得宽大，西高东低。二里头二号宫殿建筑遗址的发掘也给我们带来一些值得探讨的问题，如：

大墓与宫殿建筑的关系问题。根据地层关系，主体殿堂的北面偏东处所见的大墓与宫殿建筑是同时期的。此大墓东西长 5.2－5.35 米，南北宽 4.25 米。规模与殷墟妇好墓相当，是我国迄今所知最早的大墓。该墓中线正好通过南大门门道的正中间，与南大门南北对应。那么该墓在整个建筑

---

① 中国社会科学院考古研究所二里头队：《河南偃师二里头二号宫殿遗址》，《考古》1983 年第 3 期；中国社会科学院考古研究所：《偃师二里头——1959－1978 年考古发掘报告》，中国大百科全书出版社 1999 年版，第 151－159 页。

中的地位如何？二者的关系如何？它们之间有无主从关系？是二号宫殿建筑为此大墓所建，还是先有二号宫殿建筑，后来宫殿的主人死后就埋在宫殿之北？这些学界仍在展开讨论，也是值得我们思考的。中国社会科学院考古研究所的《偃师二里头——1959－1978年考古发掘报告》认为：从墓的规模、位置和宫殿建筑的整体布局来看，先有二号宫殿建筑，后来，其主人死后就埋在主体宫殿的北面和北围墙之间的可能性要稍大一些。《礼记·檀弓》中就记载孔子曾说“葬于北方北首，三代之达礼也”。安阳殷墟妇好墓有类似的处理方式，她同样不埋在侯家庄的“王陵”区，而是埋在宫殿区附近。这种处理方式可能也存在着礼制的问题。

二号宫殿是否具有宗庙建筑的性质。杨鸿勋认为二号宫殿建筑是宗、庙一体的建筑组合；刘庆柱认为二号宫殿建筑是宗庙建筑；杜金鹏认为二号和四号宫殿建筑同属宗庙建筑，但二者所承担的具体功能又有所区分，二号建筑是“夏人祖先神祇委身之所”，即夏王供奉其先王神主之处，是举行日常祭祖活动的地方，而四号建筑则是“举行某些特殊祭祖典礼的场所”。[①]

二里头遗址的多座宫殿建筑基址，既标志着该遗址是一个大型都邑聚落，也标志着这一时期中国社会已进入文明阶段，已出现国家。到了商代，都城的规模更大，都城遗址中的宫殿建筑基址更是为数不少。目前已发现的商代具有都邑性质的遗址有郑州商城、偃师商城、洹北商城、安阳殷墟等，在这些商代都城遗址中都发现有大型的宫殿建筑。

在洹北商城这一迄今为止已发现的规模最大且有城墙的商代都城遗址中，发现了面积达1.6万平方米的一号宫殿建筑基址。洹北商城的一号宫殿建筑基址，是迄今发现的面积最大的商代单体建筑基址。一号宫殿建筑基址位于洹北商城宫殿宗庙区的东南部，东西长173米，南北宽约90米，面积达1.6万平方米，整体结构呈“回”字形，形制颇类似于四合院。整个基址的建筑物由门塾（包括两个门道）、主殿、主殿两旁的廊庑、西配殿、门塾两旁

---

① 杨鸿勋：《宗、庙一体建筑——二里头F2复原探讨》，《杨鸿勋建筑考古学论文集》，清华大学出版社2008年版，第96—100页；刘庆柱：《中国古代都城宫庙遗址的考古发现与研究》，中国社会科学院考古研究所编：《二十一世纪的中国考古学——庆祝佟柱臣先生八十五华诞学术文集》，文物出版社2006年版；杜金鹏：《二里头遗址宫殿建筑基址初步研究》，《考古学集刊》第16集，科学出版社2006年版；杜金鹏：《偃师二里头遗址4号宫殿基址研究》，《文物》2005年第6期。

的长廊组成。考古人员预计尚未发掘的基址东部还应有东配殿。

廊庑和门塾位于整个宫殿的南部，门塾居中，两侧是廊庑。两条宽约4米的门道穿过门塾，直达宫殿的庭院。庭院南北宽68米，东西长140余米，研究者认为其应该是商王召集大臣开会的地方。庭院北部是正殿，正殿上有清晰的柱网结构，保存下来的殿基高于当时地面约半米。主殿南北宽约14.4米，东西总长度在90米以上。正殿目前已清理出9间房屋，每间宽约8米，进深5米许，并且每间房屋前面都有对应的台阶，台阶长3米左右，底部竖两根木头，再用三四根横木固定，形成木质踏步、土木混合的结构。在台阶下还有祭祀坑，祭祀坑里遗骨为人骨。

主殿西侧是一条总长度达30米的双面廊庑，宽3米左右，为东西向，被一条南北向的通道分为东西两部分。该通道宽4米，南北纵深9米。西配殿南北长80余米，东西宽13米，共设有3个台阶。在3个台阶前均发现了残碎的猪、羊骨头。西配殿南端相接的是南庑，宽3米左右。门塾在南庑的中段，分为西塾、东塾、中塾三部分。门道是门塾内保存最好的部分，它由两侧的墙体、方形壁柱、墙体内圆柱、门槛、台阶、夹板等构成。该宫殿建筑结构严谨，其四合院式建筑布局将中国传统建筑形式四合院的历史追溯到商代。其建筑材料的使用也十分讲究。廊柱经过精心加工，呈方形和圆形；屋顶是以苇束为骨架的抹泥屋顶；发现大量用草和泥混合制成的土坯。

三　夏商方国的宫殿遗址

夏商时期，除王国直接控制的区域外，周边地区还存在一些与夏商王国联系紧密的方国。这些方国也有自己的统治中心——都邑。湖北盘龙城，晋南垣曲商城，四川的广汉三星堆城址、十二桥遗址、金沙遗址，江西樟树吴城商城、新干牛头城等都属于是方国的都邑遗址。这些方国都邑遗址中也发现有大型宫殿建筑遗址。

由于文献记载的局限和考古资料的缺乏，人们长期以来对长江上游文明的发展状况和成就重视不够，认识不足。在一系列重大考古发现未被发掘之前，人们对四川成都平原蜀文化的产生和发展，存在这样一些观点：蜀文化始自西周，是从中原文化脱胎而来的；周代末年，蜀王开明九世“自梦郭移”，始“徙治成都”，把统治中心从汉水上游转移到了成都平原，成都才成为重要的都会，等等。20世纪80年代中期以来，随着长江上游地区考古工作的不断开展，该区域的考古学文化发展序列初步建立起来：从宝墩文化，到三星堆文化，再到十二桥文化，最后到晚期巴蜀文化；时间从新石器时代晚期，经夏商周，到春秋战国，历时二千余年。①

宝墩文化是目前成都平原发现的最早的考古学文化，时间相当于新石器时代晚期到夏代前期。宝墩文化遗址的6座城址均有长方形的高大城垣，有的还有宽大的壕沟；房屋建筑以长方形的木骨泥墙为主，少量房屋为干栏式建筑。

三星堆文化以广汉三星堆遗址为代表。三星堆遗址的房屋多是木骨泥墙的地面木结构建筑。在三星堆城址的宫殿区，发掘者发现了一些较大面积的房基遗迹，可能具有“宫殿”的性质。但是这些房屋的建筑面积一般在20平方米左右，大的可达70多平方米，殿堂规模不太壮观。

2001年2月，成都金沙遗址被发现。金沙遗址晚于三星堆文化而稍稍早于十二桥文化，是一处大型的商周时期的古蜀文化遗址。在金沙遗址的宫殿区，发现了一组大型排房建筑遗迹。这组建筑遗址时代相当，结构相同，建筑走向一致，位置毗邻，很可能是一组建筑。这种成组的大型排房建筑不是一般平民所能拥有的，只有古蜀国的最高统治阶层才有能力组织人力、物力来修建，因此被确定为古蜀国都城大型宫殿建筑基址。这组建筑的面积在100－500平方米之间，大的能达到400－500平方米，小的一般有100多平方米。最大的一座宽近8米，长度在54.8米以上，至少有5个开间，面积在430平方米以上。与中原地区的宫殿先夯土建起台基后再修建房屋不同，金沙遗址的宫殿建筑都是平地挖槽起建。墙体是挖基槽埋柱子的木骨泥墙，基槽宽约0.5米，槽内大、小柱洞排列规整，小柱洞较密集，大柱洞间的相距约为1.4－1.5米。此外，金沙遗址宫殿建筑群没有发现专门的围墙将宫殿与外界隔绝，这种布局方式与中原地区宫殿建筑用围墙组成一个闭合式的空间相比，要开放一些。

十二桥文化脱胎于三星堆文化，承袭了三星堆文化的大量因素。十二桥文化遗址发现了一批商代早期的木结构建筑遗迹。其中有一座大型建筑遗迹，被认为是大型宫殿建筑遗址。该建筑的主体是一座建筑面积达1248

---

① 姜世碧：《长江上游文明的起源、形成与发展——兼论成都平原先秦文化的发现及意义》，《农业考古》2003年第1期。

平方米的干栏式房屋，带有廊房。这座商代木结构建筑，不但基础部分保存较好，而且还保存下来大量墙体和屋顶的构件，因此建筑的整体结构较为清楚。[①] 该建筑先采用密集的木桩基础，然后在木桩基础上绑扎大小地梁。已发现的地梁是四根南北向平行排列的地梁和南端的一根东西向地梁。平行排列地梁的长度约为12米，宽40厘米，厚23厘米。地梁上凿有三圆、四方，共七个孔眼，以便立柱架梁。整个建筑在地梁上打槽栽桩后，榫卯起架，木板铺地，编竹夹墙，茅草敷顶。[②] 这座商代大型宫殿式木结构建筑，地坪用桩基抬高，居住面高于地面基础，属于“干栏式”建筑，适应了成都平原潮湿的气候，具有浓厚的地方特色。

在江淮地区的黄陂盘龙城商代遗址中，发现有大型的建筑群，最具代表性的是1号宫殿建筑基址。1号宫殿基址是用夯土筑成高出地面的台基，东西长39.8米，南北宽12.3米。台基中央有东西并列的四室，四壁为木骨泥墙，中间两室较宽，各有前后二门；两侧的两室较窄，各仅南面一门。台基周围还有一圈檐柱。根据这些遗迹，可以复原成一座四周有回廊，中央为四室的四阿重屋的高台寝殿建筑。在1号宫殿基址的南北中轴线上，还有2号、3号基址。研究者推测这是一组宫殿建筑。[③]

第二节　外国古代宫殿遗址概述

当人类从野蛮走向文明时，国家权力应运而生，王权则是国家权力的代表与象征，相对应地，君王所居住的住宅——宫殿建筑则毫无疑问地成为一个国家、一个城市的权力中心，是“宣传和强化王权观念的最直观的窗口”[④]。又由于古代各个文明发展的不同，古代宫殿的建筑模式有所不同，有的偏重

---

① 张肖马：《古蜀文化的瑰宝——成都十二桥商代遗址》，《文史杂志》1987年第5期；杨鸿勋：《宫殿考古通论》，紫禁城出版社2009年版；杨锡璋、商炜主编：《中国考古学：夏商卷》，中国社会科学出版社2003年版。

② 四川省文物管理委员会等：《成都十二桥商代建筑遗址第一期发掘简报》，《文物》1987年第12期。

③ 中国社会科学院考古研究所：《新中国的考古发现和研究》，文物出版社1984年版，第242页。

④ 王以欣：《迈锡尼时代的王权——起源和发展》，《世界历史》2005年第1期。

于强化或展示帝国的强大，如波斯波利斯建筑群；有的则是世俗王权与宗教神权的结合物，如米诺斯宫等。但可以肯定的是，宫殿建筑是古代文明中城市与国家的中心和代表。

一　古代两河流域与波斯宫殿建筑

美索不达米亚的建筑起源于苏美尔人的城邦国家，历经阿卡德帝国、古巴比伦、亚述帝国，再到新巴比伦、波斯帝国，其建筑文明在不断地发展中。单从建筑类型来看，苏美尔时代主要为宗教建筑，其典型代表为乌鲁克的“白庙”，至阿卡德帝国起，世俗权力开始居于首位，但仍以神权的名义进行统治，如乌尔纳姆国王塔庙。随后，随着世俗王权的强大，两河流域建筑的重点开始转向规模宏大的宫殿建筑，当中以亚述帝国萨尔贡二世的杜尔一沙鲁金宫以及波斯帝国的波斯波利斯最具代表性。

1. 伊拉克的杜尔一沙鲁金宫

杜尔一沙鲁金宫是亚述帝国皇帝萨尔贡二世的豪华宫殿，是古代西亚两河流域最伟大的文化遗迹之一。宫殿建于公元前 722一前 705 年，亚述王萨尔贡二世亲自选定了宫殿的位置并确定了宫墙、院子和其他房屋的长度与高度，制定了图纸式样，安放众神塑像等。

> “我迁居到我的宫殿，同我一起迁进的还有伟大国家的主宰、居住在亚述国的男女诸神、神的众多侍者、地区首领、总督、智者、学者、达官显贵……在这里我进行审判……
>
> “我下令在那儿放上金银、金银制作的花瓶、宝石、彩石、铁、亚麻布和丝绸、蔚蓝色和紫红色的布、珍珠、檀香树、乌木。
>
> “我下令在那里放上木斯利马、驴、骡、骆驼和牛。我用这些礼物来取悦众神。”①

但漫漫的岁月流逝，早已将此宫殿掩埋，人们无缘见此辉煌的宫殿。直至 19 世纪，人们开始了一系列对亚述古迹的发掘。目前，该宫殿遗址包括：

---

① （俄）H. A. 约宁娜：《印证人类文明的 100 座宫殿》，经济日报出版社 2005 年版，第 15一19 页。

国王兄弟、首相的宫殿，供奉书写与智慧之神那波的神庙，政府官邸，以及萨尔贡本人的巨型宫殿。整个宫殿建筑群规模宏大，造型雄壮，色彩装饰丰富。建筑群建在古老村庄的台地上，周围建有一圈带塔楼的城墙，占地大约2.6平方千米。而杜尔一沙鲁金宫殿本身建在一个高约18米、边长300米的人工堆成的方形土坯大平台上，平台中布满了排水管和通风口，各个角朝向四个方向采光。王宫的前半部在城内，后半部突出在城外，大概是出于既要防御外来的敌人，也要防御城内百姓的考虑而作此设计。宫殿由200多个房间和30多个院落组成，这些院子并不是按中轴线排列，而是分布较为杂乱，没有什么章法可言。

宫殿遗址中最引人注目的是位在王宫入口处的神兽，亚述人称之为“舍都”。它们的形象非常独特：人首、狮身、牛蹄的组合；头顶高冠，胸前挂着一绺经过编梳的长胡须，还有一双炯炯的大眼睛，一对张开的大翅膀，高4.4米，显得气宇轩昂，令人敬畏。这种形象的石雕矗立在宫门口，是一种王权不可侵犯的象征。令人觉得奇怪的是，这些神兽刻有五条腿。实则上，神兽所处位置使其有正、侧两个面，且正面表现为圆雕，侧面为浮雕，而神兽的两条腿是平行的，因而从正面看时，只能看见神兽两条腿，在侧面只能看到外侧的一条，因而雕刻师们在前腿的后面又多加了一条腿，转角一条则在两面公用，一共五条腿，确保人们在其侧面也能看见四条腿。[①] 目前，神兽安放在法国卢浮宫博物馆。在萨尔贡二世宫门前的这两只镇门兽形象，一直影响到其他民族，古波斯和西亚地区也十分盛行，它逐渐成为一种吉祥动物，并具有神秘的力量。

另外，宫殿中央的入口处由三道大门组成：一个正门和两个侧门。正门只有在举行重大庆典时才会打开，国王带领着众多随从从此出入，因而装饰得极为考究：门的两侧有六对飞牛保护。而两个侧门则随时向前来王宫的来访者开放。除此之外，大门两侧建有四角形的警戒塔，塔前有形如亚述人吉尔伽美什的雕像。雕像高4.5米左右，吉尔伽美什穿着华丽的刺绣服饰，左手拿着被杀死的狮子的前掌，右手拿着弯弯的短刀，其胡子、唇髭、头发，甚至其眉毛都是卷曲着的，非常形象生动。

而王宫的所有生活集中在各个院子里，第一个院是最大的，是整个王宫

---

① 陈平：《外国建史：从远古至19世纪》，东南大学出版社2006年版，第14—16页。

生活的中心。院子的地面铺着普通的铺桥石砖,其光滑的白墙上没有任何装饰,而从大院通往内室的一道道门上则装饰了众多的飞牛。第一个院子的周围是国王奴仆的住处和档案室。

在正院和寺庙后面则为王宫住所。通向王宫的是宽阔的双层正门楼梯以及马车通道,王宫大门旁竖着镶有青铜片雕刻精湛的木柱子。过了大门,则是用天蓝色、绿色和黄色的釉面砖进行装饰的王宫院子,釉面砖上有如鹰、狮子、无花果、犁等图腾图案,豪华异常。王宫的西北角为“金銮殿”。“金銮殿”的地面用彩色地砖铺成,墙上用鲜艳的颜料绘成不同的图画,同时,墙上还装饰了表现萨尔贡二世行军打猎生活场景的浅浮雕。这里可能是萨尔贡二世用于接待外国使臣和官员,举办盛大宴会和庆贺节日的地方。

嫔妃们居住的后宫也是由几个院子组成,王宫正院的顶上建有小塔的三道门通向各个嫔妃的居室。而在后宫与齐古拉特①之间为国王的寝宫。国王寝宫的中间有一座不大的开放式的小院。院子深处建有一座拱形的壁龛,壁龛里放着国王的床。床上方的拱顶装饰有玫瑰花图案,龛墙铺有瓷砖,瓷砖上绘有飞牛及鹰首飞翼神图案,而床则用黑木制成并饰有金雕图案。

整个宫殿的顶端为一个巨大的七层四角阶梯形塔,塔身为正方形,其底边长 43 米,宽 42 米,每层塔高约 6 米,并由上而下刷成了白色、黑色、红色、白色、橙黄色、银色和金红色。

杜尔一沙鲁金宫的建筑技术已达到了相当高的水平,由石灰和石膏混制而成的抹墙灰浆用小铲刮上并精心抹平,厚度一般不超过 3—4 厘米。而宫殿及大厅的地面则铺了好几层:最上面是陶砖或石砖,上面往往刻有花纹或花体字,而宫殿所有房屋的门框都装有精致的门槛与砖。②

此外,在杜尔一沙鲁金宫的右边还坐落着三座寺庙,分别供奉月神欣、月神夫人尼加尔女神、审判和预兆之神即太阳神夏马西。除此之外,还有一些祭祀其他诸神的小庙。这是一座“庄严宏伟的宫殿与寺庙的整体建筑群”。

2. 波斯帝国的波斯波利斯

古代波斯兴起于伊朗高原的西南部地区,后来,居鲁士大帝于公元前

① 齐古拉特:古代美索不达米亚的祭祀塔。

② (俄)H. A. 约宁娜:《印证人类文明的 100 座宫殿》,经济日报出版社 2005 年版,第 15—19 页。

539年征服了巴比伦，至此，两河流域美索不达米亚的文明及其建筑走向终结。居鲁士在波斯建立了阿契美尼德王朝，在居鲁士及其后继者的统治下，波斯不断强大，并兴建了规模宏大的宫殿建筑。由于波斯人的宗教活动是在露天的火坛前进行的，因而他们并没有兴建过大型的神庙建筑，其建筑成就集中体现在宫殿建筑上，其中以波斯波利斯王宫最具代表性。

公元前521年，大流士定都苏萨，兴建了巨大的宫殿。宫殿围绕中央大院而布置，墙壁上饰有釉砖制作的巴比伦式的狮子公牛和鹫头飞鹰，以及大流士皇家卫队的弓箭手。此外，宫殿中的觐见厅树立着高达20米的72根圆柱。圆柱造型独特，柱身带槽，柱础为钟形，向下稍微张开，其柱头则较为复杂，由向下翻的涡卷和向上的双牛头或双狮头构成，精巧而考究。宫殿入口处的翼牛雕刻明显地出自亚述的式样，而其墙壁上的釉面陶浮雕则显然源于巴比伦人的装饰技术，觐见厅圆柱设计可能是参照埃及的多柱式大殿。公元前5世纪中叶，该宫殿被焚毁，其废墟所剩无几，但这些建筑式样却能在波斯波利斯宫殿找到。

波斯波利斯为波斯帝国的陪都和礼仪中心，历经大流士一世、薛西斯一世及阿尔塔薛西斯一世三代人共60多年的不断建造而成，凝聚了整个波斯帝国的智慧与财富，位于今伊朗西南部城市设拉子东北约51千米处。公元前522年，大流士一世开始兴建波斯波利斯，至公元前460年，阿尔塔薛西斯一世完成宫殿的建筑。但公元前330年，亚历山大占领波斯波利斯，把这里洗劫一空，最后火烧宫殿。大火烧了几天几夜，华美的宫殿建筑化为灰烬，只留下残缺的遗迹。自19世纪开始，人们在这里进行了系统的发掘。

波斯波利斯错落有致地建在一个由低矮山坡推平的台地上，面积大约为13.8万平方米，台地用巨石垒成的高大支撑墙进行加固，高约12米。宫殿主要建筑物包括大会厅、觐见厅、百柱厅、宝库、储藏室等。全部建筑用整齐的暗灰色大石块建成，外表常饰以大理石，而门楼、门厅、石柱、石阶则用浮雕或石像装饰，庄严而壮观。

台地的中间凿有两道陡峭的古梯，巨大的阶梯宽7米，每个阶梯都是用整块石头凿成，有10厘米高，足以让人骑马上去，阶梯共有111级石阶。西北端阶梯的尽头是“万国门”，或称“波斯门”。“万国门”是一座方形大厅，建有四根雕刻柱子以及巨大的人首牛身飞牛雕塑。这些阶梯饰有大量的浮雕，雕刻了波斯帝国35个属国、23个民族的朝贡者身穿本族服饰，或手捧金银珠宝，或牵着骆驼、狮子等前来朝贡的场景。穿过“万国门”便可进入阿帕旦纳大厅，即正厅，或称大流士“觐见厅”。

“觐见厅”是波斯波利斯的正殿，呈正方形，边长约 61 米，大厅内有石柱 36 根，大厅外的前廊和左右侧廊各有石柱 12 根，共计 72 根，其中保存至今的只有 13 根。这些石柱高 18 米，柱础为钟形，柱身有 40—48 个凹槽，且雕刻有反映宫廷生活的浮雕，柱头则用整块石头雕刻为成对的动物，有牛、狮、马和神鸟，呈卧姿，且身体相连，头部分别朝向不同方向，每个重达 14—15 吨，令人惊叹。“觐见厅”估计可以容纳 1 万人左右，包括朝臣、军人、使臣等。另外，“觐见厅”的墙壁和楼梯都装饰着浮雕：佩剑的战士骑马或乘车行进着；戴高帽的大胡子萨基人在波斯国王和米提亚大臣的指挥下庄严行进着，他们运来马以及金镯子、服饰；巴克特里亚的居民则带来双峰骆驼……另外，“觐见厅”其四角建有塔楼，西面则向无处的原野敞开，视野开阔。

在“觐见厅”东侧为薛西斯一世的觐见大殿。大殿呈正方形，边长约 73 米，因为殿内有 100 根 13 米高的石柱而被称为“百柱厅”，或宝座大殿，国王在这里接见附属国的使者。“百柱厅”中的圆柱颇具透视感，且其装饰主题具有象征意义。比如说，圆柱中每一根都由各个民族的符号组成，如植物叶来自埃及，公牛和狮子来自美索不达米亚，而开槽的圆柱及爱奥尼亚式的涡卷则来自希腊等等，见证着波斯帝国的扩张。实则上，从建筑规模及建筑布局、设置来看，波斯波利斯整个建筑群正是为了展示波斯帝国的强大而兴建的。在这座华丽的大殿里面，国王可能在 100 根柱子构成的柱林之间气宇非凡地端坐于宝座之上，接待着远道而来的使臣，享受着“王中之王”的尊荣。

此外，在“百柱厅”的后面，则是金库、贮藏室以及寝宫。金库的门都被包上了薄金片，内部则复杂得如同迷宫一般，而当中储存了不少的财富，精美异常的珠宝首饰，价值连城的艺术作品，附属国各式各样的贡品等等。1941 年，考古学家们找到了一片金库的金片，上面饰有清晰可见的动植物图案。另外，“后宫”紧挨着大殿，包括 22 个二居或三居的小套房，供妇女和孩子居住。

需要注意的是，波斯波利斯并非波斯君王们的日常寝宫，而是举行盛大庆典时的场所，如国王登基大典、接见各国使臣朝贡、新年庆典等。

综上，古代两河流域与波斯的宫殿建筑大多环绕中央庭院而建，且既不规则也不对称。而且，无论是宫殿还是贵族宅邸都是高墙、双层隔墙和厚屋顶,外观上大多呈曲线与拱形,窗户里大外小,除了防御之需要外,主要在于防暑抗热。另外,这些宫殿建筑,也包括民居,大多是就地取材,取土制砖,大建筑物均靠砖建造。只是到了亚述帝国时代,由于权力中心的北移,慢慢出现了用石料作为墙壁的贴面。最初是烧制砖贴面,后发展为陶制的装饰砌块镶嵌的图样,如杜尔一沙鲁金宫中墙壁装饰;再后来又发展为彩釉瓷砖装饰。而波斯人的建筑成就则主要体现在宫殿建筑中,当中的"觐见厅"及百柱大殿为多柱式大厅,因而内部空间开阔而通畅,这是纪念性与礼仪式建筑的完美结合。

二 古希腊建筑中的米诺斯宫

古希腊建筑是西方建筑的源头,而其本身可追溯至克里特岛上的米诺斯文明,其主要代表即为米诺斯宫。随之取代克里特米诺斯文明的是迈锡尼文明,其宫殿建筑尽管在外观上与米诺斯宫大相径庭,其内部的建筑却承袭着米诺斯宫殿的传统要素。公元前 11 世纪至公元前 5 世纪,古希腊建筑的重点转向神庙建筑,且日趋成熟,尤以多立克柱式、爱奥尼亚柱式的出现及发展为特色。因而,古希腊的宫殿建筑中,我们要重点了解的是米诺斯王宫。

米诺斯宫是古希腊最有代表性的宫殿建筑,它的发掘将欧洲文明的起源整整提前了 1 000 年。20 世纪之前,克里特岛上的米诺斯宫只存在于神话传说,相关的零星描述则出现在《荷马史诗》的《奥德赛》中。直至 1900 年,英国考古学家阿瑟·伊文思揭开了这个谜。

公元前 2000 年前后,克里特岛发展到青铜器全盛时期。约公元前 1700 年,克里特文明进入最繁荣时期,在此时期,建成了传说中的米诺斯宫。

王宫坐落在凯浮拉山的缓坡上,依山起伏,巧妙地利用了自然倾斜的地形。王宫分为四个宫院:克诺索斯宫、马里阿宫、法托斯宫、撒克洛斯宫,当中以克诺索斯宫规模最为宏大,最具代表性。克诺索斯宫殿以宽敞的露天矩形庭院为中心不对称地向四方展开,各个建筑群体奇异地错落在各个层面,设计奇巧,占地 2 万多平方米,宫殿及周围建筑物可容纳 8 万居民。庭院西侧建筑估计有三层楼;东翼因地势陡降,有两层低于中央庭院地表,总楼层数可能达四至五层;整个建筑宫室环抱,共有 1 500 多间房间,加上迂回的阶梯走廊,步入其中,确有迷离若失之感。同时,克诺索斯宫中别具特色的是大大小小的露天平台与凉廊，向着四周的自然景观敞开，将自然景观与实用建筑融为一体。

克诺索斯宫殿曾多次改建和扩建，宫殿内院与古埃及神庙中的内院非常相似，是用柱廊围起来的，另一方面，建筑的总体布局却与西亚建筑相类似，没有合理的布局，分布杂乱。宫殿主院的东西两侧建有厢房，厢房的台阶向上延伸了四层楼高。如西边的楼有两三层高，一楼包括窄而大的仓库、小型祭祀室和华丽的居室；东边的楼则正好相反，深凹进山丘的斜坡下，只有最上面那层朝向内院的楼显露出来。同样的，西边是长长的柱廊朝向内院。因而，宫殿内有些房间建在采光较好的位置，有些则陷于半明半暗之间，光照并不均衡。为了解决宫殿的空气调节及采光问题，建筑师们在紧密相连的各幢楼室间建了一个天井，让光线及空气通过天井的窗户、通风口进入室内。此外，为了解决底层房屋光线问题，建筑师们在天井的一角装上一块磨光了的大理石。这样一来，光线通过大理石的反射投入较低层房屋，较好地解决了光线幽暗的问题。宫殿地上地下的建筑中有无数的通道、秘道、楼梯、走廊。千门百廊，忽分忽合，神妙莫测，身处其中确有晕头转向之感。

此外，在宫殿的西侧有一个大型的贮藏区，由 21 间狭长的房间构成，贮藏着谷物、葡萄酒、橄榄油、木材等岛上主要产品。另一些仓库里则装有各类兵器。一间外面包着铅皮的小室贮满了国王的金银财宝，其中包括无数的黄金、黄金装饰物和印章。

与此同时，克里特的建筑师还在王宫内修建浴室，铺设排水和通风系统，有些房间甚至备有炭盆用于烹调及取暖。为了避免受到地震的危害，建筑师还修建了富有弹性的墙，并交替使用石头和木砖，令人惊叹不已。另一方面，克诺索斯宫殿中大量运用了圆柱，不论是在大小入口处、过道，还是在一些房间内部、地下室都能看到圆柱。这些圆柱上粗下细，柱头为圆垫形，柱础很薄，柱身为鲜明的色彩。而主要由圆柱构成的柱廊几乎抹去了内部装饰与外部世界之间的界限。

目前，克诺索斯宫殿遗址包括中央庭院、“御座之室”、“大阶梯”、地下储藏室等。通过宫殿的北门是一个宽敞的长方形大厅，其南门外是一条狭窄的上坡道，这是王宫中唯一建有防御工事的入口通道。过了此通道便是王宫的中心——“中央庭院”。

“中央庭院”为一个南北长 54 米，东西宽 27 米的长方形大庭院[①]，用石灰石板进行铺砌。其西侧为宫殿遗址中有名的“御座之室”与“大阶梯”。“御座之室”是目前修复得比较完整的宫室之一，其前室面向中央庭院，内有一个长方形地穴；后室较大，里面放有一张保存完好的石制的御座。御座放在一个正方形的基脚上，座位下有奇异的卷叶式凸雕，御座的靠背为雪花石膏。地板染成红色，一面墙上画有两只躺着的鹰头狮身蛇首的怪兽[②]。由西侧大门通向顶层的正门楼梯上的缘饰证明了该大厅的豪华，缘饰上的壁画表现的是带着丰厚贡品的臣民们列队行进的情况。考古学家们认为这里是 3 000 多年前米诺斯王的议事厅，又因其浓厚的宗教色彩而同时成为王宫的祭祀场所。

“中央庭院”中紧靠着“御座之室”前厅入口的是“大阶梯”。“大阶梯”是通向东面王室居所的唯一通道，并且与附近很多墙相连，阶梯的另一面安有低矮的栏杆，栏杆上竖有上粗下细的柱子，这些柱子支撑着阶梯上的整个平台。走下“大阶梯”，沿着一楼的东西走廊向东就是国王居住的“双面斧大厅”。“双面斧大厅”因其天井墙上刻有神秘的“双面斧”而得名，大厅由西向东分成了天井、前厅和主厅三部分。国王居所紧挨着王后的居所，国王只需经过一条弯曲的小走廊便来到王后居所。王后居所的墙壁上画有在水中自由遨游的海豚及色彩鲜艳的珊瑚，因而也被称为“海豚壁画厅”。王后居所的西侧有一个面积为 2.5 平方米的浴室，其墙裙与地板都用石膏铺砌而成，当中有一个彩绘陶制的澡盆。与之相配套的还有仆人房间、存放珍宝的库房及有下水道的厕所。

除此之外，宫殿的墙壁到处可见色彩鲜艳、极富生活情趣的壁画。壁画的颜料大都是用植物、矿物等提炼而成，又在泥壁快干时作画，色彩渗入到墙壁里，所以能经久不衰。壁画向我们展示了一个富饶、安闲、文雅的米诺斯王国，其基本色调是红、黄、蓝，非常明亮清晰，而内容大多是活泼生动的。在宫殿的长廊中，有表现国王、贵族活动和集合的壁画，当中最有名的是画在“中央庭院”南侧宫墙的“戴百合花的国王”。画高 2.22 米，背景为红色，画中年轻的国王正在百花丛中主持祭祀活动。国王头戴用羽毛装饰的百合

---

① 欧阳家悦：《王国废都未解之谜》，时事出版社 2005 年版，第 143—151 页。

② 李明彦：《凝固的历史：世界建筑故事》，北京出版社 2007 年版，第 217—218 页。

花王冠，过肩的头发往后飘拂，胸前挂有百合花项饰，身着短裙，腰束皮带，左手握有麾标，右手上摆至胸前，风度翩翩。从壁画来看，年轻的国王极富古典美，肩膀宽阔，腰部纤细，四肢肌肉发达且富有弹性。整个画面和谐而肃穆。除此之外，壁画中还有《蓝色的姑娘》、《持杯者》、《蛇神》等，当中的女性大多体态婀娜、发型独特、笑容可掬。

与此同时，宫殿的壁画、浮雕中有许多关于牛的题材，当中最为有名的便是西宫北墙上的壁画“调牛图”。画面表现的是三个紧张而沉着的人物与一头奋蹄摆尾、狂奔不止的牝牛。[①] 画中一少年堵在牛前，用力按住牛角，牛身后的少年则双脚离地，双手扬起，将一名红衣少女抛向空中，而少女则稳稳地倒立在牛背之上，极富有生活气息与美感。此外，宫殿中的石制及金制餐具上都有牛的图案，有的在戏耍圆球，有的在狂怒中奔跑；而雕塑作品中也大量地出现牛的形象，也有用陶土烧制而成的 U 形的黄色牛角或石雕牛角；王宫官员们用牛头形状的器皿泼酒祭祀等。

三　古罗马早期的皇家宫殿

古罗马早期的建筑重点在城市广场、神庙、水道工程、公共浴场、纪念性建筑等，而皇家宫殿则是一个相对缓慢的发展过程，且从来不在古罗马建筑中占据主要地位，但这并不意味着罗马统治者不重视以建筑来强化王权，而是大多数罗马统治者通过修建大型的纪念性建筑来彰显王权，体现罗马皇帝的意志。相比之下，古罗马早期的皇家宫殿略显单薄，当中值得一提的便是尼禄的“金宫”以及图密善的弗拉维宫。

金宫是迄今为止人类所发现的最大的宫殿建筑遗迹。公元 68 年，宫殿建成时，它的建筑总面积达到 80 万平方米，从凯里安丘岗延伸到奥古斯丁广场，从帕拉丁到米岑纳特园林。宫殿的平面采取了海滨别墅的布局，长长的柱廊之后是平台，其上的建筑群则俯视着山下的人工湖，而人工湖的周围点缀着神庙、浴室、喷泉、亭阁等。

为罗马皇帝作传的苏维托尼乌斯是这样描述“金宫”的：“门廊如此之高大，足以容纳一尊 120 罗马尺（37.2 米）高的尼禄巨像；殿庑如此之宽广，仅三排柱廊就有 1 罗马里（约 1 500 米）长。池塘像海一样宽，岸边楼房之多宛

---

① 金桂秋：《图说世界建筑文化》，吉林人民出版社 2008 年版，第 30 页。

如一座城市。四周装点着耕田、葡萄园、牧场、林苑，各类家畜、野兽四处游荡。宫殿的全部厅堂皆镶以黄金、宝石和珠贝，餐厅装有可旋转的象牙天花板，并设有孔隙，可从顶上洒下鲜花、香水。正厅呈圆形，像天空那样日夜不停地旋转。海水和矿泉水在浴池中奔涌不息。尼禄就是以这样的方式建成了宫殿，举行落成典礼时他赞叹道：'我终于开始像人一样地生活了！'"（《罗马十二帝王·尼禄传》）

在遗址现存的9 290平方米的面积内，有300多个房间，现已发掘出150间，开放给游客参观的只有32间。房间的面积大小不一，大的超过100平方米，小的仅容转身，而房间的排序也是杂乱无章的。由于房屋的墙都镶有不同种类的大理石，大理石表面镀着一层黄金，因此宫殿获得了"黄金屋"的称号。一些房间的墙上画有表现神话中英雄人物奇遇题材的画，另一些房间画的是城乡风景，或者干脆是臆想出来的风景，画中有奇异的鸟儿，神话中的怪物或凶猛的恶魔等。此外，宫殿有100多个大厅，总占地面积将近1.3平方千米，大厅内部装潢得富丽堂皇。比如，其中一个大厅的拱顶用细细的镀金框分成圆形、方形和椭圆形，框内画的是表现神话故事情节的图案，而宴会厅中精致异常的天花板可以开启，从上面可以向参加宴会的人抛撒鲜花或香料。[①]

当然，在这组建筑群中最引人注目的便是东翼中央的"八角大厅"。大厅中罕见的八边形柱体上覆以一个直径14.7米的混凝土穹顶，穹顶中央开有一孔，作为采光口，光柱自圆孔倾泻而下，随着时间变化而在室内移动，这才有了苏维托尼乌斯所描写的大厅圆顶"像天空那样日夜不停地旋转"。大厅室内有五条边，分别通向加拱顶的长方形房间，而这些房间通过采光口的光柱采光。另外，室内装饰相当豪华，混凝土的墙壁与拱顶上镶嵌着大理石和马赛克，并有灰泥雕塑及壁画，而黄金、宝石、珍珠母散乱其间[②]，金光四射，富丽堂皇。从内部空间设计到混凝土材料的运用，"八角大厅"跟半个世纪后哈德良皇帝建造的万神庙十分相似，可以说，"八角大厅"是万神庙的先声。

此外，遗址中还有一条30米长的狭窄通道，通道的拱顶表面不时有渗

---

① （俄）H. A. 约宁娜：《印证人类文明的100座宫殿》，经济日报出版社2005年版，第40—43页。

② 陈平：《外国建史：从远古至19世纪》，东南大学出版社2006年版，第128页。

水的迹象，阴冷潮湿，走廊和房间相互连接，阴暗的厅堂壁凿有窗眼，漏进几许阳光。据报道，2010 年 3 月 31 日，“金宫”的屋顶有 645 平方米的面积在当地时间 30 日发生坍塌，而罪魁祸首便是由大雨引发的渗水。

公元 68 年，尼禄自杀身亡后，其宫殿中装饰性的建筑大都被夷为平地，随后的统治者在废墟上修建了一系列公共建筑及神庙，如建筑于原人工湖上的罗马竞技场；维纳斯神庙、和平神庙、弗拉维安宫；提图斯浴场、图拉真浴场等，而图拉真浴场的下部分结构是与金宫的居住部分结合在一起的。

尽管“金宫”拥有宏伟的建筑、奢华的装饰以及意识形态方面的重大意义，但是，“金宫”的存在却是非常短暂的，也并没有完全建成。在古代罗马，作为正式的国家宫殿布局的建筑则是建于帕拉丁山上的弗拉维宫。

弗拉维宫奠基于公元 92 年，占据了帕拉丁山的中心部分，多彩的大理石地面与墙体相连。建筑前方由大理石圆柱组成的门廊被分为三个部分，分别与三个内部的大厅相对应，门廊延伸到弗拉维宫的西侧。三个宽阔的大厅接连排列，为不同的政务服务。位于中间的大殿面积最大，呈四边形，由大理石柱围绕着墙壁，壁龛当中是巨大的玄武岩雕像，附带的半圆形拱顶建筑是帝王、君主与神灵的宝座，他们在这里主持会议；位于东侧的大厅面积最小，可能为一个私人的供奉室；第三个大厅为长方形，由古黄色的大理石柱分为三个殿，当中，后面附带的半圆形拱顶建筑存留了下来，由大理石栏杆环绕，应当用于公共仪式。

三个大厅的后面是功能各异的小型房间，以及列柱中庭。列柱中庭当中有一个花园，花园当中则是迷宫式的八角形喷泉。中庭南面紧挨着躺卧餐厅，这是一个铺设有多彩大理石地面的四边形大厅，人们在这里举行献祭活动以及宴席。[①]

弗拉维宫的东侧为皇帝的私人生活区域——奥古斯都宫。奥古斯都宫的布局与弗拉维宫的布局有些类似，其公共部分包括几个大厅，而私人部分则有两层以及围绕着两个列柱中庭排列的诸多小房间，这是难得的直线与曲线相糅合的建筑实例。宫殿私人部分高层高十多米，环绕着列柱中庭而布局：一座小殿立于高基座，中间为宽广的水面中央；低层主要为一个壮观

① (意)玛丽亚·安东涅塔·托梅伊:《帝王与皇家宫殿》,《美术》2009 年第 10 期，第 116—119 页。

的喷泉,中间饰以亚马孙人的盾牌。

弗拉维皇家宫殿作为罗马皇帝的官邸长达三个世纪,使得帝王的居所第一次成为国家及其权利的象征,成为城市的中心,而城市则是整个帝国的中心。

第三节 深入探究指引

一 夏史研究中的信古、疑古和考古

中国人常因自己拥有悠久的历史和灿烂的文明而感到自豪,但在很长一个历史时期,人们对中国文明的起源问题很想深究却又说不清楚。司马迁虽然对五帝的历史将信将疑,但仍在《史记》中以《五帝本纪》作为历史记叙的开始。后来的人也相信黄帝是中国人的始祖,中国文明就应该从他那个时候算起。在这种"信而好古"精神的影响下,许多学者对夏王朝的存在并不怀疑,认为关于夏史的文献记载是大致可信的。因此,清代以前,学者对夏史的研究主要集中在夏史资料的整理和研究方面。先秦时期,关于五帝的传说和夏商周三代的世系有不少传本。现存《世本》和《五帝德》、《帝系》可能就是这些传本的遗篇。西晋咸宁五年(279)发现的魏国编年史《古本竹书纪年》记载了夏史世系、纪年和重要事件,这是战国时代魏国学者整理夏史资料的重要成果。西汉司马迁的《史记·夏本纪》是系统整理夏史资料和夏史研究的开山之作。《夏本纪》中记录有夏代世系和夏史大事、禹贡九州等内容。西晋皇甫谧撰《帝王世纪·夏纪》,宋人罗泌撰《路史·后纪·夏后氏》,在《史记·夏本纪》基础上"博采经传杂书",使夏史资料进一步系统化。但他们所采用的资料多来自古文《尚书》和其他再生资料,并且使用上古神话传说,学术价值要逊于《史记·夏本纪》。清代学者马骕撰有《绎史·夏史》四卷,内容主要为禹平水土、夏禹受禅、少康中兴、商汤灭夏。该书取材于唐以前典籍,搜罗殆尽,系统整理夏史资料,便于研究者览阅查验。但是其书所采用的资料往往真伪不分,谶纬附会之文夹杂其中,影响了该书的价值。

在很多学者对传统文献深信不疑的同时,近代疑古派的鼻祖崔述对传统文献进行辨伪考信,试图建立可信的夏史系统。他在其著作《考信录·夏考信录》中表述他对夏史的总体看法是:"唐虞之政即夏政也,禹之继治然

也”,“启又贤,能承继禹之道”,然太康后中衰,“仲康微弱,后相失国,夏政不行于天下也”。其说大致不误。同时指出当时所见的夏史资料中确有一些来源于“伪书”的谬说。不过,由于受时代和辨伪方法的局限,崔述并没有能够真正做到求真,书中的主观臆断之语相当多。

“五四”前后的新文化运动,把人们的思想从传统思想的束缚下解放出来。一些学者提出要用科学的态度整理“国故”。他们怀疑被儒家奉为圣人的尧、舜、禹等是否真有其人,是否真的实行过什么禅让制度。这些学者被称为疑古派,顾颉刚先生是该学派重要代表。顾颉刚受崔述等学者疑古思潮的影响,于 1923 年提出“层累地造成的中国古史观”,创立了“古史辨派”。对于夏史,顾颉刚提出了一些观点:他依据《说文》“禹”字解释,假设禹是九鼎上铸的一种动物,后又假定禹是南方民族神话中的人物。再后又认为禹的传说产生于西方戎族,原为戎的宗神,随着九州、四岳的扩大演化为全土共戴的神禹,更演化为三代之首君。对于禹为动物说,他晚年仍坚持不变。对于鲧和禹治水的传说,他认为在最早的文献记载中,禹是禹,夏是夏,两者毫无关系。把鲧和禹说成是父子,鲧与夏发生关系,始于战国时代成书的《国语》与《左传》。① 尽管顾颉刚先生并没有完全否认夏朝的存在,但其推翻了一些传统文献记载的夏代史实,引起了学者对夏史的怀疑。

针对当时学术界存在的“疑古”思潮,王国维先生提出“二重证据法”,主张一方面要纠正“信古之过”,另一方面也要纠正“疑古之过”。人们既不能盲目地相信文献记载中的每一件事情,也不能仅仅停留在怀疑、辨伪的阶段上,而要寻求一种探索古代历史的更为科学的方法。他认为对于上古文献记载,要认识到:“上古之事传说与史实混而不分,史实之中固不免有所缘饰与传说无异,而传说之中亦往往有史实为之素地,二者不易区别,此世界各国之所同也。”过分“疑古”,以至于“尧舜禹之人物而亦疑之,其于怀疑之态度及批评之精神不无可取,然借于古史材料未尝为充分之处理也。吾辈生于今日幸于纸上之材料外更得地下之新材料,由此种材料我辈固得据以补正纸上之材料,亦得证明古书之某部分全为实录,即百家不雅驯之言,亦不无表示一面之事实,此二重证据法惟在今日始得为之,虽古书之未得证明

① 顾颉刚:《顾颉刚古史论文集》第二册,中华书局 1988 年版;王煦华:《顾颉刚关于夏史的论述》,《夏文化研究文集》,中华书局 1996 年版。

者，不能加以否定，而其已得证明者不能加以肯定可断言也”。可见，王国维先生认为要想对上古史乃至史前史进行科学的研究，需要依赖“地下之新材料”，也就是说要利用考古学的成果，通过对古代实物遗存的调查、发掘和研究，获取新材料，重新研究中国的上古史。王国维先生用甲骨文的材料来论证商史，发现甲骨文上的商代先公先王世系与《史记·殷本记》上的世系，“虽不免小有舛驳而大致不误，可知《史记》所据之《世本》全是实录。而由殷周世系之确实因之，推想夏后氏世系之确实，此又当然之事也”。王国维先生认为传统文献中的夏史记载有可信的成分，对当时学术界怀疑禹的说法也持排斥态度。他在《古史新证》的第二章中，利用春秋时代的秦公敦（簋）和齐侯镈、钟铭文为证，肯定文献记录中关于禹的记载，认为其人其事并非虚妄之言。他说：“近人乃复疑之，故举此二器知春秋之世，东西二大国无不信禹为古之帝王且先汤而有天下也。”①

1930年，郭沫若在《中国古代社会研究》中对“夏禹的问题”也发表了自己的见解。郭沫若肯定夏代的存在，同时也指出禹“必为夏民族之传说人物，可无疑。又夏民族与匈奴族有近亲之关系，当为中原之先住民族。此事于将来大规模的地下发掘，时可望得到实物上的证据”。后来，他在《奴隶制时代》中也提出：“关于夏代的情形，我们今天还不能够多说，且等待日后从地底下能有丰富的资料出现。”

在学者们的期盼下，考古学上对夏文化的探索推动了夏史研究的发展。1928—1937年在河南安阳殷墟进行了15次考古发掘，殷墟的发掘和研究，证实了商代历史的客观存在。由于殷墟是商代后期的遗址，学术界对商代前期和夏代的遗存进行了不懈的寻找。果然，1950—1951年，在河南辉县琉璃阁与郑州二里岗的发掘中，确认了早于殷墟的商代前期遗存。1955年，发现了商代早期的城垣遗迹郑州商城。古代文献从来是夏商周“三代”连称，商代历史被考古发现证明之后，人们自然会想到夏代一定也是存在的。加上，殷墟甲骨文证实了《史记》对殷商世系的记载，也大大增加了《史记》中关于夏王世系记载的可信度。学术界加强了对夏文化的考古探索。

徐旭生先生是夏文化考古探索的开拓者。他在其著作《中国古史的传说时代》中，列“大禹的治水”专节，对大禹治水的范围和方法进行了研究，肯

---

① 王国维：《古史新证》，清华大学出版社1994年版。

定夏王国的存在，并为夏文化的探索指明了方向。[①] 著书立说之余，还亲自前往文献记载中的“夏墟”之地——洛阳、登封、偃师等豫西和晋南地区进行考古调查。在徐老的勘查启发下，二里头遗址、登封告成遗址及晋南夏县东下冯遗址先后开始发掘，发现了一种早于商代的文化遗存，后来被命名为二里头文化。

二里头文化，1953 年在河南登封玉村首次发现，1956 年在郑州曾被称为“洛达庙期”。1958 年发现的河南偃师二里头遗址，在 1959 年豫西“夏墟”调查后进行了系统发掘。目前学术界对二里头文化的性质虽有不同的看法，但都不否认二里头文化与夏代的关系。《偃师二里头》在结语中说：“二里头文化就其整体而言，应属于夏文化。其中二里头四期已进入商代，是商灭夏后保留下来的夏人文化。”二里头文化为我们研究夏代历史和夏文化提供了依据。二里头遗址发现了宫殿和宗庙基址，出土了大量青铜器、玉器、石器和陶器，不少学者认为它是夏代的一个都城。一些学者还对在二里头遗址发现的陶文进行释读，指出夏代确有文字。在对夏文化的考古学探索中，大部分学者达成共识，肯定夏代的存在。考古学的丰富发现已经在非常大的程度上改变了人们心目中夏史的面貌，以李济为代表的一派学者提出要以考古学为中心进行“古史重建”。“古史重建”的提出要比王国维倡导的“二重证据法”的“古史新证”走得更远一些，更加充分地肯定了考古学成果对于恢复人类历史本来面目的重要性。

尽管夏代的存在已得到了考古材料的证明，但在近代疑古思潮的影响下，国外部分学者仍认为夏代的文字尚未发现，夏代只能作为传说看待，不能作为信史看待。英国学者艾兰认为：“那些从黄帝到夏代的历史记载，都可以看作是从商代神话体系中演变发展而来的。……如果‘夏’原来是一个神话，后来被变成了‘历史’，那么考古学上的‘夏文化’也就难于成立了。”[②] 1999 年 5 月，在美国加州大学洛杉矶分校召开的“夏文化国际研讨会”上，艾兰又提交论文《有无夏？历史方法论问题》，坚持认为没有夏代。另外一位俄罗斯学者刘克甫也在大会上提交论文《夏国家：现实或神话》，认为有关夏

① 徐旭生：《中国古史的传说时代》，文物出版社 1960 年版。

② 艾兰：《关于“夏”的种话》，洛阳市第二文物工作队编：《夏商文明研究》，中州古籍出版社 1995 年版，第 137 页。

代的记载都是后人伪托的神话，夏代不是现实，主要理由是没有发现夏文字。[①] 这些看法对考古学成果与历史学研究之间相辅相成的关系认识不足。[②]

二　宫殿建筑中的王权与神权

在古代文明中，由于战争与信仰的双重影响和作用，王权往往成为一个国家制度的代表与象征。王权是一种以国王为核心的政治制度，因此，国王所居住的宫殿建筑是王权的体现，这一点似乎毋庸置疑。然而，古代宫殿建筑却往往并不仅仅是王权的体现。由于早期王权的权威与威望往往需要神圣的神权来加以保证，因而，古代宫殿建筑往往是王权与神权的结合物，如克里特岛上的米诺斯宫。

米诺斯宫是一组集王宫、行政管理机构、宗教祭祀场所与私人居室为一体的宫殿建筑群。从考古遗址来看，米诺斯宫建筑规模宏大，气势磅礴。其建筑布局看似随意，甚至略显零乱，然则其建筑房间却是极具实用功能，且其功能区域划分也比较明确。总的来说，其公共集会与行政办公场所位于大院西侧，如统领整个建筑群的“中央庭院”与用于行政管理的“御座之室”，而其生活区集中在宫殿东侧，包括了国王与王后私人的住宅区“双面斧大厅”与“海豚厅”，以及与之配套的仆人房间，和用于日常储藏的仓库等。另外，米诺斯宫中刻有大量表现王权的壁画，如宫殿西入口长长的过道里绘满了手捧礼品的官员、贵族行进队列、“中央庭院”南侧宫墙的“戴百合花的国王”，等等。无论是建筑规模，还是建筑布局，抑或是宫殿壁画内容都向人们传递着一个信息：这是显示强大王权的宫殿建筑。

与此同时，米诺斯宫也向世人展现其具有神圣神权的一面。英国考古学家亚瑟·伊文思在其著作《克诺索斯的米诺斯王宫》中写道：“宫殿西翼很大一部分不过是由小神祠、有祭礼用途的地下柱厅及楼上相应的诸神殿构成的。”伊文思指的“地下柱厅”是指宫殿西翼的一个地下双套间，其中心立有方形石柱，且其柱上刻有“双斧”符号。除此之外，伊文思还在“地下柱厅”旁边的库房里找到了两尊蛇女神彩陶像和一些祭礼用具。据此，伊文思指

---

① 王宇信：《美国“夏文化国际研讨会”侧记》，《中国史研究动态》1990 年第 8 期。

② 李学勤主编：《夏史与夏代文明》，上海科学技术文献出版社 2007 年版。

出作为王权象征的米诺斯宫同样具有浓烈的宗教意义。其实，米诺斯宫中各式各样表现宗教仪式及仪式场景的浮雕也证明了宫殿的神圣性，其中包括斗牛士行进的情景、反复出现的米诺斯斗牛术等。另外，王宫的墙上、屋顶上经常能看到具有宗教色彩的双头斧图案、献牛角图案、八角形盾牌等，使整个宫殿更具神性本质①。而且，整个宫廷生活方式也充满了宗教仪式，且遵循教规礼仪进行。这样的生活方式在古埃及、赫梯国和地中海地区的其他国家也存在。由此可以看出，米诺斯宫是“宫殿与神庙的合二而一”，既彰显了强大的王权，同时具有浓厚的宗教色彩，是王权与神权的结合物。

需要注意的是，在古代文明中，王权的强大及其展示也并不一定体现在宫殿建筑中，如古埃及法老通过修建神庙与陵墓来彰显其王权与神权，而罗马共和国时期及帝国早期则通过修建神庙、城市广场、纪念性建筑及公共建筑来体现王权的强大与统一。

在古埃及漫长的历史发展过程中，世俗的王权统治总是与神权交织在一起，它们共同构成了古埃及历史发展的主要内容。上埃及君主美尼斯统一上下埃及后，成为埃及第一王朝的第一任法老，此后，古埃及的国王专称为法老。在埃及语中，法老意为“大房子”或“宫殿”。古埃及人把法老看作是人与神、自然界之间的纽带，他既是一个人，又是一种机构、组织，前者表现的是人性，而后者则体现着神性，当这两者结合起来就产生了神圣的王权。埃及学家弗兰克夫特在《王权和神》中指出，古埃及人王权观念的一个最重要的立足点是：法老是神，而不是人。② 另外，古埃及人有着浓厚的来世观念，他们相信法老的死亡并不能阻止他履行自己的职能。因为在古代埃及人看来，所有的法老死后都变成了奥西里斯，而奥西里斯则是地下世界的法老，他维护着地下世界的“正义”、“秩序”。③ 也就是说，法老死后仍然履行着人与神、自然界之间的沟通，因而，法老死后要将他的尸体制成木乃伊，并制造陵墓以存放法老的身体与精神，让法老继续履行其职务。因而，为身份特殊的法老修建神庙及陵墓成为古埃及建筑的两种主要建筑形式。古埃及历代法老正是通过修建不同形状、不同规模的神庙与陵墓来彰显其神圣的王权。

① 王以欣：《克诺索斯“迷宫”与克里特的“王权”》，《世界历史》1998 年第 2 期。

② 张晔，刘洪采：《法老时代埃及王权的演进》，《史学月刊》2003 年第 3 期。

③ 金寿福：《古代埃及神权与王权之间的互动和联动》，《北京大学学报》2010 年第 6 期。

第五章　古代城市与村落遗址

村落和城市是人类不同形式的聚居地。村落，即乡村、农村聚落，是主要以农业活动和农业人口为主的居民点，规模较小。城市是以非农业人口为主的聚落，规模较大，是一定地域范围内的政治、经济、文化中心。一般而言，先有村落，后有城市，城市是由村落发展而来的。

第一节　中国古代城市与村落遗址概述

旧石器时代中期，随着人类文明的进步，出现以民族为单位的农业村社，后来随着生产力水平的提高，出现了城市。国家的建立，又出现了国家统治的中心都城。聚落是人类生存居住的居民点，是人类进行各种经济、社会和文化活动的基地，对聚落的起源和发展、聚落的分布特征及其原因、聚落形态等问题进行研究，可以帮助我们了解当时人类的居住形态和社会发展状况。

一　新石器时代的村落遗址

已发现的中国旧石器时代遗址，虽然数量不少，但发现的遗迹和遗物大多只能反映远古人类的某些局部生活片段，在居住形态（聚落形态）方面的信息比较少。新石器时代，随着生产力发展水平的提高，人类的物质文化生活更加丰富，以遗迹和遗物的形式留存下来的人类居住形态方面的资料也更加丰富。新石器早期，我国先民已进入农业定居阶段，早期的聚落开始形成，聚落中男女分工也开始出现，聚落成员的贫富分化虽然还不十分明显，但私有财产已经出现。

聚落是人口集中分布的区域，一般要拥有众多的居住房屋。已发现的拥有成批房址，具有较完整聚落形态的中国新石器时代遗址有数十处。

江西万年县的仙人洞与吊桶环遗址，处于旧石器时代向新石器时代过渡时期，时代为公元前12000—公元前9000年。在该遗址中，仙人洞和吊桶环这两个天然洞穴相距约800米，仙人洞是居住地，吊桶环是临时营地和猎物屠宰场，功能有别的两个洞穴，被同一批人使用。该遗址出土物丰富，出土有各种石器、骨器、穿孔蚌器、夹砂的褐色陶器、人骨和大量动物骨骼，遗址附近还发现有种植水稻的遗迹。

新石器早期的裴李岗遗址，时代约在公元前6000年以前。裴李岗遗址发现有房基遗址。房基主要有圆形、方形两种，以圆形为主，均为半地穴式。房基直径为2.2—2.8米，个别达到3.7米。室内边缘有柱洞。房基设有斜坡形或阶梯形门道。房内中间或后墙处有灶。房屋多为一间，个别遗址也有二开至四开间的，大多依次扩建而成。

新石器时代中期的彭头山文化和兴隆洼文化也发现了聚落遗址。湖南澧县的彭头山文化，距今9 000—8 300年。在澧县八十垱发现了一处该文化的聚落。在该聚落的城内发现了各式房址和许多墓葬，但尚未形成连片集中的墓地；城外则有一圈壕沟环绕，壕沟内总面积约3万平方米。内蒙古敖汉旗兴隆洼遗址是新石器时代中期唯一住地全部揭露、布局清楚的聚落遗址。考古资料显示，该氏族居住营地规划周密，房址排列整齐，8排房址平行排列，每排10座左右，中部有两座大房子，最大的面积约140多平方米，表明这里至少居住着两个氏族公社，房址都是西北—东南走向。营地的周围有宽约2米、尚存深度1米左右、周长约570米的近圆形壕沟。壕沟既是氏族营地的界限，也是一种防御设施。

新石器时代晚期，农业聚落遗址在中国分布的密度增加，规模也有所扩大，每一个聚落中往往有上百座房屋。其中，在新石器时代晚期前段，具有代表性的聚落遗址有仰韶文化的姜寨遗址、北首岭遗址、半坡遗址和河姆渡文化的河姆渡遗址等。

姜寨遗址在中国新石器时代聚落遗址中是布局最为完整和清晰的。该聚落由居住区、窑场和墓地三部分组成。居住区的面积约1.9万平方米，有围沟和小河围绕。围沟是聚落发展到一定阶段的产物，既具备一定的防御作用，也是全聚落整体意识形成的象征。姜寨聚落遗址周围，挖有两条宽约2米的护村围沟。120座房子分为东、北、西北、西和南共5组，围绕中央广场呈环形分布。每组屋都由大、中、小型房子搭配组成，中间是一个大房子，旁边是若干与之相配的中小型房子。所有房屋的门都朝向中央广场。房屋的建筑形式有地穴式、半地穴式、平地起建等。村西有陶窑和制陶作坊。围沟外有公共墓地。研究者推测这处聚落很可能是由若干家族组成的五个氏族公社，他们聚居在一起又形成更高一级的社会组织。①

陕西宝鸡的北首岭遗址也是一处保存比较完整的仰韶文化村落遗址，年代比半坡遗址稍早。该遗址发现了多处的居住遗迹。已发现的50座房子分列北、西、东、东南四面。北部的房屋多朝南，东南部的房屋多朝西北，东部的房屋朝西，西部房屋朝东，基本都朝中央广场。这种具有凝聚性和向心性的排列结构，体现出了一种集体精神和平等原则。房屋面积最大的达88平方米，最小的只有8.7平方米，一般在12—30平方米之间。没有发现壕沟。②

半坡遗址是一座保存较完整的母系氏族聚落遗址。半坡遗址整个村落的布局，南北较长，东西较窄，略呈椭圆形。村落分居住区、墓葬区和陶窑区三部分。居住区有密集的房屋，储藏用的窖穴和饲养牲畜的圈栏。已发掘的部分居住区内有一小沟，把40多座房址分为南、北两区。研究者推测，该村落当系由两个氏族公社所组成。房址有大、中、小型之分，房屋的门向基本都是朝南或西南。居址中心部位有一座面积约150多平方米的大房子，可能是氏族成员聚会的场所。在居住区的东北部发现一条深而长的大围沟。深沟宽约5—6米，具有保护村落安全的防御性质。沟外分建公共窑场和墓地。制陶区在居住区的东北部，墓葬区在居住区的北部。房屋建筑的密集分布和多层叠压，证实半坡先民在此定居的时间很长。③

---

① 西安半坡博物馆，陕西省考古研究所，临潼县博物馆：《姜寨——新石器时代遗址发掘报告》，文物出版社1988年版；严文明：《姜寨早期村落布局》，《仰韶文化研究》，文物出版社1989年版；严文明：《仰韶房屋和聚落形态研究》，《仰韶文化研究》，文物出版社1989年版。

② 中国社会科学院考古研究所：《宝鸡北首岭》，文物出版社1983年版。

③ 中国社会科学院考古研究所、西安半坡博物馆编：《西安半坡》，文物出版社1963年版。

河姆渡遗址的聚落形态和建筑结构保存得较好。虽然整个村落的结构和布局，由于发掘面积所限，无法勾勒出全貌。但已发掘的遗迹说明，该村落依山势而建，一排排的干栏式长房子由西南向东北扩展。河姆渡的木构干栏式建筑，是一种与北方平原地区地穴式或地面上的土木建筑截然不同的建筑类型，是长江及其以南地区居住形态的代表。在一期遗存中已发现的20多排桩木中，比较清楚的是一座由4排桩木构成、总长在23米以上的干栏式长屋。居住区除有大量干栏式木结构房屋基址外，还有储藏食物的窖穴，饲养家畜的圈栏。这些都说明随着农业的发展，较长时期定居的农村形成。[①] 河姆渡遗址中还发现了一口木构浅水井，这是我国迄今发现最早的水井遗迹。

新石器时代晚期后段，具有代表性的聚落有仰韶文化晚期的大河村、下王岗、八里岗、大地湾遗址，大汶口文化晚期的尉迟寺遗址等。

河南郑州大河村遗址分布在一条古河道东西两侧，很可能这两处隔河相望的聚落遗址是两个氏族公社的住地。大河村遗址发掘出一排东西横列而又互相连接着的仰韶文化房基。大河村三期F1－4和F19－20两组房基分别是四连间和二连间。发掘者认为F1－4是先建成F1、F2，居住一段时间后，由于人口增多或子女长大，就在F1东面扩建F3、F4两小间。F1－4组房基的遗物基本上具备了一个家庭单独生活的生活用具和生产工具，F2内还有一瓮炭化的粮食。这些都说明这种成组的房子是为适应个体家庭的需要而建的。家庭结构决定着该家庭居住的房屋的形态。大河村三四期的房基遗址说明当时很可能已经出现私有制和一夫一妻制。[②]

地处长江支流与黄河支流之间的河南淅川下王岗遗址发现了一排房门向南的双间式房基。房基的主体建筑东西总长约79米，门向一律朝南，共有17套单元房紧密相连，每套都是一横长方形过厅式外间和纵长方形双内间或单内间，构成整齐划一的连间单元房形式的特长屋。该座地面式特长屋横贯聚落中部。河南邓州八里岗遗址则发现了长排的连间套房房屋基

---

① 浙江省文物考古研究所：《河姆渡：新石器时代遗址考古发掘报告》，文物出版社2003年版。

② 郑州市博物馆：《郑州大河村仰韶文化的房基遗址》，《考古》1973年第6期；郑州市博物馆：《郑州大河村遗址发掘报告》，《考古学报》1979年第3期。

址，整个聚落是由三大排分间长排房组成的排房式村落。

甘肃天水秦安的大地湾遗址的房屋建筑遗址，规模宏伟，形制复杂。除发现上百座平地起建的单体中、小型房子外，更有罕见的大型（F405）和特大型（F901）宏伟建筑，显示出中心大聚落的性质。F405是一座平地起建，木骨泥墙、有三开门、带檐廊的大型建筑，面积达270平方米，室内面积约150平方米。F901是一座由主室、后室和东、西两侧室相连构成；占地总面积290多平方米的特大型建筑。该建筑已具有“前堂后室、东西厢房”的殿堂式结构。前堂大柱子的直径达90厘米，地面和墙壁都抹上一种类似水泥的涂料。室内出土有四足大陶鼎、大石匕等非同寻常之物。研究者推测，可能是部落或更高一层社会组织进行庄重活动的场所。这说明当时明显的分化开始在聚落内部出现。在聚落内部，虽然大多数房子仍是简易的窝棚式建筑，但个别房子已经建造得非常讲究，规模也比较大。另外，大地湾遗址F901的这种建筑规模和建造技术在中原的仰韶文化遗址中都还没有出现，这说明中国文明的起源地可能并非只有中原地区一个中心，早在公元前3500年，甘肃省的东部地区就已经迈开走向文明的脚步。

安徽蒙城尉迟寺遗址相继出土了原始村落围壕、大型红烧土排房、灰坑等聚落遗存。1989年以来，已清理房子12排（组）55间。房屋都以单间并列的排房形式分布在中央广场四边。数间房紧密相连成组，两组之间留有空隙再布列另一组。门朝西南居多。其中的一行排房总长60多米。聚落外周有椭圆形大围壕环绕。该大型壕沟宽20多米，深4米多，南北跨度为230米，东西跨度为200米，把遗址的中心部分团团围住，是人们营建的防御设施。

二 新石器时代末期的城址

新石器时代晚期，随着生产力的发展，私有制的出现，为保护财物往往需要筑城自守，聚落形式出现新变化。规模颇大，多种功能集于一身，围以“城墙”的聚落开始出现。这种围以“城墙”的聚落遗址被称为城址。城是战争经常化和激烈化的产物，城址城墙的性质和以前村落壕沟的性质相同，都是聚落的防卫设施。聚落防卫设施形式的变化是否是聚落性质由村落向城市变化的标志，学者们的看法不一。

一些学者认为这些城址已具有城市的特征，可视为城市。关于城市的特征，有很多不同的看法。德国的许瓦茨认为，拥有大量人口、形状确定、内部结构的不同部分担负不同的功能、居民生活具有城市性、对周围地区具有中央性是城市的五大特征。[①] 考古学家V.G.柴尔德认为城市界定的十条标准是：人口稠密、非农业人口的出现、剩余财富的集中、巨大的公共建筑、脱离体力劳动的统治阶级、文字的发明、科学的发生、专门艺术家出现、贸易发展、专业工匠成为城市居民。张光直则根据考古资料提出城市具有的五种因素，即夯土城墙、战车、兵器；宫殿、宗庙与陵寝；祭祀法器(包括青铜器)与祭祀遗迹；手工业作坊；聚落布局在定向与规划上的规则性。[②] 这些见解从不同侧面对城市所具有的军事防御功能、政治功能和经济功能进行了界定。

一些学者则倾向于将此种类型的聚落界定为“似城聚落”。他们认为将聚落分为乡村和城市(都市)两大类的传统分类方法，过于抽象、宽泛。有一些聚落并非乡村，其居民并不主要从事农业或林、牧、渔业。但这些聚落又并不太符合城市的标准，城市的特征并不典型，不能将其称为城市。因此，可以将这样一些聚落视为“似城聚落”。用“似城聚落”来界定那些性质在都市和乡村之间的、非农业的、具有部分城市特征的聚落更为恰当。[③]

还有一些学者认为这些拥有防御性设施——城垣的城址仅具有军事防御功能和一定的政治功能，而欠缺商品买卖的经济功能，因此只可称为“城”而非“城市”。“城”是社会发展到一定阶段，伴随着农业和定居生活的出现而出现的，是不同人类群体间开始发生掠夺战争的产物，其诞生时间大体与定居性聚落出现的时间一致。并非所有拥有防御性设施的聚落都是城市，考古发现的城址可能是城市遗址，也可能是军事城堡、设防村落等非城市遗址。[④]

黄河流域在仰韶文化晚期就已经出现城址。河南郑州西山仰韶文化城址距今5 300—4 800年，是迄今中原地区发现最早的史前城址。西山城址近圆形，其在聚落发展史上，处在从传统的圆形环壕聚落向城墙环绕的方形

① 沙学浚编著：《城市与似城聚落》，台湾编译馆1975年版。

② 张光直：《关于中国初期“城市”这个概念》，《文物》1985年第2期。

③ 王妙发：《黄河流域聚落论稿：从史前聚落到早期都市》，知识出版社1999年版，第37页，第195—196页。

④ 裘士京，姚义斌：《中国史前城址的分布及功能分析》，《中国历史地理论丛》2003年第1期；陈朝云：《商代聚落体系及其社会功能研究》，科学出版社2006年版，第1—2页。

城址的过渡阶段。西城墙残余60余米；北城墙西段长约60米，中段长约120米，东段残长约50米。城墙宽5—6米，折角处加宽8米左右。该城址的规模虽不太大，但它是周围诸多同时期聚落遗址中唯一的城址，其地位要高于其他聚落遗址，已具有地区中心聚落的性质。

长江中游的湖南澧县城头山遗址发现了从大溪文化早期（距今约6 100年）到屈家岭文化中期（距今约5 000年）四次叠压建造的城墙。城头山古城址是迄今中国发现最早、遗迹最丰富的史前城址。该城址大体呈圆形，外侧围壕。现存西南至北门的一段长460米，宽约35米，深约4米。城内发现台基式房屋建筑基址、制陶作坊区、祭坛、祭坑和一批墓葬等遗迹。现存的城头山屈家岭文化早期的圆形城墙周长约1 000米，城内面积7.6万平方米。城中靠西的地方还发现一个建在夯土台上的正方形建筑，面积100平方米左右，房屋方向呈正南北向，南墙中部为门道，东、西两侧具有高度的对称性，房内没有隔墙，也无灶坑或者火塘之类的生活遗迹，不是用来居住的生活用房，可能是一处公共活动场所或礼仪性建筑。①

湖南澧县的古城址还有鸡叫城城址。鸡叫城城址的规模要远远大于城头山。城址平面略呈圆角长方形，东西长400米，南北宽374米，面积15万平方米，城中地势高出周围2—3米。鸡叫城的城墙先后经过两次修筑。屈家岭文化中期始筑，石家河文化早期修筑了二期城墙。二期城墙规模较大，宽约60米，残高2—2.5米，整个墙体城内坡度较缓，便于防守，城外坡度较陡，使攻城者难以攀登。②

新石器时代末期，城址更是大量出现。迄今已发现新石器时代末期的城址近50座。这些城址拥有脱离农业生产的居民，城墙普遍采用夯筑技术，城内出现了最早的功能区划和肩负不同功能的设施，初步具备了某些政治和经济功能。

黄河中下游地区的城址在距今4 000年左右的龙山文化时期就已经相当成熟。龙山文化时期，夯筑技术的广泛应用，使得营建大规模的城垣成为

---

① 湖南省文物考古研究所等：《澧县城头山屈家岭文化城址调查与试掘》，《文物》1993年第12期；郭伟民：《城头山城墙、壕沟的营造及其所反映的聚落变迁》，《南方文物》2007年第2期。

② 马世之：《中国史前古城》，湖北教育出版社2002年版，第81—82页。

可能。目前已发现的龙山文化城址大约有三十多处，广泛分布于河南、山东、湖北、湖南和内蒙古等地。面积较大的以山东章丘城子崖为代表，面积有 20 万平方米左右；面积较小的以河南淮阳平粮台为代表，面积约 3.5 万平方米。

城子崖城址是迄今发现最大的龙山文化城址。城子崖城址位于山东省章丘县龙山镇。城址略近“凸”字形，东、南、西三面城垣比较规整，北面城墙的西段向北凸出。城内侧东墙长 434 米，南北最长处约 350 米，面积约 20 万平方米。大部分城墙挖有深埋地下的基槽，基槽宽 13.8 米，深 1.5 米。城墙在基槽内层层填土夯筑而成，高出地面 2.1－3 米，宽为 8－13 米。少部分城墙是利用壕沟填实夯筑起墙身。龙山文化的挖槽筑墙技术在我国建筑史上占有重要地位。城子崖城址中有丰富的文化堆积，发现有房基、窖穴、水井等遗迹，出土了不少精致的陶器和石器，表明该座龙山文化晚期城址人口较多，生活繁荣，是一个具有一定水平的手工业生产和贸易中心。

山东地区的龙山文化城址还有寿光边线王村城址、邹平丁公村城址和淄博临淄田旺村城址。

山东潍坊的寿光边线王村城址分大城（外圈城）和小城（内圈城）两处，小城在大城之内居中偏南的位置。大城的城墙基槽边长约 240 米，整个城是面积约 5.7 万平方米的抹角方形。四边城墙的中部各有一门道，门宽约 10 米。小城的城墙基槽边长约 100 米，整个城是面积约 1 万平方米左右的不规则方形。城墙的东、西、北三面各有一门，南面因挖土破坏，城门已不复存在。城墙的基槽口大底小，口宽 6－8 米，深 4 米多。该城址是分两个阶段修筑的，小城修建在前，时代距今约 3 900 年；大城修筑较晚，年代距今约 3 800 年，反映出城市的规模在随着人口的增加和经济的发展而逐步扩大。①

山东滨州邹平的丁公村遗址发现了一座年代距今约 4 600－4 000 年之间保存较好、面积较大的龙山文化城址。该古城的城垣南北长约 350 米，东西宽约 310 米，面积约 11 万平方米，平面呈圆角方形。城内出土文物的年代包括了龙山文化发展的全过程，并且在该城的龙山文化层下压着新石器时代中期的大汶口文化遗存，上面则是夏代东夷族的岳石文化和商代、周代

① 杜在忠：《边线王龙山文化城堡的发现及其意义》，《中国文物报》1988 年 7 月 15 日。

的遗存，说明这里从远古到三代一直是经济发达、人烟稠密的地方。[①]

淄博临淄的田旺村城址是一个面积20余万平方米的龙山文化古城址。城址平面呈圆角竖长方形。城内龙山文化堆积厚约2米，与丁公村城址一样下面埋藏着大汶口文化遗存，其上是夏代的岳石文化城址和周代城址。城内文化遗物十分丰富，陶器制作精良，表明自龙山文化时期到周代，这里都是一个人口集中的政治、经济、文化中心。[②]

河南淮阳的平粮台遗址是距今4 300—4 100年的龙山文化后期城址。平粮台城址面积虽不太大，但城址的规划比较讲究。城址坐北朝南，呈正方形，长宽各185米，城内面积共计3.4万多平方米，如包括城垣及外侧附加部分，面积有5万多平方米。现存城墙顶部的宽度约8—10米，下部宽约13米，残高3米多。城墙外侧有较宽的护城河。城墙南北各辟一门，南门较大，为正门，设于南墙正中；北门甚小，又略偏西，当为后门。南门两侧建有门卫房，加强了对城墙这一防卫设施的管理，使城市的防卫设施更加严密。南门道路下埋设陶质排水管道。排水管道由专门烧制的陶管套接而成，每节陶管长35—45厘米，直径细端23—26厘米，粗端为27—32厘米。每节细端朝南，套入另一粗端。整个管道解决了城内废水向城外排放的问题，北端即城内稍高于南端。又因一根管道排水有限，故用三根并拢，一根在下，两根在上，形成倒品字形，既可加大排水量，又可避免陶管太大而难于烧造、容易压碎。平粮台城址发现的这种埋在地下的陶质排水管道，既可以解决排水问题，又不影响城市的防御能力，是我国目前发现最早的该类型排水设施。城内有建造在较高夯土台基上的高台建筑。这些建筑分布在城址的东南角，虽不是主体建筑，但已相当讲究，是用土坯垒砌而成的分间式建筑，房内有走廊。这座城址虽小但规划整齐，建筑讲究，似可与后世的宫城性质相比较。在城内的东南、东北、西南都发现了陶窑，东南的第15号灰坑内发现铜渣，说明当时在城内有炼铜和制造陶器的手工业设施。城西南角埋有一大一小两头完整的牛骨架，可能是杀牲祭奠的宗教活动遗迹。许多学者认

---

① 《邹平丁公发现龙山文化城址》，《中国文物报》1992年1月12日；山东大学历史系考古专业：《山东邹平丁公遗址第二、三次发掘简报》，《考古》1992年第6期。

② 齐天：《田旺龙山文化城址面世》，《大众日报》1992年3月18日。

为平粮台城址已经具备了早期城市的基本要素。[①]

长江中游地区的城址以湖北天门的石家河城址为代表。石家河城址呈圆角长方形，南北长约 1 200 米，东西宽约 1 000 米，面积约 120 万平方米，是我国迄今发现的规模最大的史前城址。现存城垣的中西段保存得最好，城墙顶部宽 8—10 米，底部宽 50 米以上，高出地面 4—6 米。城垣外侧环绕周长约 4 800 米的沟壕。该城址在屈家岭文化中晚期建造，到石家河文化时最为兴盛。城内外还分布屈家岭或石家河文化遗址数十处，如在城内西北角的邓家湾遗址发现的墓地，城内西南部的三房湾遗址发现的房址，城外东南部罗家柏岭发现的玉石器作坊，城外东南部肖家屋脊发现的墓地、宗教活动场所和居民区。这些遗址明显具有不同的性质和功能，充分说明这座城址具有石家河文化统治中心的地位。

长江下游地区的城址以浙江余杭莫角山良渚文化古城为代表。良渚文化年代约为公元前 5300—公元前 4100 年，与黄河中下游地区的龙山文化时代大体相当。莫角山古城由西城、东城和北城组成。西城城址的面积约 30 万平方米，是一处高出地面约 7 米的长方形台地。台地四周有坍塌后的土墙痕迹。其中，保存较完好的北垣长 600 米，底宽 50 米。西城内发现了三个呈品字形排列的夯土高台，很可能是人工建造的礼仪设施。此外，城内南部发现一处面积约 250 平方米的红烧土夹杂炭灰的堆积，可能是一处“燎祭”遗迹。城内还发现了两处宫殿级的大型建筑基址。与西城相邻的东城内也残存有土台若干，其中最大的土台东西长 200 米，南北宽 80 米。西城北有一长方形城址即是北城，长 1 100 米，宽 750 米。学者推测，莫角山城址的西城是宫殿区所在，当是主城，东城与北城则可能是卫城。莫角山城址内外的大型建筑基址、居住遗址、祭坛与大墓遗址组成了一个巨大的遗址群，充分说明了莫角山城址是长江下游良渚文化的中心。

长江上游的四川成都地区也发现有一些早期城址。宝墩文化被认为是成都平原迄今为止发现最早的考古学文化，距今 4 500—3 700 年左右。成都新津县的宝墩文化遗址中发现的古城址呈长方形，建于高约 3 米的台地

---

① 河南省文物研究所、周口地区文化局文物科：《河南淮阳平粮台龙山文化城址试掘简报》，《文物》1983 年第 3 期；任式楠，吴耀利：《中国新石器时代考古五十年》，《考古》1999 年第 9 期。

上。城墙平地起建，东西宽约600米，南北长约1 000米，周长约3 200米，城址面积达60万平方米。北垣、东垣保存较好，残存城垣最高约5米。周长达3 200米的城墙规模，工程量非常浩大，可能是迫于当时竞争激烈、战争频繁而不得不修筑。

巴蜀地区已发现的宝墩文化城址还有都江堰芒城、温江鱼凫城和郫县古城等五座史前城堡。

都江堰芒城城址呈不规则的长方形。城垣分内外两圈，外城南北长约360米，东西宽约340米，面积约12万平方米。内城南北长约290米，东西宽约270米，面积约7.8万平方米，是我国目前所知最早的大城套小城"内城外郭"的实例之一。内外两圈城墙的设置使芒城古城建立起一种双重的防御体系。研究者认为，芒城古城是从宝墩古城分化而来的，是宝墩文化从成都平原腹地扩张到成都平原西北边缘，与西北方向岷山山区的族群发生战争与交流的一种反映。

温江县城北的鱼凫城城址呈不规则的多边形。城垣周长约2 110米，面积约为32万平方米。现存城垣高约2米，宽约15—20米，建于高差约1.3米的台地边缘，墙体斜坡堆积构筑，墙基为一密集的卵石层。坡状堆积的墙体形状和墙基排列紧密的卵石层，有利于防水，从而使城垣的结构更加牢固。

郫县城北的三道堰城址为西北一东南向的长方形，建在高约0.6米的台地上，方向与江河平行。城长约650米，宽约500米，城址面积约32.5万平方米。城的中部发现大型房址F5房址。F5平面呈长方形，方向与城的方向基本一致，也为西北一东南向，长约50米，宽近11米，面积约550平方米。房址内未发现隔墙遗迹，也未发现一般的生活附属设施，出土的生活遗物也极少，可见并非居住用房。F5房址室内的中部自东而西有规律地排列着5座长方形卵石台。研究者推测，这5座卵石台可能是具有宗教性质的设施，F5很可能是专门修建来保护卵石台群的礼仪性建筑。大型礼仪中心的形成，是宗教权力、政治权力和经济权力集中化在意识形态领域的反映。[①]

四川崇州的双河城址和紫竹城址两座城址，面积分别约15万平方米和20万平方米，都是内外两圈城垣，内外城垣之间有壕沟的形制。这两座城址与都江堰芒城城址一样，也是最早的大城套小城"内城外郭"的双层高墙夹

① 段渝:《政治结构与文化模式——巴蜀文明研究》，学林出版社1999年版，第47—48页。

深壕型城址。

内蒙古地区的城址则往往坐落在地势险要的地方，城垣多为随山势用大石头砌筑。这种城址的性质多为军事城堡。少数规模较大的城里也有数量不等的常住居民。

这些城址的遗迹、遗存生动地反映出当时社会的生产力水平、社会发展程度和社会组织结构。如王城岗、平粮台遗址的青铜遗存说明当时已经开始使用青铜器；陶制酒器的出土说明随着社会生产的发展，农业产品已经出现剩余；大规模夯土城垣和大型建筑的建造说明当时已出现可以组织和集中大量的劳动力，具有一定复杂性的社会机构；居址规模和结构形式的差异则说明等级分化已经出现，居住于高台建筑、占有奢侈生活用品的贵族阶层与居住于半地穴式建筑、使用粗厚陶器的平民阶层形成对比。①

三　夏商时期的都城遗址

中国古代把城叫做国，居住在城里的人叫做国人。传说黄帝时有万国，大禹时也有天下万国。龙山时代众多城址的发现证明五帝时代小国林立的局面是存在的。龙山时代也因此被一些学者认为是中国的古国时代。但是这个“古国”与真正意义上的“国家”还是有差别的。龙山文化晚期，中国社会在经历了部落联盟阶段和酋邦阶段后，出现了真正意义上的国家。② 夏王朝的建立意味着真正意义上的国家开始出现。都城是国家的统治中心，是国家最高长官生活的地方。《广韵》说：“天子所宫曰都。”《释名》曰：“都者，国君所居，人所都会也。”国家产生之前，虽然也有作为地区统治中心的大型城邑出现，但由于此时国家尚未真正形成，国家最高长官“天子”、“国君”还没有出现，故其尚不能称作都城。

国家的出现使聚落形态出现了四个等级，即王国都城聚落、方国都城聚落、大型村落和一般村落。其中，王国都城和方国都城是全国性的或地区性的中心聚落，是聚落形态四个等级中最高的两个等级。一般而言，都城是全国的或方国的政治、军事、文化中心，聚落规模大，规格高，文化内涵丰富，军

① 朱光华：《早夏国家形成时期的聚落形态考察》，《考古与文物》2002年第4期。

② 龙山文化上承黄河中下游的仰韶文化和大汶口文化，下启夏代，末年进入夏代。夏王朝孕育和诞生于龙山文化晚期，“夏商周断代工程”把公元前2070年定为夏的始年。

事防御设施、大型宫殿建筑、青铜及其他手工业生产作坊等聚落组成部分规划合理，布局严整。

《史记》、《竹书纪年》等文献记载，从夏启到夏桀，夏王朝曾都于阳翟、斟寻、商丘、斟灌、原、老丘、西河等地。但目前考古发现的夏代都城遗址则只有二里头遗址。研究者认为，二里头遗址即文献中记载的夏都斟寻。古本《竹书纪年》载太康、羿、桀皆曾以斟寻为都。①

偃师二里头遗址总面积约400万平方米，已知的考古材料反映出二里头遗址的总体布局。东南部和中部是遗址的中心区，由宫殿区、铸铜作坊区、祭祀活动区和若干贵族聚居区组成；西部和北部是一般居住活动区，分布着小型地面式和半地穴式的房基和随葬品以陶器为主的小型墓葬；陶窑、制骨作坊、绿松石器制造作坊等手工作坊在遗址上分散分布；墓葬散见于遗址各处，与居住区并无严格区分。这些功能区的分布充分说明该遗址是一处功能完备、级别较高的大型聚落遗址。

宫殿区位于遗址的东南部，面积约12万平方米，发现有大型夯土建筑基址。宫殿区外围有四条垂直相交的道路。这四条大路从二里头文化二期沿用至二里头文化四期，或者更晚，使用时间较长。道路走向与1、2号宫殿基址方向基本一致，略呈“井”字形，布局方正规矩。道路宽12—15米，最宽处达20米。宫城的城墙沿着这四条大路的内侧修筑。宫城略呈长方形，面积约10.8万平方米。②

其内涵体现出非同寻常的意义：首先是鲜明的社会等级化。无论是从大型宫殿建筑、小型夯土居址与半地穴式房基的对比来看，还是就大型墓葬、中型铜器墓与小型陶器墓甚至灰坑葬、乱葬坑的鲜明反差而言，社会复杂而严格的分层现象已经存在。其次，出现复杂的社会分工。铸铜、制陶、制骨等手工业作坊的分区排布既是生产力发展的必然结果，又是社会分工发展到一定程度的反映。而二里头遗址三期规模宏大布局严整的1、2号宫殿类建筑则被视为其社会发展程度的标志。有必要说明的一点是这种情形并非是在该聚落晚段才形成的。早在二里头文化一期时这里就已经出现了面积达数千平方米的“宫殿类大型建筑物”；二里头文化二期时除宫殿建筑

① 张国硕：《夏商时代都城制度研究》，河南人民出版社2001年版，第28页。

② 许宏，陈国梁，赵海涛：《二里头遗址聚落形态的初步考察》，《考古》2004年第11期。

外，也已经有了铜器墓、朱砂墓与陶器墓、灰坑葬的对比，铸铜、制陶作坊亦已投入使用。因而无论是从社会分工、阶层分化，还是从标志性建筑来看，早晚两段都具有相同的社会性质和相似的社会发展程度。而二里头文化三期是该文化的繁盛阶段，已发现的1号宫殿建筑基址和2号宫殿建筑基址都建于这一时期。

据《史记·殷本纪》、《书序》、《世本》、《竹书纪年》等文献记载，商王朝曾建都于亳、隞(嚣)、相、邢(庇、耿)、奄、殷。具体来说，商王朝建立后，首先是成汤都于亳，后来又五次迁都，即中丁迁隞、河亶甲迁相、祖乙迁邢、南庚迁奄、盘庚迁殷。目前得到学术界普遍认同的考古发现的商代都城遗址有四处：即郑州商城、偃师商城、洹北商城、安阳殷墟。其中，郑州商城应为商汤主都亳之所在，洹北商城可能为河亶甲相都，安阳殷墟为盘庚之后的殷都。偃师商城虽然存在年代与郑州商城接近，但其规模、规格皆逊色于郑州商城，二者是并存关系，郑州商城为主都，偃师商城为辅都，皆可称作“亳”。[①] 这些商代都城遗址规模大，功能全，内涵丰富，不但反映了中国早期都城的特点，也反映了商代的文明程度。

郑州商城的城墙始筑于商代中期的二里岗期下层，使用到二里岗期上层。郑州商城遗址发现有夯土城墙、房基、手工业作坊、墓葬、青铜器窖藏坑、水井、蓄水池、祭祀坑、灰坑等遗迹，并出土大量陶器、铜器、骨器、玉器、原始瓷器等遗物。其中，城墙分内城和外城两部分。内城平面近似长方形，其中北城墙长约1 690米，西城墙长约1 870米，东城墙和南城墙均长约1 700米。在城墙上共发现11个宽窄不同的缺口，有的可能是城门。内城城墙是用土分层、分段夯筑而成，其横剖面呈梯形，由主城墙和两侧护城坡组成，其中主城墙夯层呈水平分布，用版筑法筑成；护城坡夯层则是倾斜筑成，内坡较缓，外坡较陡峭。平均底宽约20米，顶宽约5米，高约10米。外城墙位于内城墙南墙和西墙之外约600—1 100米处，目前已发现外城墙三段，长度分别为2 100米、980米和435米。三段外城墙圈筑在内城东南角、南墙、西南角及西城墙南段之外，对内城形成一个环抱之势。在内、外城墙之间，多分布有商代文化遗存，而在外城墙之外则基本没有商文化遗存分布。此

① 也有学者认为郑州商城是商代中期“仲丁迁隞”的隞都。参见张国硕：《夏商时代都城制度研究》，河南人民出版社2001年版。

外，在商城内宫殿区又发现一堵夯土墙，可能是宫城的围护墙。

郑州商城的布局是：宫殿区位于内城中部偏北和东北部一带，在东西1 000米、南北 900 米的范围内，发现数十座宫殿建筑基址。这些宫殿建筑基址大的面积有 2 000 多平方米，小的仅 100 多平方米，有的夯土基面上还保存着柱子洞、柱基槽和石柱础。手工业作坊区和墓葬区大多位于内城四周。在城北和城南共发现两处铸造铜器作坊遗址。在城北铸铜作坊遗址之北又发现一处制造骨器作坊遗址。在城西发现一处制造陶器作坊遗址。在城东北角外都发现有集中的墓葬区，其中白家庄有贵族墓葬。另外，在城西、城东南隅外侧、城西南外侧，共发现三处青铜器窖藏坑，出土大量青铜器及其他遗物。遗址内还发现有小型的方形或长方形地面建筑和半地穴式居址，应是地位低下的人的居所。

郑州商城遗址出土大量陶器、青铜器、骨器、玉器、石器等遗物，其中出土大型青铜方鼎 8 件，是商代前期青铜工艺之杰作，其性质应属王室重器。

郑州商城不仅有高大多重的城墙设施、多处宏伟壮观的宫殿建筑和各种各样的手工业作坊，而且还出土有大型方鼎、精美玉器和原始瓷器等珍贵遗物。这些都说明这里不是一般的城邑遗址，而应为商代前期的都城遗址。①

偃师商城的大城城垣南北最长 1 700 米，东西最宽 1 200 米，城垣周长近 5 500 米，城址总面积 190 万平方米。城垣是先挖基槽后层层夯筑而成，墙底一般宽 17－19 米，有的超过 20 米，距原地面残存高度 1－3 米不等。可确认的城门有 5 座：东、西垣对应部位各 2 座，北垣近中部有 1 座，南垣尚未发现城门。城内发现若干条纵横交错的主干大道，均与城门相通。环绕于城垣外侧四周，有宽 18－20 米的护城壕。后来，在大城城区的西南部发现一座小城，平面大致呈长方形，南北长 1 100 米，东西宽 740 米，面积约 80 万平方米。墙体宽 6－7 米，距原地面残存高度 0.2－0.6 米。建筑方法同大城城垣基本一致，墙体两侧均有缓坡状附属堆积。在北城墙的外侧，有一条与城墙平行的小壕沟。从建筑的时间看，先修的是小城，后来在小城的基础上扩建一座大城。在扩建大城时，曾利用小城的南城墙、西城墙及东城墙的南段，将其内、外两侧加宽并加高。因此，小城的南墙、西墙和东墙的南段同大

---

① 河南省博物馆等：《郑州商代城遗址发掘报告》，《文物资料丛刊》第 1 辑，文物出版社 1977 年版；裴明相：《郑州商代王城的布局及其文化内涵》，《中原文物》1991 年第 1 期。

城城墙是重合的。大城的西墙北段、北城墙的全部、东城墙的大部都为新建。大城具有较强的防御功能，不仅城墙厚，而且有护城河和护城壕。

偃师商城内发现4处夯土建筑基址，编号为1—4号建筑基址。其中1号建筑基址位于小城纵向轴线偏南的位置，从性质上看应该是宫城。

宫城大体呈正方形，面积约4万平方米，四周有宽约2米的墙。宫殿建筑群密集分布于宫城的中部和南部。宫殿规模宏大，结构复杂，2号宫殿的主殿台基面宽90余米，是已知商代早期规模最大的宫殿单体建筑之一。在长期的使用过程中，宫殿群屡经扩建、改建，某些宫殿的单体结构和宫殿群总体格局都曾有过变化。宫城内有多座水井和较完备的排水系统，东、西两侧各有一条用石板垒砌或上铺木料封盖的排水暗渠，经大城东、西墙的南门下通护城壕，其中东侧的一条长800余米。

在大城的西南隅发现2号建筑群基址，形状近方形，边长近200米，面积4万多平方米，四周有2米厚的夯土墙，内部是成排的长条形建筑基址，共6排，每排16座。每座基址南北长20多米，东西宽6米多，室外有廊，室内由纵向隔墙等分成三部分。基址的形状、大小、间隔整齐划一。

在宫城的东北方、小城东墙外属大城范围之内，发现有3号建筑群基址，形状近方形，有2米宽的围墙。研究者认为2号建筑群基址(2号小城)和3号建筑群基址(3号小城)可能是府库、仓廪或行使屯兵防卫拱卫宫城功能的建筑。

在大城中部和北部，发现多处中小型建筑、窖穴、水井、陶窑、灰坑等遗迹，推测可能是中下层人民的居住区。在大城东北部发现有铜渣和陶范等铸铜遗迹，说明该处为青铜作坊遗址。在大城西墙北门内侧，发现有商代墓地。

对于偃师商城的性质，邹衡在《偃师商城即太甲"桐宫"说》中认为，是商代伊尹放太甲于桐的桐宫，郑杰祥在《关于偃师商城的年代和性质问题》和《郑州商城和偃师商城的性质与夏商分界》中认为，是商代前期的一个军事重镇。[①] 而张国硕在《夏商时代都城制度研究》中认为，从城址的规模和布局

① 邹衡：《偃师商城即太甲"桐宫"说》，《北京大学学报》1984年第4期；郑杰祥：《关于偃师商城的年代和性质问题》，《中原文物》1984年第4期；郑杰祥：《郑州商城和偃师商城的性质与夏商分界》，《中原文物》1999年第1期；高炜等：《偃师商城与夏商文化分界》，《考古》1998年第10期。

来看，虽然多重城垣显示出浓厚的军事色彩，但由于这里建筑有宏伟壮观的城垣设施，有庞大复杂的宫殿建筑群和府库群，城内中北部又有多处贵族和平民居住址以及铸铜作坊等重要遗迹，故可以断言，这里绝非一般的商代聚落遗址，也非所谓的离宫，更不是单纯的军事据点，而应是一处具有都邑性质的遗存。① 偃师一带是夏王朝统治的腹心地区，商灭夏之后，出于政治上的考虑，为了巩固政权、镇抚夏王朝的残余势力，曾把都城设在夏桀居住过的地方。二里头遗址为夏桀都斟寻，其与偃师商城相距仅 6 000 米。偃师商城的发现，证实了《诗·商颂·殷武》中“设都于禹之绩”的记载。

洹北商城遗址位于安阳市西北郊约 3 500 米处，殷墟遗址的东北外缘，深埋于现今地表 2.5 米以下。城的平面近方形，四面城墙的长度都在 2 000 米以上，南北长 2 200 米，东西宽 2 150 米，城的总面积超过 400 万平方米。城墙残存部分基槽，基槽横截面呈锅底状，宽约 10 米。城内有丰富的文化堆积，清理出房基、水井、灰坑、墓葬等。洹北商城修建和使用的年代早于殷墟，且其城垣并未把小屯为中心的殷墟宫室区包围在内，所以殷墟遗址并不包括洹北商城遗址，二者并非一个遗址。洹北商城遗址是迄今发现规模最大且有城墙的商代都城遗址，填补了以郑州二里岗为代表的早商文化与以殷墟为代表的晚商文化之间的时间缺环，从考古学上完善了商文化的编年框架。因为文献记载安阳一带为相都，所以研究者推测洹北商城可能即河亶甲相都所在。②

洹北商城的宫殿区（宫城）位于城址南北中轴线南段，显示出我国早期城市布局的特征。宫城平面呈长方形，南北长 795 米，东西宽 515 米。宫殿区内发现 30 余处大型夯土建筑基址，其中规模最大的呈“回”字形的一号宫殿建筑基址面积达 1.6 万平方米，是迄今发现面积最大的商代单体建筑基址。从宫城内发掘的陶片和其他遗迹可以看出，洹北商城宫城是商代中期国王行政和隆重祭祖的场所。城址北部，即宫殿区以北近 200 万平方米的范围内，分布有密集的居民点，房址、墓葬、灰坑、水井密布其间。

通过对已发现的建筑遗迹和出土陶片的辨认断代，考古学家推测洹北商城的营建过程是，中商时期商人迁到此处，在洹河北岸营建了规模庞大的

① 张国硕：《夏商时代都城制度研究》，河南人民出版社 2001 年版。

② 唐际根等：《安阳殷墟保护区外缘发现大型商代城址》，《中国文物报》2000 年 2 月 20 日。

都城。商王首先为王室营建了一批宫殿和宗庙建筑，随后才允许平民在宫殿宗庙区的西北部、东北部建造自己的家园。相隔一段时间后，商王开始在宫殿宗庙区的外围营建宫城，利用城墙把王室贵族与普通平民分隔开。又过了一段时间，又营建外城，将宫城置于外城的中轴线上，并将大部分居民点也圈在外城与宫城之间，完成了整个洹北商城的布局。对于洹北商城被废弃的原因，考古学家认为其极有可能是毁于一场大火之中。此看法的根据是在宫城遗址内，几乎所有的建筑基址周围都有大量的红烧土堆积。这些红烧土是基址倒塌的墙体和屋顶的残块。它们大部分呈红色，接近于地面的烧土则呈黑色，这是土在受热过程中含铁的成分氧化和还原的结果，表明墙体和屋顶倒塌后仍在燃烧。至于大火为何发生，目前还没有结论。

安阳殷墟位于河南省安阳市西北的洹河两岸，目前所探明的殷墟长宽各约 6 000 米，总面积约 3 600 平方米。从 1928 年至今，殷墟的发掘成果辉煌，清理出许多商代盘庚迁殷之后尤其是武丁至帝辛期间的建筑基址（包括宫殿基址）、灰坑（含窖穴）、作坊址、各种形制的墓葬（包括王陵）、祭祀坑、车马坑等遗迹，出土大批陶器、青铜器、玉器、甲骨、白陶、象牙器及其他遗物，为研究商代历史积累了丰富的资料。[①]

殷墟布局以宫殿宗庙区为中心，周围为居民区和手工业作坊区，再外则是墓葬区。宫殿宗庙区位于小屯村北洹河南岸，历年来共发掘宫殿、宗庙等建筑基址 80 余座。宫殿、宗庙建筑基址多坐落在厚实高大的夯土台基上，房架多以木柱支撑，墙则用夯土版筑，屋顶覆盖茅草，建筑高大繁复并互相连属，整体院落左右对称，多重有序，开创了中国传统厅堂建筑规制的典范。殷墟不见围绕宫殿区的城墙设施，只是在宫殿宗庙遗址的西、南两面，发现有一条人工挖掘而成的防御壕沟。壕沟南北长 1 100 米，东西长 650 米，宽 10—20 米，深 5—10 米，其东、北两端与洹河连通，将宫殿宗庙环抱其中，构成严密的防洪、防御体系，起到类似宫城的作用。

居民点主要分布在小屯宫殿宗庙区的外围，各居民点大小不一。各个居民点都经历了一个由小到大的发展过程。商代居住址分布较密集，包括大、中、小型地上建筑和半地穴式建筑。

王陵区位于洹河北岸的武官村、侯家庄村北的高地上，东西长约 450

① 中国社会科学院考古研究所编著：《殷墟的发现与研究》，科学出版社 1994 年版。

米，南北宽约 250 米，共发现大墓 13 座及陪葬墓、祭祀坑与车马坑 2 000 余处，出土了数量众多、制作精美的青铜器、玉器、石器、陶器等。此外，在殷墟范围的 20 多个自然村都发现了商代墓葬，有的与居址交错，如小屯、大司空村、苗圃北地等；有的则为纯粹的贵族墓地，如后岗、西区（北辛庄南、白家坟西、梅园庄与郝家店北）、郭家庄、刘家庄等地。其中小屯村西北发现的“妇好”墓，是迄今发掘的殷王室墓葬中保存最完整、随葬品最为丰富的一座，也是唯一一座能与文献记载联系推定墓主人的商代王室墓葬。

在手工业作坊区，共发现了 4 处铸铜作坊，分别位于小屯村东北地、薛家庄、孝民屯村西地、苗圃北地等处，其中以苗圃北地铸铜遗址最为重要。苗圃北地铸铜作坊位于小屯宫殿宗庙区东南约 1 000 米，是殷墟已发现的最大的铸铜作坊，面积在 1 万平方米以上，是一处长期使用的大型铸铜作坊遗址。该遗址分为居住区与生产区两部分。生产区位置偏东，发现的遗迹和遗物皆与铸铜生产有关。包括制模、制范、浇铸用的场地或房舍遗迹，熔炉遗迹，各式陶范及制范的工具等。比较大的制骨作坊发现有 2 处，分别位于大司空村东南和北辛庄南，其中北辛庄制骨作坊规模较大。殷墟多年来一直没有发现较大规模的陶器作坊，仅零星清理过几座陶窑。在王裕口村南曾出土大批烧流了的陶器，估计此地应有制陶作坊存在。小屯北地 F10 和 F11 两座房址可能与制玉有关。这两座房址出土了一批石料和较多的长方形磨石残块，还发现部分玉石雕刻品。

殷墟的车马坑，至 1998 年已发掘出土 37 座，发现地点包括小屯村、西北岗、大司空村北、孝民屯、郭家庄、刘家庄北、梅园庄东南等 7 处。

殷墟发现的祭祀坑，总数近 3 000 座。除车马坑较大外，大部分是面积 2 平方米以下的小型长方坑或方坑。殷墟的祭祀坑主要发现在小屯宫殿宗庙区内的宗庙建筑前，一些规格较高的建筑基址内，各族墓地中的大墓附近，以及王陵区。其中王陵区的祭祀坑最为密集，总数在 2 500 座以上，现已清理 1 487 座。祭祀坑的内容以人祭坑为主，也有少数兽祭坑和器祭坑。

殷墟的出土遗物以甲骨、青铜器、玉器等最为引人注目。至今，殷墟已出土刻辞甲骨约 15 万片，出土青铜器数千件。殷墟青铜器种类丰富，包括礼器、乐器、工具与生活用具、武器、装饰品与艺术品、杂器等六大类。其中司母戊方鼎、司母辛方鼎、三联甗、偶方彝等代表了中国青铜时代青铜铸造技术的高超水平。殷墟出土玉器种类齐全，包括礼器、仪仗（或武器）、工具、用具、装饰品、艺术品及杂器等七大类。玉器色泽瑰丽多彩，琢玉工艺精湛，为中国古代玉雕史谱写了辉煌的一页。

殷墟虽然没有城墙，但发现有规模宏伟的宫殿建筑群、大型王陵区、贵族墓葬，出土大量精美的白陶、原始瓷器、青铜器、玉器、象牙器等遗物，还有众多与王室生活有关的甲骨卜辞，这些无不说明这里是一处商代盘庚迁殷至商代灭亡时期的都邑遗址。

这些夏商时期王国都城遗址的考古发现表明，夏商时代的王国都城是王及其他高级贵族的聚居地，是举行各种政治和祭祀活动的场所，汇集了各方面的手工业技术人才，让他们在各种手工业作坊中从事专门化生产。总之，夏商时代的王国都城确实是当时政治、经济与文化最发达，社会文明程度最高的地方。

夏商王朝在王畿之外还有方国。商代一些比较大的方国也建立了国家组织。夏商王朝的都城制度对周边方国产生了较大影响，诸方国大多仿效夏商王朝的都城制度建造都邑。

目前已发现的商代城址有湖北黄陂盘龙城商城、山西垣曲商城、夏县东下冯商城、河南焦作府城商城、四川广汉三星堆遗址和江西清江吴城遗址等。这些城址的性质，有的被认为是商王朝的军事据点，如垣曲商城；有的被认为是商王朝为控制铜矿开采和运输而设置的一个据点，如盘龙城商城；有的被认为是方国都城遗址，如四川广汉三星堆遗址和江西清江吴城遗址。这些方国都城遗址和王国都城遗址一起构成了商代的都邑系统。

四川广汉三星堆遗址出现了方国都邑的迹象。该城规模宏大，东西长1 600—2 100米，南北宽1 400米，总面积达2 600平方米。其中东、西、南三面有城墙，北面以河流为天然屏障。城内发现有排列整齐的27座成排的木构房屋建筑基址，除了有10平方米的小屋外，也有60平方米的穿斗式或抬梁式大厅堂，可能是当时方国贵族的居所。在三星堆城址的一号、二号祭祀坑中出土了大量青铜器，这些青铜器既有大量带有明显地方文化特性、本地铸造的青铜器，也有一些反映中原商文化的商代礼器。在三星堆商代城址内发现的高规格建筑基址和大量珍贵的青铜器、金器、玉石礼器等遗迹、遗物，充分说明三星堆商代城址是成都平原地区的一处政治中心，是与商文化有密切联系的早期蜀国都城遗址。

江西清江吴城遗址未发现城垣遗迹，但在其遗址范围内发现有居址、窑址、铸铜作坊、墓地和露天祭祀广场，说明该遗址很有可能是某一方国的政治中心，即方国都城遗址。在遗址的中部，发现了一段长 39 米，宽 1.2 米左右的路面，由卵石和陶片合筑而成，上面覆盖了一层类似三合土硬面。路的两边残存对称有序的立柱洞，呈斜坡状向西北伸展，研究者推测，可能是与附近大型宫室群相通的长廊式建筑。遗址的西北坡地是制陶区，发现有各种类型的制窑遗址。在灰坑内发现有石范、铜渣、木炭等，有的灰坑的坑壁经过焙烧，并且粘有铜，这些遗迹和遗物说明当时存在铸铜手工业。遗址南部是一般墓地。吴城遗址上层贵族的墓地，发现于该遗址以东 20 千米的新干大洋洲。新干大墓共出土随葬品 1 900 余件，其中青铜器 480 余件，玉器 1 072余件，陶器 356 余件，各类器物都非常精美，研究者推测，该墓的墓主可能是该地的方国君主。在吴城遗址还发现了与甲骨文同属一个文字系统的陶文。吴城陶文有 66 个文字和刻符，分布在 38 件器物上。这些陶文表明了商代王国文明对方国文明的影响。究竟吴城遗址是哪个方国的都城遗址呢？目前有人认为其是商代越国的都邑，也有人认为是商代虎方的都邑。

从新石器时代的村落遗址，到新石器时代末期的城址，再到夏商时期的都城遗址，中国的聚落考古已取得很多成就。但是由于聚落遗址较为完整留存的较为稀少，古文化遗址的完整考古剥露也极为困难，再加上考古工作者的注意力主要集中在陶器之类较敏感的文化指示器物上，往往无意间忽视了对与整个遗址相关的地理性特征和信息的观察、捕捉以及描述和报告，一定程度上增加了这方面研究的困难。随着田野考古学的发展，史前及夏商时期的聚落形态研究已越来越引起学者的关注。①

第二节　外国古代城市与村落遗址概述

现今学术界普遍认为人类社会乃由群居的人猿演化而来，起初他们并无特意建造的居所。对此中国先秦文献也多有披露，如《易》便言“上古穴居而野处”，《礼记》也载先民“冬则居营窟，夏则居橧巢”。后世所发现的早期人类化石多出现于岩石洞穴，这也证明在当时人类还未脱蒙昧状态。随着人类社会的演进，先民开始意识到构房建屋的重要性。1966 年，考古学者在

① 王妙发:《黄河流域聚落论稿:从史前聚落到早期都市》，知识出版社 1999 年版。

法国尼斯附近发现一处距今30万年的人类居住遗址。它由21个椭圆形海滩庇护所组成，每个都由小树的树干搭制而成，底部由一圈石头固定，里面有两个或多个粗木桩支撑。[①] 这是目前为止欧洲所发现的最古老的人类居所。这些居所看似简易，但人类从居无定所到建造简易居所则经历了漫长的过程，其艰辛可想而知。后世的传世文献大多以一种颇为浪漫的笔调把它归功为神人或圣人的恩赐。如基督教经典《创世记》便说上帝预先营造出一个无所不有的乐园后才创造出人类，人类可以无忧无虑地居住其中；而中国典籍则大多称赞有巢氏的丰功伟绩，"有圣人作，构木为巢，以避群害，而民悦之，使王天下，号之曰有巢氏"。这些神异传说倒也传递出相同的信息，即人类有固定居所并逐渐形成聚落、村镇乃至城市是人类脱离蒙昧进入文明社会的主要标志之一，上古文献所美化的神圣便是文明之光的化身。

一　两河流域的古代城市

人类从居无定所到建房定居，表面上看是一种居住方式的变更，其实反映的是人类物质生产方式的巨大变化，即由原来的主要靠大自然馈赠的狩猎和采集生活转变为种植农作物、豢养牲畜的农业定居生活。在人类历史上，河流冲击而成的平原显然是人类进行农业生产的理想场所，因此在两河流域所冲积的沃土上最早出现人类居所并非仅是历史的偶然。新石器时代以降，随着生产工具的改进，人们对大自然改造的力度也加大，维系农业生产的水利灌溉、土壤开垦等逐渐得到应用，由此农作物的产量获得提升，与之相随的便是人口增殖，表现形式就是出现了聚居而成的村落，并在此基础上最终发展出城市。据一些学者研究，美索不达米亚是古代世界最密集的城市化地区。

由于两河流域独特的自然地理环境，美索不达米亚文明的居所也呈现出独有的特点。两河流域缺少石料和木材，此地先民便就地取材，用当地黏性土壤烧制成建筑所用的砖块，搭配生长在河谷里的芦苇来建造自己的房屋。[②] 因此，一般的聚落并不怎么起眼。然而当美索不达米亚文明进一步发展出一些政治实体后，作为行政抑或宗教中心的城市便拔地而起，它们具有

① （英）简·麦金托什：《探寻史前欧洲文明》，商务印书馆2010年版，第16页。

② （美）斯蒂芬·伯特曼：《探寻美索不达米亚文明》，商务印书馆2009年版，第292页。

一定的规模，如苏美尔诸城市大多占地30平方英里。城市的建造也开始讲究某种程度的规划，因此一些艺术史家称美索不达米亚为建筑学的诞生地。[①] 一般而言，两河流域的城市建有神庙、类似金字塔的塔庙、宫殿以及环绕其间的道路、水流，外面是一层具有防御功能的城墙。美索不达米亚城市随着人口的增减或战争的起伏而变化不断，因此，城市布局显得凌乱，里面的道路多曲折狭窄，建筑物的建造也多随心所欲。不过在美索不达米亚历史中仍出现过一些举世闻名的城市。

两河流域南端的乌鲁克城或许是人类文明史上第一座城市，它创建于公元前五千年代晚期，在后来相当长的时期内均保持着苏美尔人政治、宗教中心的地位。地处两河流域北端的城市则以亚述人的首都尼尼微城为代表。旧约圣经曾记载它占地面积之大，步行的话需要三天才能从城里横穿而过。据后世的考古挖掘，尼尼微城占地面积将近290平方英里。自从公元前8世纪末以来，尼尼微城便作为亚述帝国的都城。尼尼微城中最重要的建筑或许便是亚述国王辛那赫里布所建造的豪华宫殿。宫殿墙壁和石柱上刻满了浮雕图案，图案内容大多是有关亚述对外征服的战争场景。此外，尼尼微城宫殿里还辟有专门的图书馆，收藏有数量众多的楔形文字泥版。公元前612年，尼尼微被巴比伦人攻陷，整个城市惨遭洗劫后又被洪水淹没。值得庆幸的是，那些楔形文字泥版则保存下来，为后世学者重新认识亚述帝国提供了重要的参考资料。在所有的两河流域城市中，最具传奇色彩的当数巴比伦城。早在公元前三千年代，巴比伦城就已出现，在公元前17世纪汉谟拉比统治之时，巴比伦城便显耀一时；而后来另一位有作为的巴比伦帝王尼布甲尼撒二世又给巴比伦城带来荣耀，使之成为世界之都。同样，雄才大略的亚历山大大帝也对这个城市情有独钟，把它作为自己所开拓帝国的新都城，后来亚历山大大帝也在此去世。只是到了罗马帝国时代，昔日辉煌的城市才遭到遗弃，以致逐渐被后人所淡忘。

两河流域的城市是美索不达米亚文明的缩影，它们如同泛滥不定的两河一样，时而崛起时而衰亡，历经太多的纷争而最终湮没于历史长河中，然而它们在人类城市史中的地位和作用是无法抹杀的。

---

① (美)斯蒂芬·伯特曼：《探寻美索不达米亚文明》，商务印书馆2009年版，第299页。

二　古埃及城市

比起两河流域的混战不断，尼罗河两岸的古埃及文明则安享着和平与宁静。周期性泛滥的尼罗河不断给古埃及人带来肥沃的泥土，繁衍生息于此的埃及人很自然把一切归功于神明的眷顾。在古埃及人看来，他们所生活的城市便是神明馈赠的礼品之一。在《夏巴卡石碑》上便镌刻着神明恩赐城市的信息："在他（普塔神）完成了每一件事以及神圣的法规以后，普塔因此而满意。他塑造了众神，他建设了城市，他创立了诺姆（州），他把众神安置在他们的神殿中。"[①]此一说辞与圣经创世记中的记载如出一辙，虽是宗教信仰领域中的言语，但也在某种程度上反映古埃及人对城市及诺姆起源的神圣概念。从历史学的角度而言，《夏巴卡石碑》尽管是公元前 700 年第 25 王朝夏巴卡王统治时期的产物，但碑铭中的信息则可溯源至公元前 2700 年以前。这表明早在公元前三千年代，埃及社会便发展出了城镇聚落。这也为后世的考古发现所证实。

我们对古埃及城镇直观的认识首先来自于颇富写实意味的埃及象形文字。如纳尔迈调色板上的图文符号便有城市的身影，以长方形的雉堞墙为代表。值得注意的是，在雉堞墙内还有一个带有两个把手的袋子形的象形文字和另一组三个长方形符号。前者可能是城镇的名字，后者可能是城市内的建筑物。而利比亚调色板则更多地反映出古埃及的城市形象。调色板刻画了多个雉堞墙围绕而成的方形或长方形，这些便是城市的象征。方形内分别刻画有不同的动物、植物等符号，显然这可以看成是城市或城市国家的名称。以上信息虽为我们呈现出古埃及城市某些面相，但它们的完整面貌还有待后世的考古挖掘。

据考古学者统计，埃及最早的村镇聚落主要分布在沙漠边缘地带，这可以免除洪水泛滥带来的灾害。位于尼罗河三角洲西部边缘的梅里姆达是目前为止所发现最早、也是最大的一处据落点。后世学者虽对它建设的准确年代有不同意见，但大多指向公元前 3500 年以前。类似的沙漠边缘据落点后世多有考古发现。当然这些聚点还难以称得上所谓的城市，后世发现的希拉康坡里遗址则是埃及人开始从聚落向城市形态转变的代表。在前王朝

① 刘文鹏：《古埃及的早期城市》，《历史研究》1988 年第 3 期。

末期，希拉康坡里由低沙漠边缘地带发展扩充到400米外的冲积平原上，并建立起新的有围墙的城镇。城镇呈不规整长方形，面积在5－6.6万平方米之间。这一新城镇从早王朝、古王国一直发展到新王国时代。希拉康坡里是后世所发现的古埃及最完整、或许也是最早的城市遗址，而城市的出现则为埃及政治架构提供了基础。

古代埃及的城市国家——又称为诺姆，是以城市为中心，包括其附属的乡村而形成的一些独立的小国。学者们普遍认为最早的国家无论何时何地都是在一个不大的范围内形成的。对埃及而言，诺姆便是其表现形式，它是埃及国家发展的早期阶段，不同于古典世界的以公民为主体的城邦。希拉康坡里可视之为诺姆国家的初期形式。"诺姆"一词来源于希腊文 nomos，意为牧畜的地方、区划或行省，以其埃及的象形文字来看，诺姆显然是指由河渠所划分的地段，中文一般翻译为州。诺姆后来变成了统一王权下的省一级的行政区。在早王朝时代，上埃及有16个诺姆，下埃及有10个诺姆。每个城市国家都有自己的名称、都城并有一定范围的领土，还配有自己独有的徽章和崇拜的神明。各诺姆的徽章起源于其原始的图腾，这些鹰、母牛等动物图腾后来则演变成为诺姆保护神。

三　古印度河流域的城市

在雅利安人进入印度大陆创建"吠陀文明"之前，印度河流域便曾出现过一个更为久远的文明。而此一文明在相当长的历史时间内不为人知，直至20世纪20年代，哈拉巴（Harappa）和摩亨佐-达罗（Mohenjo-daro）这两座古城遗址的发掘才将古印度文明的起源向前推溯延伸了将近1 500年的时间。印度河文明虽处于距今4 000多年前的金石并用时代，但它所呈现的规划整齐的遗址却表明它乃是一相当成熟的城市文明。一些学者不无骄傲地述说道："印度河遗址——无论是巴基斯坦的哈拉巴或者摩亨佐-达罗，还是印度的卡利班根、洛塔尔或者苏尔戈达德——使参观者惊讶的第一件事就是城镇的规划。"[①]

印度河流域文明大约繁盛于公元前3000年代—公元前2000年代早

① 勒尔：《印度河文明》，载（澳）A. L. 巴沙姆主编：《印度文化史》，商务印书馆1997年版，第12页。

期，整个印度河流域均覆盖其中，现今所发掘出来的大小城镇遗址多达数百处，其中最重要的有哈拉巴、摩亨佐-达罗、卡利班根、洛塔尔、苏尔戈达德等城市遗址，而其中又以哈拉巴和摩亨佐-达罗两城最为典型。哈拉巴古城遗址位于今巴基斯坦旁遮普省境内。早在19世纪初，英国人詹姆斯·刘易斯在漫游印度的过程中便在旁遮普地区的一片山丘上发现"一座坍塌的砖石城堡"，他在日记中写道："在这里一块不规则的多岩石的高地上，尽管岁月侵蚀，仍然依稀可见砖石城堡的废弃的城墙，到处散落着的东方风格的壁龛，以及建筑物的遗迹。在夕阳的照射下，这一片废墟闪烁着神秘之光"，他为此地取名为"哈拉巴"。但詹姆斯的发现并没有引起当时人们的足够重视，其后拉合尔—穆尔坦铁路线的铺设，使哈拉巴城址遭受到严重破坏——哈拉巴遗址中制作考究的砖块甚至都被掠去当作路基的道砟。

与哈拉巴城址所遭受的厄运不同，摩亨佐-达罗古城则获得较好保存。1922年，一名印度考古学家在考察一座公元2世纪的佛塔时偶然发现了古城的废墟。其位置位于今天巴基斯坦信德县拉尔卡纳城以南24千米的印度河东岸，与上游的哈拉巴古城相距数百千米。从整体来看，摩亨佐-达罗古城按公共区域与居民区分离的原则进行城市区域划分，总体上呈南北走向，其中公共区域位于城市的南部，地势比北面的居民区要高。公共区域建立在高岗之上，整体呈长方形，四周围以城墙，内部建筑包括有谷仓、大浴池、城堡、塔等公共建筑，甚至还修建了瞭望塔和防御城门。摩亨佐-达罗古城公共区域中最为人津津乐道的建筑是大浴池与谷仓。其中大浴池位于此区域的中心位置，长12米，宽7米，深2.4米，用火烧的砖砌成。为了防止水池漏水，浴池底部的火砖特用沥青进行过防水处理，并用石膏灰泥砌合。关于这个大浴池的功用，现在大部分学者都认为它是城市中人们举行宗教仪式时进行沐浴净身的地方。[①] 在它的西面设置有一个规模较大的谷仓，其长45米，宽22.5米，高墙厚垒，十分坚固，其中的十字通道可以保证仓内有良好的通风，防止谷物变质腐坏。北边居民区的住房明显有统一规划，基本上沿着城市中心贯穿南北的大道呈对称分布。摩亨佐-达罗古城房舍规模大小不一——有的只有两间房子，有的则筑有两三层的寓所，这表明印度河文

① 勒尔：《印度河文明》，载（澳）A. L. 巴沙姆主编：《印度文化史》，商务印书馆1997年版，第13页。

明城市居民之间已经产生了贫富分化。

摩亨佐-达罗城还设置了较为便利的交通网络和完备的供水排污系统。在摩亨佐-达罗城，城市的中轴线是一条宽近10米、纵贯南北的大道，且每隔一段距离便有一条东西走向的小街与之相交。由此形成一个颇为规整的道路网络。此外，印度河流域城市对水普遍而高效的利用更令人惊奇。有学者曾评价古印度河文明是“最早跨越将水作为基本的必需品和作为奢侈品加以挥霍的界限的人”。如摩亨佐-达罗人便在城市里挖掘了几百个水井，它们组合而成一个供水网络，为每个街区提供淡水资源。几乎每家每户都设有浴室，有些人家甚至还配备厕所。除却供水系统之外，印度河文明城市的排污系统也是一绝。居民房屋的浴室与厕所都靠着外墙建造，并设有暗沟与大路两旁的排水管道相连。由此，废水废物便可以通过暗沟流入城市的排污系统。可见，印度河文明已经拥有了当时世界上最先进的供水和排污系统。

哈拉巴及摩亨佐-达罗城市遗址是印度河流域文明的结晶，它表征着印度河文明所达至的辉煌成就。在规划整齐的道路和水系、建造方正的房舍和粮仓背后是印度河文明行之有效的管理体系等制度文明。通过对城市遗址的考察，并加以参考城市所出土的其他器物，我们便可对印度河文明有一整体的把握。

四　古希腊文明城市

古希腊哲人柏拉图曾颇为动情地描述希腊诸城邦“傍海而生，有如蚊蛙之于池塘”。与其他古代文明不同，希腊文明更多受惠于爱琴海的吹拂，而爱琴海中的明珠克里特岛则是希腊世界最早萌生城市之处。在公元前3000—前2000年间，希腊古代城市便开始在克里特岛逐渐兴起。克里特城市的特色就在于所建造的王宫，克里特文明的诸多城市如克诺索斯、费斯托斯、马里亚、古尔尼亚、菲拉卡斯特罗、札克罗等均建有规模不等的王宫，但各地王宫建筑的布局和风格都基本一致，其中以位于北部的克诺索斯最为宏大，以至于它被称为“宫殿国家”(palace state)。

克里特文明后来衰亡，文明中心转移至希腊半岛。在迈锡尼文明时代，雅典便已成为迈锡尼文明的一个中心，它拥有几近可以与迈锡尼和梯伦相媲美的王宫与城墙。雅典卫城的形成与希腊半岛的地理环境有着密切的联系。卫城，希腊文作 akropolis，原意是高处城。希腊半岛地狭山多，无数的山脉和丘陵将仅有的陆地分割成一小块一小块的地区。这些因山而分隔的地区后来便成为古希腊若干个小公社的发源地。每个部落或部落中的一部分构成一个相对独立的聚落。聚落的中央通常有高岗,周围散居着小村落。城市便是由这些小村落演变而成,而高岗就成为了“卫城”,庙宇、广场和政府机关等公共建筑大多设在卫城上。卫城兼备宗教祭祀、避难所以及行政中心等多重作用。[①] 雅典卫城便建立在刻非斯平原中部的一个山冈上。

迈锡尼文明后期,雅典扩大了防御工程,建立引水系统,加强了同地中海各地一些重要城市的商业往来,并且在提修斯的改革之下,雅典建立了统一的公共议事会以及雅典居民集会和宗教活动的地方——提修斯广场,雅典由此从一个规模较大、力量较强的设防的聚落中心逐渐转变为初具规模的城市。在希腊社会中,城市不仅是一居住单位,而且还是一政治单位,希腊语称之为 Polis,汉译为城邦。与雅典同时期出现的城邦多达几百个,这些城邦一般包括一个中心城邑及附属于它的周遭的村落。希腊人的政治建设便以城邦为单位,形成体制不一的政体,而雅典则被视为希腊民主的典范,此一制度又反过来深刻影响了雅典城邦的城市建设。

雅典进行了一系列的民主政治改革,加强了雅典城市的政治职能。如公元前 594 年,梭伦出任首席执政官,实行了一系列政治、经济方面的改革,为雅典奴隶主民主政治奠定了基础;公元前 509 年,克里斯梯尼改革,最终确定了雅典奴隶主民主政治,完成了从提修斯改革所开始的由氏族社会向阶级社会过渡的历史进程。与此同时,雅典手工业逐渐从农业中分离出来,成为一独立的经济部门。由此,雅典的工商业经济获得快速发展。从公元前 6 世纪初起,提修斯广场的北侧便开始出现路摊,这些路摊往往环绕在广场周围的公共建筑旁边。而广场周围以及通往广场的街道,渐渐变成私人店铺和手工作坊的密集区。昔日作为雅典人集会的广场,如今已成为雅典人的交易市场,成为一个热闹繁华的商业区。到公元前 6 世纪上半叶,在卫城周围,以新旧广场为核心形成了一个全新的居民区,称之为下城区。由于雅典城市人口的不断增长,卫城无法提供足够的防御能力。于是环绕整个下城区,修筑了一座新的城墙。下城区形成后,过去作为城市核心的卫城仅

① (英)莱斯莉·阿德金斯,(英)罗伊·阿德金斯:《探寻古希腊文明》,商务印书馆 2010 年版,第 378 页。

是作为雅典城邦的象征和单纯的宗教圣地。至此,雅典城邦最终形成,“它由农村的中心地点变成了真实的工商业城市”。

随着希腊古典时代(公元前 5 世纪—前 4 世纪后半期)的到来,雅典也进入了全面繁荣期。伯里克利骄傲地称之为希腊世界的学校。在古典时期,雅典城市工商业比前一个时期有了更大的发展,并且随着海外贸易的发展,雅典也成为当时的国际贸易中心之一。如雅典的卫星城庇里优斯港便人口众多、热闹非凡,码头上桅杆林立,过往商船川流不息。另外,雅典城市繁荣昌盛的经济和富丽堂皇的建筑,吸引了众多的外国学者和游客,外国哲学家、艺术家、诗人和剧作家,纷至沓来。雅典成了文人荟萃的地方,它造就了一大批文化巨匠,创造了辉煌灿烂的古典文化。一位与伯里克利同时代的人,曾这样感叹道:“假如你未见过雅典,你是一个笨蛋;假如你见到雅典而不狂喜,你是一头蠢驴;假如你自愿把雅典抛弃,你就是一头骆驼。”

雅典仅是希腊城邦的一个突出代表,其他城邦也各具特色。与此同时,从公元前 750 年至公元前 550 年,希腊城邦通过希腊人的海外贸易及殖民活动也扩散至黑海、地中海等地区。希腊人向外拓殖主要出于人口增加抑或商业贸易等原因。通过此种方式,包括城市文明在内的希腊文明获得传扬,而在一个更加广阔的空间范围内传播希腊文明则要归功于亚历山大大帝的征服,他开启了一个所谓的希腊化时代。某一地区臣服于亚历山大大帝的表现之一便是建造以亚历山大命名的城市。正是借着这些亚历山大城,希腊文化开始具有世界影响力,以至于罗马人崛起后,也不得不接纳、学习希腊文化。

五　古罗马文明城市

在所有的古代帝国中,罗马帝国似乎是唯一一个以发源城命名的帝国,这从一个侧面凸显出罗马城对于罗马文明的重要性。在某种程度上,罗马文明是罗马城市文明的扩大和延伸,罗马帝国的成功便是罗马城市文明的扩散和复制的结果。

关于罗马城的起源,有一则“母狼乳婴”的美丽传说,被抛弃的王族罗慕路和罗慕斯兄弟被母狼收养,他们成人后重登王位,罗马之名便取之于罗慕路斯。正如这则故事所杂糅的意大利本土伊特鲁里亚文化和外来的希腊神话一样,罗马城的出现和发展也深受上述两种文化传统的影响。早在公元前两千年代后期的青铜时期，罗马所在的地区便已出现一些聚落。到了公元前6世纪，七座山丘上的部落均已形成，它们分别是阿芬丁山、凯利乌斯山、卡皮托尔山、埃斯奎林山、帕拉丁山、奎里纳尔山以及维米纳尔山，罗马便是在这七个山丘部族基础上发展而成的。[①] 此后随着人口增殖，罗马城也逐渐扩大范围。到了公元前4世纪，罗马城开始建造塞尔维乌斯城墙，把七座山丘以及之间的山谷地带都围绕在内。后世罗马城以此为基础向外扩展。到了罗马帝国时期，又修建了奥莱里安城墙，古典时代的罗马城基本定型。

受希腊城邦城市规划的影响，罗马城内的建筑布局颇为规整，与此同时，整个城市建筑风格和样式也呈现出帝国的雍容大气。学者们认为希腊城市文明对罗马的影响可上溯至公元前8世纪中叶，当时第一批希腊商人到达意大利北部之后与伊特鲁里亚人相遇，后者便开始从这些希腊人身上汲取文化资源。后来，罗马人在征服整个地中海世界过程中，他们也见识了不同文明、不同种族的城市，其中规划整齐、布局合理的希腊城邦无疑给他们留下了深刻的印象。显而易见，罗马人对希腊文化的推崇以及希腊文化在整个地中海世界的传播，使得希腊城市样式也同样获得广泛的效法和借鉴。当然小国寡民的希腊城邦是无法与庞大的罗马帝国相媲比的，罗马城市在吸收希腊城邦建设精华的同时，也发展出自己持重、规则和实用的特点。

一般而言，罗马城市建有棋盘状的街道，有大小一致的街区，在街区的中央建有一个露天广场，罗马公民在此进行聚会或买卖，可视之为城市的商业、政治中心。广场一般呈矩形，周围是公共建筑，包括市政厅、神庙、浴场等，此外还经常附有商铺和办事处的柱廊。[②] 公共建筑中的会堂一般是罗马统治的标志，是罗马政府的行政机关。而罗马城市也建造有许多娱乐设施，最具罗马特色的有公共浴场、竞技场、剧场等。大约在公元前3世纪，罗马便出现了浴场，到了公元前1世纪，随着地热供暖的发明和应用，大型的“温

---

① (英)莱斯莉·阿德金斯，(英)罗伊·阿德金斯：《探寻古罗马文明》，商务印书馆2008年版，第199页。

② (英)莱斯莉·阿德金斯，(英)罗伊·阿德金斯：《探寻古罗马文明》，商务印书馆2008年版，第257页。

泉浴场”开始出现并迅速普及，从而成为罗马人日常生活的一部分。帝国的浴场是一个巨大的综合体，不仅包括各种形式的洗浴——冷浴、温水浴等，还有拳击、摔跤等体育健身活动。进行格斗的竞技场是另一颇富罗马本土色彩的建筑，罗马城第一个固定的竞技场建于公元前29年，竞技场上演的节目不乏血腥色彩，但这也是罗马人尚武精神的表现。与此同时，罗马人也学习文质彬彬的希腊人，开始欣赏高雅的希腊戏剧，为此罗马人建造剧场，起初他们在广场或竞技场搭建临时舞台作为表演戏剧的场所，公元前55年，庞培在罗马城建造了第一个固定剧场。公元80年竣工的罗马圆形大剧场规模巨大，堪比现代的大型会场，可容纳约5万人就座，剧场上演的戏剧一般以希腊戏剧为主。与这些娱乐设施相比，罗马人日常起居住所的条件并没那么好。据统计，在奥古斯都时期，罗马人口可能在80万左右，公元2世纪初，罗马城的人口达到100万。在人口压力下，罗马城的住所由单户型的宅院转变为公寓楼，公寓楼多为三至五层，配套设施也很简易。[①] 不过罗马城的供水设施颇令人叹为观止，罗马人修建了多条高架水渠向城市供水，据估计在公元1世纪末，每天输送到罗马的水量为50万立方米—100万立方米。此外，市内有庞大的地下排水管道系统，装修考究，有些地方足够一车一马通过。

城市作为文明的一个重要标志，它的产生和发展代表着古代文明的发展程度。罗马帝国时期，罗马城便已成为帝国其他地区城市建设的标杆。罗马人将城市文明带到所到之处，小亚细亚、埃及、高卢、不列颠、西班牙等地区逐渐出现许多规模不等的城市，如小亚的以弗所、叙利亚的安条克、埃及的亚历山大里亚、北非的迦太基和高卢的里昂等城市便发展为富足、繁荣、人口在10万人以上的行省首府。罗马帝国早期各行省所建城市大都是奥古斯都时代的产物，其后的克劳狄王朝、弗拉维王朝也沿着奥古斯都的政策。诚如吉本所言：“首都和各地以及帝国内的各省都以各种公共建筑加以美化，城市里充满了圆形剧场、剧院、神庙、柱廊、凯旋门、浴场和水渠。他们无不从不同的角度，有利于一般平民的健康、宗教信仰和消遣……亚洲和非洲的荒野上曾经一度到处都是繁荣的城市。”当然各地区城市发展水平也不

① （英）莱斯莉·阿德金斯，（英）罗伊·阿德金斯：《探寻古罗马文明》，商务印书馆2008年版，第271页。

尽一致，帝国的东部城市发展水平要优于西部城市。地中海世界西部的城市规模要小得多，人口大多不会超过 5 000 人，然而这些城市作为罗马行政管理的中心对于维系整个帝国的统一则发挥着重要作用。

从奥古斯都时代（前 30—前 14）开始，直至哈德良时代（117—138），长达一个半世纪之久的罗马帝国掀起一场城市化运动，后世学者把此一过程视为古代西方世界规模最大、影响最为深远的一次罗马文明传播运动。城市的发展使古罗马孕育出伟大的城市文明，它集中体现在富丽堂皇的建筑和丰富多彩的城市生活等方面，高度发达的城市文明乃是罗马帝国留给人类的一笔丰富遗产。古罗马是西方奴隶制发展最辉煌的时代。罗马城市在汲取希腊城邦建筑精华的同时，也结合自己的传统，创造出罗马辉煌和经典的建筑及城市风格。但随着公元 3 世纪的危机，城市慢慢衰落，加上边境蛮族的骚扰，到了罗马帝国后期，许多曾经辉煌的城市逐渐消亡。

六　美洲大陆古文明城市

古代美洲本土文明是世界文明的重要组成部分，而玛雅文明又是美洲古文明的突出代表。玛雅文明区地处中美洲，西临太平洋，东濒大西洋的墨西哥湾和加勒比海，北部是尤卡坦半岛，西北向与东南向分别通过墨西哥和中美诸国的两条狭窄的陆地与北美洲和南美洲连接。以现在的政治版图来看，创造出这一文明的玛雅人住在尤卡坦半岛、墨西哥的塔瓦斯州和恰帕斯州的低地和高地、危地马拉以及萨尔多瓦和洪都拉斯的部分地区等。玛雅文明同欧亚非大陆上的古代文明一样，建设有颇为恢弘的城市建筑，发展出辉煌的城市文明。

玛雅城市文明的高峰主要体现于玛雅古典文明时期（4 世纪—9 世纪），后世所发现的诸多玛雅人城市遗址大多在此期间建造。众所周知，宗教在玛雅人的生活中一直扮演着重要角色，古典时期的玛雅也不例外。祭司阶层不仅支配着玛雅人精神生活的方方面面，而且还通过不同途径对整个社会的政治经济活动产生影响。因此，玛雅人的城市建筑、图画文字、编年史、天文历法等均打上浓重的宗教烙印。

此前人们对玛雅文明知之甚少，所以在描述它时总是带有一种神秘色彩。后来经过考古学家的不懈努力，我们才得以较为清晰地认知这一文明。根据后世的考古挖掘和相关研究，在古典时期，玛雅人便曾建有许多颇具规模的城市,例如危地马拉的蒂卡尔、洪都拉斯的科潘、伯利兹的纳库姆和恰帕斯州的帕伦克等。一般说来,这一时期的城市,主要作为宗教和政治中心,供人们进行聚会、崇拜和供奉祭品,城市里面可能长期居住着少数祭祀和官吏以及奴隶。以玛雅文明城市蒂卡尔为例,这座城市坐落在佩腾湖畔,占地达130平方千米,主要是由一系列庙宇组成。其中各种建筑物共3 000多座,石碑200个和石柱80根。从蒂卡尔城所发现的大量金字塔、庙宇、殿堂、圣坛、石刻来看,大多数学者认为它曾是玛雅文化全盛时期的宗教中心,是古代玛雅人祭祀太阳神和其他神灵的所在。蒂卡尔集中表现了玛雅城市的一切建筑特征:鳞状叠盖的尖顶,饰有鲜明现实内容的浮雕,无窗阴暗的房屋,还有球场等建筑。不过后来,蒂卡尔城突然于10世纪衰亡并被遗弃,长久以来掩藏在热带丛林之中。1848年,一个叫莫德斯托·门德斯的人被蒂卡尔传说所吸引,来到这里作了一次探险性考察,然而没有收获。直到20世纪,这座湮没在原始森林中的文化遗址才被再次发现,并引起人们的重视。蒂卡尔城此种命运是玛雅文明城市的典型缩影,其他古典时期的城市,诸如科潘、帕伦克虽也曾辉煌一时,但终究消失于丛林中,直至近代才被发现。

玛雅城市遗址中那些用石头建造的金字塔、神庙、广场等广为人知,据此,学者们一度认为玛雅文明的城市只是宗教和政治中心,基本上没有固定的商业区和住宅区。然而,随着考古挖掘的深入,玛雅城市逐渐显露出不为人知的面貌。在这些石造的宏伟建筑四周,同时还分布着广大的城区,各行各业的作坊、店铺、居民的住宅、街坊以及做买卖的市场、墟集等在玛雅城市中都不少见,只因它们用木材及茅草搭建而成,历经风雨后除了房基、墙根之外几乎已无任何痕迹留下来,一般勘查很难确认,只有经过彻底发掘后才能看出一个大概。

如同古希腊以城为邦,玛雅文明也没有形成一个统一的政治实体,那些玛雅城市各自为政,独立为国。玛雅城市虽为各自部族的政治经济、宗教文化中心,但却鲜有防御性的城墙,玛雅城市被形象地称之为“无城之市”,既无内城,也无外郭。这或许与其神权政治有关,玛雅人专注于神庙的修建而对筑城墙缺乏兴趣,这导致玛雅城市与乡村荒野之间的界限并不那么泾渭分明。或许正因如此,一旦玛雅城市被遗弃,它们便很快消失在丛林山野之中而鲜为人知。

第三节　深入探究指引

一　夏商王朝的都城制度

夏商王朝的都城制度内容丰富，对后世王朝影响深远，其中以夏商王朝的主辅都制对后世王朝的影响最为明显。所谓主辅都制，就是在设立一个主要都城的同时，在其版图内另设立一个或几个辅助性的政治和军事中心。主辅都制下，主都一般不变迁或较少变迁，而辅都则会根据政治、军事形势的需要屡经设立、废弃和变迁。主辅都制的形成与夏商王国地域辽阔、交通不便等原因有关。客观原因是夏、商王朝地域辽阔，且当时交通不便；主观原因，既有军事方面的需要，也有为便于夏、商王朝对全国进行有效统治的需要。主辅都制萌芽于夏禹时期。夏禹时期，禹以阳城（今河南登封）为政治中心，后又在晋南设立新“阳城”、安邑、平阳三个呈鼎足之势的辅助性政治中心。主辅都制在帝宁时期最终形成，然后在夏商时代的相当长时间内一直存在。综合文献记载和考古发掘资料来看，夏王朝从太康至桀一直以斟寻为其主都，帝宁之后又设立原、老丘、西河等辅都。商王朝前期以郑州商城为主都，另设立偃师商城、隞、相、邢、奄等辅都；商代后期主要以殷为都，但在商代末年朝歌也具有实际辅都的性质。

夏商时代并不存在“一都制”下的都城“屡迁”现象。考古材料不但证明一些夏商王朝的都城存在年代甚长，还证明在同一段时间内有两个都城在同时使用。二里头遗址作为夏都斟寻从太康始至夏亡一直存在，中间没有出现中断现象；郑州商城作为商代前期都城，在盘庚迁殷之前一直存在；安阳殷墟则为盘庚至纣期间的商代后期都城，也未经中断、废弃。理解了夏商王朝的主辅都制，也就能更好地理解夏商王朝的都城屡迁现象。夏商时代都城“屡迁”的原因用政治斗争说、军事原因说、游农说、游牧说、水患说等都无法圆满解释，而使用主辅都制来解释，这一问题就迎刃而解了。

究竟如何判断哪个都邑具有主都的性质，哪个都邑承担的是辅都的职能呢？确定主都、辅都的标准，主要是对都城存在的时间、规模、规格进行综合考察。存在时间长、规模大且规格高者，当然即为主都；反之，则为辅都。

二里头遗址、郑州商城、安阳殷墟三处都邑遗址，由于其存在年代皆较长，遗址规模大，遗址规格皆为同期遗址最高者，故三地皆为主都性质。而原、老丘、西河、敫、邢、奄等都城，大多存在时间短，规模相对较小，遗址规格较低，说明其皆应为辅都性质。偃师商城虽然存在年代与郑州商城接近，但其规模、规格皆逊色于郑州商城，二者是并存关系，郑州商城为主都，偃师商城为辅都，皆可称作“亳”，洹北商城作为相都，虽然规模较大，但其存在年代较短，遗址规格也不高，故也应属辅都性质。

主辅都制可以比较好地解决考古学上偃师商城和郑州商城两大都邑年代接近，同时并存的问题，而商代末期殷都与朝歌的关系问题，则可用离宫别馆制度来理解。离宫别馆既是夏、商王的娱乐场所，又是夏、商王田猎时的驻跸之所和都城之外的政治活动场所。商代前期离宫别馆制度正式形成，最著名的离宫别馆是位于西亳之东不远的桐宫。商代后期是离宫别馆制度的繁盛期，从武丁开始，妹邑（朝歌）即为离宫别馆。帝纣后期，朝歌的性质从离宫别馆演变为辅都。

在已发现的夏商时代的都城遗址中，有的发现有大型城垣，有的则没有。前者如郑州商城、偃师商城等，有大型城垣作为都城的防御设施；后者如二里头遗址、安阳殷墟等，都没有设立大规模的城垣。都城规划的这种不同与夏商时期施行城郭制和守在四边制等两种都城军事防御制度有关。城郭制多应用于新旧王朝更替、社会动乱、国势衰弱时期，体现的是“筑城以卫君，造郭以守民”的建城思想。守在四边制一般应用于和平时期和国势强大时期。这时都城地区的军事防御功能已经淡化，都城地区的安全可以主要通过加强周边地区的军事防御来予以保障。守在四边制就可以很好地解释为何二里头、殷墟两大都邑遗址都没有发现大型城墙这样的防御设施。

夏商都城的选址和规划布局也非常讲究。夏、商都城大多位于河流、湖泽岸边或附近，有良好的水源条件和水上交通条件，都城所处的地域生态环境优越，地貌条件适宜居民生活和城市发展。在都城的规划布局方面，夏商时代的都城，一般宗庙、宫室、手工业作坊必备；都城及宫室区设立中轴线，宫室区居中；宫室区与平民区分离制度；宫室区的建造施行前朝后寝制度；王陵区位于都城西北方向。

此外，夏商时代在建造城郭制都城时往往遵循先宫殿（宫城）、居民点后郭城（外城）的建造顺序，城郭制往往配置有宫墙、内城墙、外城墙、护城壕、自然河湖等多重防御设施，城郭建造时会因地制宜，充分利用自然天险。

总之，主辅都制、离宫别馆制度、军事防御制度、都城选址和规划布局制度等共同构成夏商都城制度的有机整体，对后世王朝的都城制度产生深远的影响。[①]

二 罗马古典城市消亡原因探析

人们普遍认为，当一定数量的人口聚居而成某种形式的聚落，并在聚落之地建有居住的房舍、祭祀所用的庙坛以及某种形式的管治机关时，一个较为成熟的文明社会便已大体形成。跻身上古文明之列的文明古国虽在许多方面各有特色，但均发展出较高程度的城市文明，而城市文明的衰败则一般被视为此文明衰亡的征兆。在古代世界，或许再也没有像罗马帝国那样如此依赖城市的国家。帝国因城而立，庞大帝国的正常运转也取决于城市的有效管治。一旦城市机制发生问题，首先影响到的是帝国的统治能力，继而帝国财政逐渐枯竭而陷入困境，社会秩序无可避免地走向无序、分裂状态。当罗马诸城市消失于茫茫农村田野之际，整个帝国也就轰然倒塌，让位给一种自给自足的封建体制社会。这便是罗马帝国最终的命运，此种命运最直接的体现便是它曾所引以为傲的城市文明之光的熄灭。

以罗马城为例，为了应对所谓的 3 世纪危机，罗马皇帝戴克里决定先把整个帝国一分为二，并逐渐把帝国的重心转移至东部。到了君士坦丁时期，正式定都君士坦丁堡，罗马的政治地位极速下降，罗马城如同被抛弃的孤儿，人口外流，建设停滞不前。祸不单行，蛮族人一再入侵洗劫，使得罗马城落魄不堪。据统计，公元 7 世纪，罗马城仅剩下 3 万人口。罗马城尚且如此，帝国西部其他地区的城市衰败之情更令人不堪，实际上这些城市大多消失得无影无踪，昔日热闹的城市似乎一夜之间隐没于寂静的黑幕中，诚如有学者总结道："对帝国而言，城市是基本行政单位，滋养了古典文明，现今则被引入新的方向：农村生活、基督教、地方主义、蛮族定居。"[②]直至中世纪盛期，蛰伏长达五百余年的城市才在西欧大地重新出现。文明的历程如此跌

---

① 张国硕：《夏商时代都城制度研究》，河南人民出版社 2001 年版。

② （美）朱迪斯 · M. 本内特，（美）C. 沃伦 · 霍利斯特：《欧洲中世纪史》，上海社会科学院出版社 2007 年版，第 49 页。

宕起伏，人们不得不追问罗马城市为何消亡，伟大的罗马帝国及其辉煌的城市文明难道必然要湮没于暗淡的中世纪封建文明之中吗？对此，学术界多有探讨，虽各有偏重但也不乏真知灼见，足以引发我们进一步思考。

第一种观点认为，蛮族入侵破坏了罗马城市。文明程度低的蛮族人获得统治权后，对罗马帝国原有的以城市为核心的行政管理体系毫无兴趣，也缺乏必要的城市管理经验，因而城市文明被蛮族人的农村文明所取代。此种观点与其说是在解释历史不如说是在描述过程。作为罗马帝国统治行政单位的城市，罗马帝国覆灭主要表现便是城市的陷落。然而，我们也应该看到，城市除了是有形的行政堡垒外，还是无形的罗马文明堡垒，城市易主并不必然表示有形城市的毁灭，更不表示无形城市文明的消失。人类文明史的一般规律是落后的族群入主先进地区后反被较高的文明所同化。罗马城市的消亡似乎并不符合这一惯例，但问题更有可能出现在罗马社会本身，即在蛮族入侵之前罗马城市文明已发生了问题，蛮族入侵不过是加快了罗马城市的衰亡。遵循此一思路，我们就要审视罗马社会本身的变迁。

当我们把目光聚焦于罗马社会时，罗马文明所发生的显著变化自然受到关注，由此形成另一种解释罗马城市文明衰败的观点，即认为罗马帝国充斥的各种宗教思潮，尤其是基督教的广泛传播以至于被推崇为国教，窒息了罗马人的光荣传统，消磨了城市的英气从而导致帝国的衰亡。此种观点早在罗马帝国末期便有人提出，例如4世纪罗马历史学家马西利努斯、5世纪希腊历史学家佐西穆斯等人均对基督教持一种批评态度，认为基督教的崛起要对罗马帝国的衰亡负责，因为基督教思想具有明显的出世色彩，对现世的一切漠不关心，这削弱了罗马社会的凝聚力和创造性。后世继承此一观点的学者当推历史学家爱德华·吉本，在其名著《罗马帝国衰亡史》中，吉本历数基督教的不是。[①] 面对这一指责，最早起来反驳的是基督教护教学者奥古斯丁等人。在许多方面，基督教思想确实与罗马立国思想格格不入，基督徒对于帝国的忠诚显然值得怀疑，但这还不足以导致帝国崩溃。帝国后期人们对基督教趋之若鹜，乃是因为固有的罗马价值体系发生变异、断裂，对罗马人已无足够的吸引力。基督教的兴起不是罗马衰败的原因而是其结果。

---

① （英）爱德华·吉本：《罗马帝国衰亡史》，商务印书馆1997年版。

当我们放宽视野，把整个地中海世界纳入其中，来探讨罗马城市消亡的原因时，或许有所心得。若对比罗马帝国衰亡前后地中海世界格局的变化，我们很容易看到在地中海南岸、东岸地区，伊斯兰文明逐渐占据主导地位。鉴于此，比利时学者亨利·皮雷纳在其经典著作《中世纪的城市》一书中探讨了伊斯兰文明的兴起与罗马古典城市衰亡之间的关联。① 皮雷纳认为，尽管蛮族入侵灭亡了罗马帝国，但罗马城市并没有销声匿迹，城市之间的商业活动还在进行。而伊斯兰教在地中海世界的扩张则打破了原有的经济共同体，随着伊斯兰国家对地中海控制的强化，原有的城市商贸活动逐渐萎缩，西欧社会的重心由地中海沿岸北移至内陆的高卢地区。在丧失出海口以及传统商贸线路的情况下，接踵而至的便是商品流通极速衰落。那么建基在商贸之上的商人阶层以及城市也就成了无源之水而告枯竭、消失。我们不得不佩服皮雷纳的世界史视野及其整体眼光，他所揭示的宗教与经济之间的互动更令人耳目一新。但此观点在时间逻辑上颇受后世学者诟病。总的来看，皮雷纳虽从罗马社会内部经济入手，但却把根源归结于外在的伊斯兰因素，这使得他的立说显得还不够深入。

另一位著名学者马克斯·韦伯在《古典西方文明衰落的社会原因》一文中，开宗明义声称，罗马帝国的衰亡并非是由外部因素造成的，而是源于自身的政治经济危机。② 韦伯论述到，古代西方文明本质上是城市文明，其经济以“城市经济”为主。此种城市经济起初大多局限于本地，即城市工艺品与附属农村农产品之间的商品交换，交易的双方均是具有自由身份的小农或手工业者，他们构成城市市民的主体。此外，不具备公民权的奴隶主要在一封闭的庄园中进行生产，他们生产的多是专供特权阶层消费的贵重品或奢侈品而非大众消费品。这些贵重品的流通、交换便导致跨地区国际贸易的发展。但奴隶本身并不需要从市场上换取自己所需的物品。不难看出，国际贸易的发展并非是自由劳动分工的结果，而是基于强制劳动下自然经济的产物。也许有人会说，自由劳动与奴隶强制劳动之间的竞争将会使生产效率低下的强制劳动败北而退出历史舞台。这忽略了古代社会一个基本事实，即对外征服战争提供了源源不断的奴隶，奴隶数量的增加足以弥补效

---

① (比)亨利·皮雷纳:《中世纪的城市》,商务印书馆2006年版。

② (德)马克斯·韦伯:《民族国家与经济政策》,三联书店1997年版,第19—33页。

率的低下。可见,奴隶劳动更加具有竞争力,腐蚀着原有的自由小农经济,自由小农逐渐破产而沦为大地产的佃农。罗马诸城市的经济基础便由原来的自由小农经济转变为奴隶劳动经济。随着罗马的军事胜利,奴隶源源不断,城市也就兴旺发达。然而一旦战争结束,奴隶来源枯竭,城市经济便难以为继。在此种情况下,罗马社会出现了"再农奴化"现象,即原有的奴隶处境获得改善,可建立家庭并拥有自己的私产;而原有的佃农则处境恶化,他们附着在土地上,失去人身自由。此种庄园经济逐渐成为罗马帝国基本经济单位,由此经济基础退化为自给自足的自然经济,经济基础的更变必然迫使古典文明一度商业化的上层建筑转向封建制度。如此一来,封建体制便在罗马帝国后期发展起来。自给自足庄园的普遍出现则意味着作为商品交易场所的城市将大批地消失,古典文明由此全盘农村化。虽然这一变迁多少令人伤感,但韦伯却认为这一转型不仅是必要的,而且是必需的,通过此一过程,古典文明中的奴隶将恢复属人的身份,在漫长的中世纪,他们将趋向自由劳动,在此基础上重新出现自由劳动分工和商品交换时,城市便将复苏。

综上所述,罗马古典城市的消亡是诸多因素共同作用的结果。城市的覆灭或许比罗马帝国被蛮族人灭亡本身更具历史影响力,后世虽不再现罗马帝国,但当城市重新在西欧大地复苏时,西欧文明将再现辉煌。

第六章　早期文字的释读

人类社会大体经历了从有声语言到文字，由图画文字经象形文字到字母文字这一发展历程。这是基于人类整体历史所总结出来的一般规律，并不排除特定历史时空下的特殊语言文字发展情况。对于历史学而言，由文字写就的资料构成我们研究历史的主要依据，其重要性怎么强调都不为过。古代社会中的语言文字有的传承至今，如中国古汉字、印度的梵文、欧洲的拉丁文等，虽然它们本身有些许变化，但我们经过一番训练仍可较易释读；另有一些古文字则湮没于历史长河中，我们甚至只是通过考古挖掘才知道它们的存在。对这些死文字的释读一直是语言学家、历史学家和考古学家致力而为的工作，而这项工作具有重大意义，对某一古文字的破解往往会揭示出不为人知的一段古老文明，这不仅可以增加我们对上古历史的认知，甚至还会改写人类早期的文明历史。

第一节　中国早期文字的释读

文字的出现被公认为是社会进入文明时代的基本标志之一。文字是如何起源的，早期文字又是如何得以释读的，这些问题都是有待探索的重大问题。对中国早期文明而言，从中国史前文化中大量存在的陶器、玉石器符号的发现和释读，到夏商时代甲骨文的发现和释读，学者们进行了不懈的努力。

一　史前陶符和陶文

在文献记载中，关于汉字的起源有结绳记事说、伏羲氏画八卦造书契说、仓颉造字说等不同的说法。实际上,《易经·系辞下》所说的“上古结绳而治”,是指先民在文字产生以前,用以绳子打结的方法来保留信息,辅助记事。结绳记事给汉字的创造以启示,但并不是汉字的真正起源。《尚书·序》云:“古者伏羲氏之王天下也,始画八卦,造书契,以代结绳之政,由是文籍生焉。”八卦中代表阳的“—”和代表阴的“--”两种基本符号的确与汉字的笔画具有相似之处,但它们也并非是真正意义上的文字,因为文字要具有广泛的实用性,要可以用来记录事物、表达思想。在《荀子》、《吕氏春秋》、《韩非子》、李斯《仓颉篇》、《淮南子》等文献中都提到汉字是仓颉创造的,把汉字的创造归功于仓颉。对于仓颉造字说,很多学者认为把汉字的开创之功归于某个人是不对的,文字当成于众人之手。并且认为,文字不可能是一下子突然产生的,它要经过相当长的演变过程才得以逐渐产生、形成。[①] 鲁迅在《门外文谈》中就认为:“在社会里,仓颉也不止一个,有的在刀柄上刻一点图,有的在门户上画一些画,心心相印,口口相传,文字就多起来,史官一采集,便可以敷衍记事了。中国文字的由来,恐怕也逃不出这个例子。”

甲骨文是我们目前使用的汉字的前身,无论从字数、字形、词类还是组合方式来看,甲骨文都是一种相当成熟的汉字。那么甲骨文是不是汉字的起源呢?商代后期的甲骨文已有不同的字四千多个,并且具备了六书的结构,很明显在之前文字应当已经有很长的发展历程。到底中国的文字是在什么年代、什么地方,通过什么方式创始的呢?随着田野考古工作的开展,目前已经发现了有关中国文字起源的大量线索。

1984—1987 年,在河南舞阳贾湖裴李岗文化遗址出土的龟甲、陶器、骨器和石器上,发现一些与商周甲骨金文构形相似的“刻划符号”。在 17 件龟甲、陶器、骨器和石器上,共刻有 21 个刻划符号。其中,除 M387:4 龟甲和 M330:2 石柄形器上分别刻有 12 个和 14 个,其余 15 件器物上均是每器只刻一个单字或图形。一些学者认为这是目前所知全世界年代最早的原始文

---

① 但是“仓颉造字说”也并非是空穴来风,李学勤在《中国文化研究集刊》中就认为:依文献记载推算,传说中黄帝时代在公元前二千五六百年,而大汶口文化晚期大致相当这个时期,所以仓颉作书的传说可能也反映了一定的真实。

字。[①] 李学勤先生则比较谨慎地认为其是世界上已知可能与文字有关的符号中最早的，比被认为是两河流域苏美尔文字滥觞的黏土算筹符号还早得多。舞阳贾湖裴李岗文化的这批刻划符号的年代约为公元前6000多年，而无字的黏土算筹虽然始于公元前7000多年，但带有符号的只能上溯到公元前3350年左右。

在西安半坡、临潼姜寨、零口、垣头、长安五楼、阳萃野以及铜川李家沟等仰韶文化遗址出土了很多刻划符号。西安半坡遗址共发现刻划符号27种，刻在113件陶器或陶片上。临潼姜寨遗址共发现刻划符号38种，刻在129件陶器或陶片上。仰韶文化刻划符号被很多学者认为是中国文字的起源，进而认为我国有文字的历史已有6 000年之久。郭沫若的《古代文字之辩证的发展》、于省吾的《关于古文字的若干问题》、陈炜湛的《汉字起源试论》都发表了相似的看法。郭沫若先生认为在半坡遗址红质黑纹的彩陶上有一些类似文字的简单刻划，这些简单刻划和陶器上的花纹截然不同。彩陶上的花纹，结构虽然简单，笔触颇为精巧，人形、人面形、人着长衫形、鱼形、兽形、鸟形、草木形、轮形等等，都画得颇为得心应手，可能已经在使用柔软性的笔。在陶器上既有类似文字的刻划，又有使用颜料和柔软性的笔所绘画的花纹，很可能在别的载体上，如竹木之类，已经在用笔来书写初步的文字。只是由于竹木之类的质地易毁坏，所以在今天很难有实物保留下来。[②]

对于仰韶文化刻划符号是文字的论断，王志俊在《关中地区仰韶文化刻划符号综述》中进行了另一个思路的证明。他首先对关中地区多地出土的仰韶文化陶符进行形体上的比较，从而证明它们属于同一个符号系统；然后对该符号系统使用的地理范围进行考察，发现这些符号在仰韶文化时期3万平方千米的面积内使用，符号使用地理范围的宽广程度说明它们已具有文字的属性。他还对一些半坡陶符进行了考释，把商周甲骨文和金文的形

---

① 河南省文物考古研究所：《舞阳贾湖》，科学出版社1999年版。蔡运章，张居中：《中华文明的绚丽曙光——论舞阳贾湖发现的卦象文字》，《中原文物》2003年第3期。

② 郭沫若：《古代文字之辩证的发展》，《考古》1972年第3期；于省吾：《关于古文字的若干问题》，《文物》1973年第2期；陈炜湛：《汉字起源试论》，《中山大学学报》（社会科学版）1978年第1期。

体与仰韶陶符的形体进行比较，从而证实二者同源，然后通过形体比较来释读陶符。[①]

陈汉平则在《汉字是独立起源的文字——驳瓦里西那夫的谬论》中提出汉字的起源还要早于仰韶文化的观点，他认为就商代文字发展的程度来看，在商代以前，古代汉字肯定经过了比两三千年时间长得多的发展历史，综合仰韶文化和大汶口文化的陶器刻划来看，在当时至少已经有指事、象形、会意等结构的文字存在。[②]

在承认半坡陶器刻划符号是文字的前提下，有学者对半坡陶文进行考释。刘正英在《从半坡陶文看汉字起源》一文中，辨认出6 000年前的半坡陶文是我国比较成熟的一批象形文字，主要是表示1—9几个数字，并且与大地湾一期陶符是一脉相承的，从而将汉字起源上溯到8 000年前的大地湾一期时代。由于学界对半坡陶器刻划符号的文字性质难以形成定论，所以考释者不多。[③]

在一部分学者主张仰韶文化刻划符号是文字的同时，也有一些学者认为并不具有文字的性质，仅是符号。

高明先生在《论陶符兼谈汉字的起源》和《中国古文字学通论》中认为，原始文字从诞生开始就应该同语言密切结合，具备表达语言的能力，仰韶文化陶符只是为了某种需要而记的标记，同语言毫无关系，只能独立使用，而无法和语言相组合。类似的符号在商代甚至春秋战国时期仍有出现。仰韶文化、崧泽文化、良渚文化、龙山文化、马家窑文化的陶器刻划符号都属于陶符，而大汶口及商代台西遗址的陶器刻划符号才是文字。[④] 裘锡圭先生在《文字学概要》中也认为，半坡类型的几何形符号跟古汉字里像具体事物之形的符号是不同系统的东西，半坡类型符号的象形程度大大低于甲骨文，很明显不是古汉字的前身；原始社会时代普遍使用的几何符号还不是文字，只

---

① 王志俊：《关中地区仰韶文化刻划符号综述》，《考古与文物》1980年第3期。

② 陈汉平：《汉字是独立起源的文字——驳瓦里西那夫的谬论》，《人文杂志》1983年第2期。

③ 刘正英：《从半坡陶文看汉字起源》，《淮阴师专学报》1997年第2期；刘正英：《从半坡陶文看甲骨文起源》，《淮阴师专学报》1997年第3期。

④ 高明：《论陶符兼谈汉字的起源》，《北京大学学报》（哲学社会科学版）1984年第6期；高明：《中国古文字学通论》，文物出版社1987年版。

有少量符号，主要是记数符号，为汉字所吸收。[①] 对于半坡陶符是文字的观点持怀疑态度的学者还是比较多的。相关的论文有喻遂生的《文字起源二源说质疑》，刘民钢的《试论仰韶陶符》，张其昀的《甲骨文之前更古老的字体推测》等。[②]

良渚文化是我国江浙地区新石器时代文化。在良渚文化遗址出土的不少玉器、陶器上都有刻划符号，甚至出现多个符号成组或成行地存在于一器的现象。吴县澄湖出土的黑陶罐腹部，刻有四个文字符号，余杭南湖出土的黑陶罐，在肩腹部刻有十个文字符号。良渚文化的多字陶符，多刻在陶器的外壁，被一些学者认为是文字。钱玉趾在《良渚文化的刻划符号及文字初论》中认为，对于什么是刻划符号，什么是文字，有宽式标准和严式标准两种，依据的标准不同，得出的结论就不同。依据宽式标准的话，半坡陶文即可被视为文字；采用严式标准的话，半坡陶文及大汶口文化陶器刻划符号都没有具备表达语言的功能，都应被排除在文字范畴之外。如果采用严式标准来衡量良渚文化出土器物上刻划符号的话，一般都只能算是刻划符号，只有在成行的文字符号中出现，才能算是文字。吴县澄湖黑陶罐上的四个刻划符号可被认为是文字。良渚文化属于越文化的范畴，良渚文化陶壶上的这类文字是表达古越语的一种音节文字，用解读甲骨文的方法难于解读这类文字。[③]

张敏在《从史前陶文谈中国文字的起源与发展》中认为，良渚文化是中国文字由单一的表义文字向系统文字发展进化的过渡阶段。与文字萌生阶段不同，这一时期除单一文字符号外，还出现了多字刻文。良渚陶文属于东夷文字系统，并未能成为汉字系统的直接源头。[④] 董楚平对江苏吴县澄湖出土的一件良渚文化的黑衣陶贯耳罐腹部的四个文字符号进行了解读，为“方钺会矢”四个字，解释为越国会盟，可能是良渚文化的军事会盟记录，甚至可

---

① 裘锡圭：《文字学概要》，商务印书馆 1988 年版。

② 喻遂生：《文字起源二源说质疑》，《达县师专学报》（社会科学版）1994 年第 1 期；刘民钢：《试论仰韶陶符》，《华夏考古》1997 年第 4 期；张其昀：《甲骨文之前更古老的字体推测》，《南通大学学报》（社会科学版）2006 年第 4 期。

③ 钱玉趾：《良渚文化的刻划符号及文字初论》，《苏州大学学报》1997 年第 2 期。

④ 张敏：《从史前陶文谈中国文字的起源与发展》，《东南文化》1998 年第 1 期。

能是建国文献，国名与后来的越国相同。[①]

从60年代在山东陵阳河大汶口文化遗址首次发现陶刻符号以来，大汶口文化出土了很多的陶刻符号。大汶口文化约始于公元前4300年，然后逐渐向公元前约2500年的龙山文化演进。对于大汶口文化陶刻符号的性质，学界一直有不同的看法，至今没有定论。关于这些陶刻符号的性质，目前已经提出的观点有：认为是文字、认为是图案、认为是符号、认为是族徽，等等。

主张大汶口文化陶刻符号是中国最早的文字是一种比较有影响的说法。李学勤先生就认为，甲骨文字绝不是中国最早的文字，中国史前文化中大量存在的陶器、玉石器上面的符号，确有可能与文字的起源相关，只是它们中的一部分仅是符号，另一部分则是原始文字。虽然半坡陶符是不是文字尚不能确定，但大汶口陶符已是文字无疑。大汶口陶符与良渚陶符都已具有文字的性质，并且这二系文字是有联系的。大汶口刻符的结构和我国古代甲骨文、青铜器铭文的形象字十分接近。这样一来，从半坡陶符、仰韶文化陶符到甘肃仰韶陶器符号，再到龙山文化陶符，再到郑州二里岗和南关陶符，再到河北真城台西、河北磁县下七垣符号，再到殷墟刻划陶符，形成了一个序列。李先生还对部分陶符进行了释读，释读出“封”、“皇”和“炅”字。[②]

唐兰先生认为，大汶口文化陵阳河和前寨遗址中的陶器文字是很进步的文字，它们的出现把商周以前的图像文字体系至少推到5 000年以前，并且释读出“炅”、“戉”和“斤”等字。[③] 裘锡圭认为大汶口文化陶文是原始文字，它们与古汉语的相似程度非常高，二者之间存在着一脉相承的关系。[④] 曹定云也指出偃师二里头遗址中的陶文是夏代文字，其中许多可以与甲骨文、金文相对应。二里头文化的陶文结构复杂、简繁并存，因此其还不是最早的中国文字，在其之前当有更早的文字。距今约6300—4200年的新石器时代晚期，一些陶器上的刻划符号，已经脱离了原始图画的范畴，具备了文

---

① 董楚平：《“方钺会矢”——良渚文字释读之一》，《东南文化》2001年第3期。

② 李学勤：《重新估价中国古代文明》，《先秦史论文集》，《人文杂志》1982年增刊；李学勤：《古文字学初阶》，中华书局1985年版；李学勤：《考古发现与中国文字起源》，《中国文化研究集刊》(第二辑)，复旦大学出版社1985年版。

③ 唐兰：《从大汶口文化的陶器文字看我国最早文化的年代》，《大汶口文化讨论文集》，齐鲁书社1981年版。

④ 裘锡圭：《汉字形成问题的探索》，《中国语文》1978年第3期。

字的性质和特征，它们才是汉字的源头。大汶口文化和良渚文化中的陶文才是汉字的源头。[①]

一些学者提出大汶口文化陶刻符号仅是一种图案或符号，并非文字。汪宁生认为，表音的形象文字才算是最早的文字，在此之前出现的任何符号或图形，都只能算原始记事的符号范畴，大汶口的陶刻并非是文字的开端。[②]杨国章认为，在莒县陵阳河和诸城前寨两个大汶口文化晚期遗址出土的陶器上发现的陶刻符号是一种象形符号。[③]

一些学者对这些大汶口陶刻符号的意蕴进行解读，提出了与原始历法有关、与天文有关、与生殖崇拜有关、与原始宗教有关等不同的见解。刘斌认为，大汶口陶刻符号中的一些图案是上古时代对月象的一种摹写。月牙的内弧接近于太阳的这种日月形图案，应该是对日月合朔之际的天文历象的一种记录，是对历法的一种反映。[④]张文认为，用大汶口陶刻符号这样的文字来记载事件，表达感情是很困难的，这些陶刻符号应当是用于祭春祀日的特殊符号。[⑤]郭雁冰通过民族学和考古学两方面的资料对大汶口文化的陶符进行解释，认为是借男女生殖器的外形特征以表示男女交欢的意符，这种刻划符号是人类对生殖崇拜的表现。[⑥]王吉怀认为，大汶口文化中带有刻划符号的陶尊，都出现在中型和大型墓中，并且放在墓中显要的位置，在小型墓中均未发现，说明该类器物不曾被普通的氏族成员所拥有，更不是常人用来随葬的器物，因此，这种器物与墓主人的生前地位有关，是作为一种特殊器具随葬在特殊人的墓葬中。如果把这种刻符理解为文字，就难以解答为什么这种刻符仅在个别遗址中流行，又仅出现在同一种器物上的同一个位置，有的还涂有朱红。并且，这种刻符如果是文字的话，又缺乏作为一种文字的发展演变轨迹，缺少来龙去脉的迹象，在它的前身仰韶文化中找不到源，在它后期的龙山文化中也寻不到渊。作为文字，不可能在一个时期突

---

① 曹定云：《山东邹平丁公遗址“龙山陶文”辨伪》，《中原文物》1996 年第 2 期；曹定云：《中国文字起源试探》，《殷都学刊》2001 年第 3 期。

② 汪宁生：《从原始记事到文字发明》，《考古学报》1981 年第 1 期。

③ 杨国章：《原始文化与语言》，北京语言学院出版社 1992 年版。

④ 刘斌：《大汶口文化陶尊的符号及与良渚文化的关系》，《青果集》，知识出版社 1993 年版。

⑤ 张文：《大汶口文化陶尊符号试解》，《考古与文物》1994 年第 3 期。

⑥ 郭雁冰：《大汶口文化陶符新解》，《中原文物》2000 年第 1 期。

然出现，又突然消失，所以，其应当是宗教意识的表达。[①]

紧承大汶口文化之后的龙山文化距今约4500—4000年。迄今为止，龙山文化时期的陶文仅发现两种，一种是丁公陶文，另一种是虬庄遗址陶文。"汉字起源于龙山文化晚期"也是一种比较有影响的说法。

在山东邹平丁公龙山文化遗址中发现的编号为H1235:2的陶片上发现刻划符号5行11个，该陶片是泥质磨光灰陶，长4.6—7.7厘米，宽约3—3.4厘米，厚0.35厘米。丁公陶片上的刻划符号，排列有序，结构次第分明，形态动静有别。对于这些刻划符号，大多数学者肯定其是文字，称之为丁公陶文。严文明认为丁公陶文是一种比较成熟的早期文字。田昌五建议将丁公遗址出土的、由成组文字组成的陶文称之为"陶书"，以与单个陶文相区别；并且认为在商代之前，很可能存在一个以陶器为书写材料的"陶书时代"。裘锡圭认为丁公陶文并不是一种处于向成熟的文字发展的正常过程中的原始文字，而是一种走入歧途的原始文字。[②] 王宏理通过对丁公陶文形体结构、刻写特点、章法布局等方面的分析，肯定它是早期的文字，然后根据汉字的发展演变规律的探讨，认为它是相对于正草而言的行草书。丁公陶片上行草书的出现是文字发展过程中的正常现象。文字发展到一定程度，必然有一批较熟练的掌握者，在非正规的场合，其书写形式有较大的自由度和随意性，因而在文字的结构、笔顺等方面都草化处理了。[③] 也有学者认为这11个陶文虽然是字，"但并不像文章那样能表达特定意义，而是描绘舞蹈的'画文字'，就像古代刻在岩石上的'岩画'"。[④]

对于丁公陶文与商周文字的关系，学者们或者认为丁公陶文是上承大汶口陶文，下接二里头、二里岗、藁城陶文的一系列属于殷商文字系统的一个重要环节；或者认为丁公龙山文化陶文与商周甲骨文不属于同一个文字系统，二者缺乏形体上的联系，可能是两种文字。[⑤]

在一些学者肯定丁公陶片刻划符号的文字性质，并展开种种讨论的同

---

① 王吉怀：《再论大汶口文化的陶刻》，《东南文化》2000年第7期。

② 王恩田：《专家笔谈丁公遗址出土陶文》，《考古》1993年第4期。

③ 王宏理：《丁公陶文之初步研究》，《浙江大学学报》1994年第3期。

④ 《朝日新闻》1993年2月23日。

⑤ 卞仁：《关于"丁公陶文"的讨论》，《考古》1994年第9期。

时，有学者对丁公陶文提出质疑。

明儒对丁公陶片上的刻划符号的文字属性有所质疑，他认为，丁公陶文的刻字年代不确定，并且丁公陶文孤例无证，与商周时期的甲骨文、金文缺乏发展上的连续性，加上无人能够释读，因此并不能肯定其文字属性，说其为中国文字的起源，进而认为丁公陶文的发现使中国文字起源的时间提前了八九百年，从原来的公元前1400年提至公元前2300年左右，这一结论就目前的情况来看是不谨慎的。①

曹定云则从地层层位、文字字形、陶片刀痕、伪刻痕迹四个方面彻底否定了龙山陶文的真实性。他认为龙山陶文不会是龙山文化时代的产物，只能是龙山文化之后人们契刻的产物，其契刻的时间有可能是汉末或东晋以后，更有可能是近代和现代的产物。②

江苏高邮龙虬庄遗址发现的刻文陶片年代为龙山时代末至夏初，比丁公陶文略晚。龙虬庄陶文刻在陶盆口沿残片的内壁上，共有8个，分左右两行。张敏认为龙虬庄陶文从形体上看，介于甲骨文与另一种更早但尚未发现的文字之间，从文字组合和笔法来看比较成熟，已脱离了仰韶、良渚陶文的单个字节形式，也不同于以曲线为主的丁公陶文，而更接近成熟的甲骨文，而且其所处的时代与甲骨文相距仅数百年，因此可以肯定它是甲骨文的近亲。③

在肯定丁公陶文、龙虬庄陶文是文字的基础上，一些学者对其进行了释读。冯时认为丁公陶文是古彝文，陶文的性质是招祖护佑、驱邪求吉的卜辞。该卜辞并没有像殷商时代同类性质的卜辞那样契刻于龟甲或兽骨，而是契刻于陶盆之上。从陶片保留的残断笔画及陶文在陶片上所居的位置分析，陶盆应系刻字之后被有意打碎的，这也从一个侧面反映出刻字陶盆和陶文的内容应与祭祀活动有关。④ 方酉生认为丁公遗址陶文是一篇祭祀时用

① 明儒：《关于丁公陶文的疑问》，《南方文物》1993年第1期。

② 曹定云：《山东邹平丁公遗址“龙山陶文”辨伪》，《中原文物》1996年第2期；曹定云：《中国文字起源试探》，《殷都学刊》2001年第3期。

③ 张敏：《从史前陶文谈中国文字的起源与发展》，《东南文化》1998年第1期。

④ 冯时：《山东丁公龙山时代文字解读》，《考古》1994年第1期。

的祭文,祭祀的对象包括祖先和山川鬼神等。[①] 王长丰初步认定这11个字是我国境内目前发现最早的一种古文字,考释出八个字,另疑一字为"肜日月卜"合书。[②] 周晓陆认为龙虬庄陶文是一段完整的文字,并释读为关于生殖的文字。左侧四字被他释读为戊辰、辛未四字,表示两个干支计时的日子。右侧四字被其释读为上面两个为一组表示"戊辰日男女交媾,巫师作法鼓励多生";上面两个为一组表示"辛未日十月怀胎,一朝分娩"。[③] 刘志一认为,龙虬庄陶文是生息在江淮地区的水族先民,借用公元前7500—公元前5000年前的古夷(彝)文书写的祭祀水族祖先的祭文。它们的具体内容为祭祀祖先的供品清单和祝辞,左侧可释为"水家列祖",右侧可释为"现贡肥鱼、雄鸡、金龟、老牛共十筒(桶)"。他认为龙虬庄陶文是刻划形式的表音文字与描绘形式的表意文字融合的原始形态,是目前所知的最古老的两种文字融合的遗物,是水族"水书"的原始形态,也是汉甲骨文、金文的原始形态。[④] 张敏认为龙虬庄陶文是一篇图文并茂的完整刻辞。左行四字,以直线条为主,横平竖直,结体有序。右行四个图形,酷似动物的侧视图形,第一个似兽,第二个似鱼或鳖,第三个似蛇,第四个似鸟。通篇刻文应包含一个完整的意义,即左行四字似可连续,又可能表示右边四个图形含意。若一字一图为一组,正好四组,其含意究竟是四方还是四时、是四滨还是四岳、是四神还是四灵、抑或是四个东夷文字与四个华夏文字的对读,目前还很难确定。但是,这种图文并茂的刻文陶片在中国还是首次发现,不论是由图入文还是由文入图,其重要性不言而喻的。[⑤]

二　夏商陶文和甲骨文

夏商时代,仍然有不少陶文被发现。其中,在河南偃师二里头遗址出土的陶器上发现了一些刻划符号。这些刻划符号都属于二里头文化第三期和

① 方酉生:《试论山东龙山文化的社会性质——兼与〈丁公遗址龙山陶文质疑〉一文商榷》,《史学月刊》1995年第2期。

② 王长丰:《山东邹平丁公出土"上古陶片文字"考释与相关问题阐述》,《古文字研究》(第二十二辑),中华书局2000年版。

③ 周晓陆:《生命的颂歌——关于释读龙虬庄陶文的一封信》,《东南文化》1998年第1期。

④ 刘志一:《龙虬庄陶文破译》,《东南文化》1998年第1期。

⑤ 张敏:《从史前陶文谈中国文字的起源与发展》,《东南文化》1998年第1期。

第四期。而经碳十四测定年代，二里头文化一至四期的年代为公元前1900—前1500年。

1965年，方酉生在《河南偃师二里头遗址发掘简报》中提到当时在二里头遗址共发现刻划记号有24种，皆属晚期，其中绝大多数刻在大口尊的内口沿上，形状有丨、‖、Ⅲ、图、ㄇ、个、井、w、▽、凵、个、川、未、V、门、夕、)(、✕、囚、巳、勿、十丨、[illegible]等。对于这些刻划记号的属性，方先生只是很谨慎地说："这些记号的用意，我们现在还不知道，或许是一种原始文字，值得我们进一步地加以探讨。"[①]1999年，中国社会科学院考古研究所编著《偃师二里头》出版，发表了1959—1978年偃师二里头遗址的全部发掘资料。对于偃师二里头陶器上的刻划符号，该书认为："发现的刻划符号，主要出自大口尊的口沿内侧和其他器内的口部，有粗细不同的竖线、十字形、交叉形、簇形、树枝形等，有的近似象形文字。"2004年，曹定云在《考古》上发表论文《夏代文字求证——二里头文化陶文考》认为，在《偃师二里头》发表的陶器刻划符号中，有一部分属于当时的数字，而另一部分符号与后来的甲骨文有十分密切的渊源关系，属于文字。文中对二里头遗址的13种陶文进行释读。同时他还指出二里头遗址发现的陶文是夏代后期的文字，这些陶文比甲骨文原始，但其结构已经比较复杂，不仅有独体的象形字，还有复合的会意字。另外，二里头陶文还繁简并存。这些特点都说明其已经经过一段相当长时间的发展。因为文字产生之初，多象形，笔画多，其后为了快捷方便，才开始简化。二里头文化陶文为夏代确有文字提供了充分的证据。二里头遗址没有像安阳殷墟那样出土大量的"文字史料"，与夏代使用的文字载体有关。殷墟能够发现大量的"文字史料"，是因为殷人将文字契刻于龟甲上，这些龟甲埋入地下不易腐烂，经过几千年重新发掘出来以后，绝大部分仍保存完好。文字的载体十分重要。夏人将文字主要书写在什么载体上，今天仍一无所知，但是，可以肯定的是，夏人当时没有将文字主要书写在龟甲上，如果有，二里头遗址经过几十年的发掘，应该有一两片"甲骨文"出土。[②]

另外，在江西清江吴城商代遗址、河北藁城台西村商代遗址和河南安阳

---

① 中国科学院考古研究所洛阳发掘队：《河南偃师二里头遗址发掘简报》，《考古》1965年第5期。

② 曹定云：《夏代文字求证——二里头文化陶文考》，《考古》2004年第12期。

殷墟遗址则发现有商代陶文。先民将文字刻在陶器上形成的陶文从新石器时代到夏商连绵不绝，只是商代的陶文在商代有丰富的甲骨文资料出土的背景下，其重要性相对有所下降。

以殷商甲骨文为代表的甲骨文，是目前公认的汉字的源头。当今使用的汉字就是由甲骨文发展演变而来的。甲骨文因刻写在龟甲和兽骨上而得名。最早被发现的甲骨文是在河南安阳的殷都废墟中出土，内容主要是商代后期王室占卜的记录，故又被称为殷墟卜辞。殷墟甲骨文已脱离原始的图画文字形态，文字构形以象形为基础，辅以形声和假借，是一种相当成熟的、真正具有广泛使用价值的汉字。安阳殷墟的甲骨文，保存了商代盘庚迁殷以后的文字史料，年代最早者距今约 3 300 年，不仅证实了商代文字的存在，而且也证实了商代历史的存在。

甲骨文在 19 世纪末才引起学者的关注，之前刻有甲骨文的龟甲和兽骨只是作为一种中药材"龙骨"在市场上行售。最早购藏甲骨文的是金石学家王懿荣，之后有刘鹗、罗振玉，还有美国、英国、日本、加拿大等国外人士。1928—1937 年间，中央研究院历史语言研究所考古组有计划地对殷墟进行了多达十五次的发掘。此后殷墟仍不断有甲骨出土。1973 年，中国科学院考古研究所又在河南安阳小屯南地发掘甲骨 4 000 余片。除殷墟外，1953、1954 年，在郑州商代中期遗址还发现有字甲骨两片。1954 年以来，还相继在山西洪洞、北京昌平、陕西丰镐、周原遗址、岐山凤雏等地出土西周时期有字甲骨约三百片。目前，已出土的甲骨总数在十五万片以上，分别收藏于中国大陆和港澳台地区，日本、美国、英国、加拿大、法国、俄罗斯、德国、瑞士、比利时、荷兰、瑞典、韩国等国家也有一定的收藏。这些甲骨大多是碎片，完整的和能缀合复原的相对较少。据不完全统计，其单个文字大约在五千左右，已被认知的尚不足一半。

甲骨文的内容，大部分都是商朝王室的占卜记录，也有少量的记事文字。殷人敬鬼，商王十分重视用神权维护其政权，凡事占卜，甚至常常一件事占卜多次，通过贞人向上帝、鬼神、先公先王等卜问吉凶，祈求保佑。占卜的方法是，在龟甲和兽骨背面钻凿出小孔，在钻凿处用火烧炙，直到甲骨出现裂纹，通过观察这些裂纹来定吉凶。商人在占卜后，往往将所占卜的事项记刻于甲骨之上，因此甲骨文保留了殷商时期历史文化的第一手资料。一条完整的甲骨卜辞应包括叙辞、命辞、占辞、验辞，而多数卜辞常省略占辞或验辞。其卜辞或刻或写，或先写后刻，或在刻画上涂朱砂或墨色。

甲骨文研究，从清末开始渐成专门之学，被称为“甲骨学”。主要成果包括著录和考释两类。

甲骨文的著录、辑录方面，最早的一部辑录甲骨文的专书，是清末小说家刘鹗(字铁云，1857—1909)所编印的《铁云藏龟》。《铁云藏龟》编印出版于1903年。自《铁云藏龟》出版以来，著录甲骨文的著作甚多，而以二世纪七八十年代出版的郭沫若主编、胡厚宣总编辑的《甲骨文合集》为总结性著作，该合集广泛搜集甲骨文发现八十多年来已被著录和未被著录的全部甲骨资料，并加以科学的分期分类整理，共收甲骨约四万片，为研究甲骨文和商史提供了系统的资料。《合集》以后，又有若干著录甲骨文的著作出现，如：中国社会科学院考古研究所的《小屯南地甲骨》，许进雄的《怀特氏等收藏甲骨文集》，松丸道雄《东京大学东洋文化研究所藏甲骨文字》，李学勤、齐文心、艾兰的《英国所藏甲骨集》，雷焕章的《法国所藏甲骨录》与《德瑞荷比所藏一些甲骨录》，伊藤道治《天理大学附属天理参考馆藏品甲骨文字》，胡厚宣《苏德美日所见甲骨集》和《甲骨续存补编》等等。1999年中国社会科学院历史研究所的学者又出版了《甲骨文合集补编》。

在这些著录甲骨文著作的基础上，一些学者开始着手全面整理殷墟甲骨。吉林大学于省吾等学者计划编著《殷墟甲骨刻辞摹释总集》、《殷墟甲骨刻辞类纂》、《甲骨文字诂林》、《甲骨文选》等四部著作，构成一个完整的系列，其中只有《甲骨文选》尚未出版。此外，香港饶宗颐先生主编的《甲骨文通检》，共出五册，第一册先公、先王、先妣、贞人，第二册地名，第三册天文气象，第四册职官人物，第五册田猎，很方便学者使用。甲骨的著录和整理，在几代学者的共同努力下，成果颇丰，为甲骨文研究的深入奠定了很好的基础。

最早考释甲骨文的专著是清末经学家、古文字学家孙诒让(1848—1908)著的《契文举例》。孙诒让的《契文举例》出版于1904年，被认为是第一部考释甲骨文的著作。该书分为月日、贞卜、卜事、鬼神、卜人、官氏、方国、典礼、文字、杂例十项，总结了他对龟甲文研究的一些认识。如他认为甲骨文简略，多记某日卜，故今存残字，日名最多。记日之外，多记占卜之人，占卜之人称为“卜官”。《官氏第六》对卜官的等级作了说明。孙诒让从偏旁、象形推断，对照金文，查证古书《周礼》及《尚书》，认出了一些字。如，祖甲、祖乙之“祖”，甲骨文皆写作“且”。《杂例第十》则指出甲骨文“有颠倒错互书”的情况，如“丑卜癸”应读为“癸丑卜”。该书对甲骨文的研究比较简略，论断稍嫌粗糙，但其对甲骨文考释的首创之功不可泯灭。

之后，学者们运用“由许书以上溯古金文，由古金文以上窥卜辞”的方法，比较分析甲骨文字形的偏旁点画，并通过音韵学、训诂学的手段来考释文字，取得了很多成果。此外，王国维、郭沫若、唐兰、于省吾、胡厚宣、罗振玉、陈梦家、董作宾等人也是甲骨文考释方面的著名学者。甲骨文考释的代表性著作有：罗振玉的《殷墟书契考释》，唐兰的《殷墟文字记》，杨树达的《积微居甲文说》，郭沫若的《卜辞通纂考释》、《殷契粹编考释》和《甲骨文字研究》，于省吾《甲骨文字释林》等。

罗振玉的《殷墟书契考释》，共3卷，6万多字，分帝系、京邑、祀礼、卜法、官制、文字六部分，是罗振玉对甲骨文进行考释的专著。该书从文字学着手，由《说文解字》以探索金文，由金文以窥测甲骨文，从文字的演变认识了一些甲骨文。再由此考求典章制度，与古籍旧闻相印证，逐步取得了一些成绩。罗振玉在中卷部分专门考释卜辞的文字，他认为卜辞中的文字有形声义都可知的，有仅知其形与义的，有形声义皆不可知而与古彝器款识相同的。考释出了560个字的形声义。王国维在此书的跋中赞扬此书对甲骨文的考释清楚，不仅是研究甲骨文的入门书，也是研究殷商史的重要参考书。

利用甲骨文进行史学研究的代表性成果有：罗振玉的《殷商贞卜文字考》，王国维的《殷卜辞中所见先公先王考》(1917年)、《殷卜辞中所见先公先王续考》，郭沫若的《中国古代社会研究》，董作宾的《殷历谱》，胡厚宣的《甲骨学商史论丛》，陈梦家的《殷墟卜辞综述》等。

罗振玉在《殷商贞卜文字考》中认为，这些甲骨卜辞的文字虽然简略，但是可以“正史家之违失，考小学之源流，求古代之卜法”。因此，该书主要内容有考史、正名、卜法、余说四部分。在“考史”部分，罗振玉根据龟甲兽骨出土于安阳县城西五里之小屯，当是洹水之阳，与古籍印证，可知此地是殷墟，是武乙所都。他还对卜辞中出现的殷商帝王的名谥进行考证，指出可以与《史记》的记载相合者订正史籍记载错误的地方。根据卜辞中所占卜之事，祭祀与田猎几乎占了一半，认为既可说明“商人之尚鬼”，也可说明商代“末季帝王之般游无度”。在“正名”部分，罗振玉根据甲骨上的卜辞，得出以下结论：史籀大篆即古文；古象形文字，摹写物形，不必拘于笔画繁简异同；甲骨文可与古金文字相发明;甲骨文可纠正许慎《说文解字》的违失。在“卜法”部分,罗振玉对何为“贞”、何谓“契”、如何“灼”、如何“埋藏”与“骨卜”进行说明。在“余说”部分,他指出甲骨文小的不及黍米,可知当时刻字技术之精妙,刻字工具之锋利,由此更可推知古代冶炼术之进步;从甲骨文可知古人文字之行款读法,卜辞文字,或右读,或左读,更有颠倒参错的读法。

王国维于 1917 年 2 月撰成的《殷卜辞中所见先公先王考》是运用甲骨文中的有关材料进行商史研究最有名的代表作。在论文中王先生针对商代先公先王的世系,在《史记》的《殷本纪》和《三代世表》中有完整的记录,《汉书·古今人表》也有记录,但与《史记》中的记载有一些差异。由于《史记》、《汉书》的史料依据没有本子传下来,故没有人能够知道《史记》、《汉书》的记录是否确实,也无法校正二者的差异。王国维遍征相关金文及古籍资料,与卜辞相对照,对商人祖先之名及这些人物的传说事迹作了综合的考证,又兼释祖某、父某、兄某等名。后来,在他见到更多的甲骨文资料后,又撰成《殷卜辞中所见先公先王续考》,对前文作了补充。他对照《殷本纪》、《三代世表》、《古今人表》及卜辞的记录,确定商代共十七世、三十一王,并纠正《史记》记载的少量错误。如《史记》误以报丁、报丙、报乙为序,甲骨文则是以乙、丙、丁为序;《史记》误以祖乙为河亶甲之子,实为中丁子;《汉书》误以小甲、雍乙、大戊为大庚之弟,实际上是大庚之子;《汉书》误以中丁、外壬、河甲、祖乙为大戊弟,实际应该是前三人实为子,祖乙实为中丁子等。①

王国维此文发表之后,立即轰动学术界,被认为是开启甲骨学研究的“脉络或途径”以及“研究商代历史最有贡献的著作”,“不仅为王国维一生学问中最大的成功,亦为近代学术史上的一大盛事”。② 王国维所使用的方法,主要是以卜辞与典籍相对照。甲骨文问世后,有条理地把甲骨文用于考证古史,王国维、罗振玉是先行者。郭沫若说:“谓中国之旧学自甲骨之出而另辟一新纪元,自有罗、王二氏考释甲骨之业而另辟一新纪元,决非过论。”③王国维自称他的考订方法为“二重证据法”:“古来新学问之起,大都出于新发现……有孔子壁中书出,而后有汉以来古文家之学。有赵宋古器出,而后有

① 王国维:《观堂集林》,中华书局 1959 年版,第 409—410 页。

② 陈清泉等:《中国史学家评传》(下册),中州古籍出版社 1985 年版,第 1220 页。

③ 郭沫若:《中国古代社会研究》,人民出版社 1954 年版,第 214 页。

宋以来古器物、古文字之学。晋时汲冢竹简出土后，同时杜元凯之注《左传》，稍后郭璞之注《山海经》，已用其说。然则中国纸上之学问，有赖于地下之学问者，固不自今日始矣。”[①]他还把这一方法用于考证商周金文、敦煌遗书和汉晋木简。后来陈寅恪总结其学术成就和研究方法时说，王国维“取地下之实物与纸上之遗文互相释证，取异族之故书与吾国之旧籍互相补正，取外来之观念与固有之材料互相参证”，用的实是“三重证据法”。[②]

甲骨学在一百多年的发展历程中，名家辈出，论作如林。1952 年出版的《五十年甲骨学论著目》已经收录各种研究成果 876 条。1991 年印行的《甲骨学与商史论著目录》，竟有 16 开本 631 页。1999 年出版的《百年甲骨学论著目》，更增收至 10 946 条。王宇信的《甲骨学通论》、《中国甲骨学》，吴浩坤、潘悠的《中国甲骨学史》等著作都力图对 20 世纪以来甲骨学的发展进行全面总结。随着考古学与现代科技的结合，甲骨鉴定新手段的引进，甲骨学仍有很大的发展空间。

第二节　外国早期文字的释读

在犹太—基督教文明中，广泛流传着“巴别塔”的故事。据《圣经·创世记》记载，起初全世界只有一种语言，人们说着同样的话。有一天，他们突发奇想，要建造一城一塔，塔顶要通天。这样的话，人们便可以此为纪念，免得分散。说着人们便开始动工，协作共建。上帝看到人们如此同心协力，不免担心起来，自言自语道，人类说着同样的语言，以后他们想做什么事都没有不成的。因此，上帝便变乱人类的语言，让他们的口音、言语彼此不同，无法交流，接着又使人类分散开来。这座城便以“巴别”(意即变乱)命名，而原先人们试图建造的通天塔相应地以“巴别塔”之名而流传后世。

从这则故事中，我们不难看出语言所蕴含的巨大威力，这种力量甚至让万能的上帝感到担心。语言、文字对于我们如同空气一样无所不在，以至于我们平时很少关注它们，而它们又极端重要以至于我们难以想象没有语音

① 王国维:《最近二三十年中中国新发现之学问》，佛雏编:《王国维学术文化随笔》，中国青年出版社 1996 年版，第 287 页。

② 陈寅恪:《王静安先生遗书序》，《金明馆丛稿二编》，上海古籍出版社 1980 年版，第 219 页。

与文字的人类社会如何运转。或者正是因为我们对语言文字日用而不察，或许它们极端重要且复杂，在相当长的时间内，人们对于语言文字的起源、演进等问题缺乏深入研究和探讨。在欧洲基督教世界，人们甚至认为这并不是一个值得研究的学术问题，因为他们的宗教信仰早已给出了语言源起的答案。据《圣经》中有关上帝创世以及变乱语言的记载，人们相信语言如同人类本身一样具有神圣的渊源，即语言、文字并非人类本身所创造，而是直接来源于上帝，语言、文字的多样性也是上帝的杰作，并在很大程度上与人类企图建造所谓的"巴别塔"有关。今日看来，此种神创说虽显得怪诞离奇，但不可否认它一劳永逸地解决了语言、文字的起源、演变等问题，甚至赢得一些学者的拥护与阐释，如 18 世纪中叶一位来自普鲁士的语言学家苏斯米希便认为语言异常复杂，但语音符号又异常简约，这不可能出于凡人之手，只能出自于上帝。

苏斯米希的神创说对语言、文字起源问题的解决或许贡献不大，但它引发的学术争论却开启了对此一问题的严肃思考。后世学者均是在对神创说或批判、或继承的基础上提出自己的假说。如语言学家赫德尔在《论语言的起源》一书中说，当人还是动物的时候，就已经有了语言。此种观点认为语言为人和动物所共有，人类的语言是从动物语言演化而来的。恩格斯在《自然辩证法》中则主张，"首先是劳动，然后是分音节的言语同劳动一起，成了思维发展的两个最主要的推动力"，把语言和劳动认定为人区别于动物的主要标示。孔狄亚克和卢梭等人则断定语言文字乃是人类社会约定成俗、社会规约的结果，是人类社会的产物。凡此种种，不一而足。语言文字起源问题如同人类起源一样从来没有达成过一致意见，但这并不表明，在语言、文字发展、演进等问题上缺乏共识。学者们通过考古学、历史学、人类学、语言学、生物学等诸多学科的综合考察，已在语言文字研究领域取得了丰硕成果。我们大体可以据此来追溯语言文字的历史演变过程。

一　两河流域的楔形文字

苏美尔人所创建的两河流域文明已被公认为人类最早的文明，然而长久以来，人们对于此文明了解更多的是来自诸如《圣经》旧约部分以及希罗多德等古典作家的二手记载。历史上诸多民族在两河流域纷纷登场，但大多转瞬即逝，他们所建立的文明也湮没无闻。直到 19 世纪以来的考古挖掘，人们才一睹昔日城市和文明的辉煌。其中，在两河流域还出土了为数可观的楔形文字泥板，正是基于对这些文字的解读，苏美尔人为世界最早文明创建者这一殊称才广为接受。

所谓的“楔形文字”，是后世学者根据其字体形态而对它的形象称谓。17 世纪 80 年代，一位德国学者坎普佛尔借用拉丁语 cuneus（楔形）来指称那些两河流域的铭文文字，并称之为 cuneatae，此后楔形文字便流传开来。[①] 此种楔形字体的形成其实与书写材料大有关联。两河流域的先民把芦苇当作笔，他们把芦苇秆削尖，并用它在泥板上刻字，芦苇顶端受力大印痕也就深，这便形成一个类似楔子或钉子形状的字体。起初，苏美尔人的楔形文字虽具有较为显著的图像形式，但与古埃及字相比，它们显得更加简洁，这是因为用芦苇书写出来的字体更多是线条形的图像，其写意倾向大于写真。这也为它们较早、较快地摆脱图形性质，抽象为一种线型字体符号提供了前提。后来苏美尔人把这种楔形线条书写形式传授给后来的阿卡德人、巴比伦人、亚述人、赫梯人、波斯人等民族。后世学者便把上古两河流域居民所采纳的此种文字统称为楔形文字，虽然它们之间存在着极大的差异。

目前所发现的最早的楔形文字出土于两河流域南端的乌鲁克城，是公元前四千年代下半期的文字文物。后世考古学家又陆续挖掘出诸多楔形文字泥板，如德国学者赫尔曼在尼普尔的考古挖掘中便发现大约三万块楔形文字泥板，另一位英国学者莱亚德则在尼尼微城中发现了亚述皇家图书馆，从中挖掘出土两万余块泥板。到目前为止所发现的楔形文字泥板多达近一百万块。与此同时，楔形文字的释读工作也随之展开。而贝希斯顿铭文的发现则为楔形文字的成功释读提供了契机。公元前 6 世纪末，波斯国王大流士为了纪念他的战功而下令雕刻了贝希斯顿铭文。碑文总计有 1 200 行，分别用楔形文字、古波斯文以及埃兰文三种文字镌刻。19 世纪初，一位德国中学教师格罗特芬德部分地破译了铭文中的某些楔形文字词汇。后来一位英国学者罗林森实地勘察并全文抄录了铭文，他成功译解了其中的古波斯文，这便为解开楔形文字之谜铺平了道路。[②] 19 世纪中叶，四位学者各自独

① （美）斯蒂芬·伯特曼：《探寻美索不达米亚文明》，商务印书馆 2009 年版，第 64、217 页。

② （美）斯蒂芬·伯特曼：《探寻美索不达米亚文明》，商务印书馆 2009 年版，第 63、69、212 页。

立翻译一段楔形文字，他们的译文基本相同，这表明，学者们已经掌握了楔形文字释读的基本规则。楔形文字的成功释读为我们了解美索不达米亚文明提供了令人信服的一手文字资料。

二 古埃及文字

人们时常把埃及古文字笼统地称之为象形文字，从更加严格的分类标准来看，此种说法不无误导之嫌，使人认为古埃及文字乃是一成不变的文字。其实早在3世纪初，一位来自亚历山大的基督教神学家克莱门便把埃及文字细分为三类，即圣书体字、僧书体字、民书体字。[①] 此种较为规范、系统的分类方法也为后世学者所继承，使用至今。

圣书体字是埃及最古老的一种文字形态，它们多刻在骨片、印章以及金字塔内部墙壁、神庙殿宇石柱、墙梁等石头或者法老的器物上，如锤矛、瓶子等。埃及圣书体字具有强烈的图画性质，以至于有学者认为它们还称不上象形文字，只能划归图画文字之列。不可否认，从这些圣书体字中，我们可以较为直观地看出当时古埃及人的生活方式、风俗习惯乃至一些器物、设施等，如同是古埃及社会的一幅生活画卷，但它们确实具有文字的功能，即记载某一特定事件或表达某一思想，具有象征性、抽象性的特征，因此它们乃是象形文字而非图画文字。当然，在圣书体字之前，埃及或者还存在着更为原始的文字发展阶段，即图画文字阶段。现今所发现较早的古埃及文字乃是纳尔迈法老石板浮雕上的铭文。铭文由若干个图形构成：六根纸莎草茎，上边站着一只鹰，它抓着一根绳子，绳子穿过一个人的双唇，此外还有一个由波浪线构成的长方形和一柄鱼叉。如若作为图像来看，我们难以理解它所绘制的内容。这些图像只能被视为某种象征性的符合，即文字。后世学者对此解读到：鹰象征着法老，手抓穿过人双唇的绳子表示牵着战俘，而六根纸莎草茎表示战俘有6 000人，波浪线象征着水，意味着战俘来自某个沿海的地方，而这个地方之名即为“鱼叉”。由此，我们便可对此一铭文释读为：法老从一沿海地方俘获了6 000名俘虏。当然，不同学者对此铭文的解读不尽一致，这也从一个侧面表明，圣书体字作为交流使用的工具而言具有诸多不便之处。这要归咎于垄断圣书体字书写的祭司阶层。他们要么是为

① (俄)B. A. 伊斯特林：《文字的产生和发展》，北京大学出版社1987年版，第158页。

了炫耀自己的博学，要么是宣扬铭文的神秘威力，圣书体字在他们的手中变得越来越玄秘复杂，难以被一般人理解，从而也就失去了交流的作用。一种新的交流书写字体——僧书字体便产生了。

僧书字是由祭司所创的一种较为草的行书字体，它们一般写在莎草纸、瓦片或贝壳上，出现于约公元前3000年代初。由于书写速度加快，无法如同圣书体字那样细致地描绘图像，因此，僧书体字的图画性质已大为褪色。僧书体字无疑是一种较为典型的表意文字，在社会上使用也较为频繁，但它仍为祭司阶层所垄断，到了公元前8至前7世纪时便被更草的民书体字所排挤，使用范围局限在宗教领域。民书体所使用的文字符号更加简约，完全失去了图画性质，更为重要的是，它已从象形表意转变为字母表音，这暗示埃及象形文字本身的巨大转变。民书体被更广泛的人群使用于日常生活中，诸如书信往来、文艺著述乃至宗教领域。

古埃及文字的产生和演变是在相对稳定和封闭的政治、文化环境下推进的，古埃及文字不同时期所呈现出来的不同形态更多是出于本身社会发展的需要，虽然它们在外在形态上有明显的差异，但终归具有前承后续的历史连贯性。公元前4世纪，亚历山大大帝的征服开启了希腊化时代，埃及被征服后丧失了政治上的独立性，希腊文化也逐渐在埃及传播开来。公元前后，罗马帝国的征服以及基督教的传播进一步强化了希腊文化在埃及的地位，表现之一便是希腊文字逐渐占据统治地位，埃及古老的文字则逐渐弃之不用。埃及祭司阶层在基督教强大压力下逐渐消亡，他们所使用的僧书体字也首先退出历史舞台，时在公元3世纪；最后一批民书体字则使用到公元5世纪；不具交流功能，仅为装饰或象征符号的圣书体字则在公元4世纪基本销声匿迹。①

受希腊文字的影响，埃及在公元2—3世纪出现了一种新的文字——科普特文。简单而言，科普特文就是用希腊字母拼写埃及语。科普特字母表有31个字母，其中24、来自于希腊字母表，7个是埃及民书体辅音字母，科普特文可视之为古埃及文与希腊文的混血儿。此种文字因阿拉伯人的侵入和伊斯兰教的传播而被边缘化，但仍被埃及境内的基督徒所使用。之所以要提科普特文，乃是因为1945年在埃及拿戈·玛第地区发现了一批古书

① （俄）B. A. 伊斯特林：《文字的产生和发展》，北京大学出版社1987年版，第267页。

卷，学者们称之为《拿戈·玛第文集》（又称为《灵知派经典》），共12卷52篇。[①] 这些书卷便是用科普特文写就，成书时间在公元4世纪。这批文献的重要性在于它较为完整地保存了罗马帝国时期诺斯替主义文书。而此前我们对诺斯替主义的了解主要基于基督教神学家批驳这一宗教思潮所引用的片言只语。《拿戈·玛第文集》的出土无疑为我们深入了解诺斯替主义以及当时罗马帝国境内诸种宗教提供了重要资料。

三　古印度文字

南亚次大陆是人类古文明中心之一，它既与西方两河流域、地中海世界有着密切的关联，也对东方的中国以及中南半岛产生过深远的影响。在某些印度学者眼中，印度文明不仅起源久远，而且还延绵不绝，传承不断。此一断论或许仅对吠陀时期以来的印度文明适用。公元前1500年左右，操印欧语系的雅利安人入主印度大陆，印度历史上的吠陀文化便为他们所创建。后世所谓印度古典文明也是从早期吠陀文化中发展而来。虽然后世有诸多民族入侵印度大陆，带来伊斯兰文明、基督教文明等异质文化，但并没有从根本上冲击印度社会固有的文化形态。当然，雅利安人入侵印度所造成的文化断层要另当别论。

印度大陆最早的文明当属距今4 000多年前的印度河文明。顾名思义，此一文明得自于印度大陆西北部的印度河，而此一文明便以印度河为核心辐射周边地区。有关此一文明创立者的身份还不十分明朗，或许包括不同的族群。印度河文明最为显著的特点便是规划整齐的城镇聚落。后世对哈拉巴、摩亨佐-达罗等遗址的考古挖掘便充分证明了此点。这表明印度河文明的繁盛及其文明水准颇高。此外，此地还出土了为数可观的陶器、青铜器。在它们上面时常可以看到绘制的鸟类、动物以及人物图像。更为重要的还有印度河文明居民所制作的刻有铭文的印章。

印度河文明的印章一般由石头雕刻而成，20—30毫米见方，正面刻有动物图案，其中牛的形象最为常见；在动物图案的上方镌刻有铭文；印章的反面有穿孔的球形突出物，以便于穿绳悬挂。后世学者普遍把印章上的铭文视为印度河文明所使用的文字，并归之为象形文字。现今所发现的铭文符

① 杨克勤译：《灵知派经典》，华东师范大学出版社2008年版。

号已近400个。[①] 这些文字刻在印章上，并与圣牛形象同时出现，或许表明它们所表达的内容多与宗教有关。遗憾的是，迄今为止，这些象形文字还未被成功破译，印章上所表达的确切含义便无从知晓。印度河文明的象形文字之所以变成一种死文字，在很大程度上与印度河文明的湮灭有关。后来入主印度大陆的雅利安人并没有从之前的印度河文明那里继承多少文明成果，原来的印章铭文连同印度河文明城镇一起埋没于地下而不为人知。

相比之下，后世学者对雅利安人所使用的语言则知之甚多，其实雅利安人所用的梵语一直传承至今。梵语属于印欧语系的一种，在雅利安人入侵印度大陆两百年后，他们便开始用此种语言来编写吠陀经典。这些典籍以一种文学化的方式记载了雅利安人的历史，与此同时，梵语也借着吠陀文献的传播而广为印度大陆接受。学者们通过对吠陀典籍中梵语的研究，认为梵语并非是雅利安人到印度大陆后发展出来的一种文字系统，在此之前，雅利安人已经在使用这种文字。有关雅利安人入主印度之前的资料阙如，学者们便从他们所使用的语言来探寻其族源及迁徙路线。梵语是印欧语系的一支，这表明雅利安人来自于西方。而在芬兰—乌戈尔语中发现有外来的梵语，这表明两者曾有过接触和交流，故而可以确定原始雅利安人居住在今天伏尔加河和乌拉尔山以西。学者们还发现，雅利安语与波罗的-斯拉夫语、希腊语存在亲缘关系，这进一步证明雅利安人与欧洲本土居民同源。后来雅利安人从欧洲迁徙到今天的伊朗高原，其中的一部分雅利安人又继续向西、向南迁至印度大陆，而在伊朗地区的雅利安人则演变为后世的波斯人。也就是说，古伊朗人与印度雅利安人具有相同的族源，他们所使用的语言也有着更为密切和特殊的关系，如在两者早期宗教文献中时常可以发现相同的神名、术语，两者还共有某些相似或相同的习俗。[②] 印度雅利安人所使用的梵语随着时空的变更也发展出不同的形式，诸如书面梵语与通俗口语之间的差异，地方方言之间的差异以及阿拉伯语、英语等外来语言带来的冲击等。

---

① 勒尔：《印度河文明》，载（澳）A. L. 巴沙姆主编：《印度文化史》，商务印书馆1997年版，第19页。

② 伯罗：《早期雅利安人》，载（澳）A. L. 巴沙姆主编：《印度文化史》，商务印书馆1997年版，第26—29页。

四　古希腊文字

希腊古典文明享誉世界，这一文明可上溯至公元前8世纪的古风时代，而在此之前的希腊社会则处在所谓的"黑暗时代"，时间跨度为公元前1100年至公元前900年。人们鲜有发现此一期间遗留下来的文明遗址。然而这并不表明"黑暗时代"之前的希腊是一蒙昧荒野之地，其实在爱琴海中的克里特岛和希腊伯罗奔尼撒半岛上的迈锡尼早已发展出一更为远古的文明。因克里特岛上的居民叫作米诺斯人，故此一文化也被称为米诺斯文化。早在公元前三千年代，克里特岛上的米诺斯文明便初步建立起来。从公元前三千年代中期起，他们已经使用青铜工具，与此同时也出现了一种象形文字。后世学者认为，米诺斯文化在公元前两千年代中前期达至顶峰。也正是在此一阶段，米诺斯人的文字转变成为一种线形—音节文字。或许因为外族入侵，克里特岛文明逐渐衰败，爱琴海上的文明中心转移至陆地上的迈锡尼，进入迈锡尼时代(前1450—前1200)。但好景不长，在公元前1200年左右，迈锡尼城被摧毁，辉煌一时的克里特—迈锡尼文明便销声匿迹，久不为人所知，而整个希腊也进入了长达几百年的"黑暗时代"。①

随着时间流逝，米诺斯文明由历史转变为传奇，由传奇进而演绎成神话。后世的人们对此一文明的记忆仅保存在所流传的米诺斯迷宫等神话传说中。长久以来，人们认为这一传说与其他希腊神话一样，不过是希腊人编造出来的神异故事，并无历史真相可言。然而，随着19世纪末的考古发现，米诺斯迷宫终于摘下神秘面纱，克里特文明重见天日。1900年，英国考古学者埃文斯在克里特岛进行考古挖掘，发现了诸多城市和宫廷遗址，其中最大的宫廷遗址位于克诺索斯，占地面积达13 000平方米，后世认为这便是传说中的米诺斯迷宫。与此同时，人们也注意到克里特—迈锡尼文明所用的独特文字，这一文字系统提供了认知米诺斯文明可资依据的原始文献，但对这一文字的释读又构成了深入研究克里特文明的一大障碍。

考古学者和语言学家根据克里特文字的特征并按照时间先后顺序，把它划分成具有承续相接的四种字体：象形文字A，使用时间大致在公元前

① (英)莱利斯·阿德金斯，(英)罗伊·阿德金斯：《探寻古希腊文明》，商务印书馆2010年版，第9页。

2100年至公元前1900年;象形文字B,使用时间在公元前1900年至公元前1700年;线性文字A,使用时间在公元前1750年至公元前1400年;线形文字B,使用时间在公元前1500年至公元前1200年。前三种文字至今尚未被成功释读,最后一种文字乃是一种古希腊语的亚该亚方言,基本上为学者们破译成功。[①] 顾名思义,象形文字A、B属于象形文字的范畴,可视为表词字文字体系。其中,象形文字A遗留有较显著的图画文字痕迹,它主要刻在印章上;与象形文字A相比,象形文字B的字符更为简约,其用途也进一步扩大,出现在诸如泥板、石刻圆盘、石瓶等器物上。学者们认定,后来使用的线形文字已经从原有表词文字转变为音节文字,迈锡尼时代所使用的便是此种音节文字,即线形文字B。后世在克里特岛以及希腊本土上的迈锡尼、底比斯等地均出土了数目不等的线形文字B泥板。线形文字B由约30个的表意符号和近70个表音符合组合构成。根据学者对现有线形文字B的释读成果,我们得知它主要作为一种宫廷文字,用来记载有关宫廷账目、存货清单、人口统计等公共事务,而在私人领域鲜有使用。[②] 这或许表明,线形文字B并未被普遍使用,仅有诸如宫廷官吏等少数精英所掌握。这或许部分地解释了此种文字为何没能流传下来。

随着迈锡尼文明的覆灭,线形文字也随之中断。在"黑暗时代"似乎也没有发现文字的踪影,直至公元前8世纪中叶,从腓尼基字母那里变异而来的一种全新文字逐渐为希腊人所采用,这便是古典希腊文明所采用的希腊文字。此一文字后来成为古典地中海世界的通用文字,古典文化诸如希腊戏剧、哲学著述乃至基督教的新约圣经等均是以希腊文写就,对整个西方世界文化传承起了莫大作用。

五　美洲玛雅文字

美洲大陆上三支本土文明——阿兹特克文明、玛雅文明、印加文明与众不同,它们所使用的文字别具一格,玛雅文字便是其中最典型的代表。玛雅文字可视为世界上消亡最迟、破译最晚的一种古老象形文字。当16世纪西

---

① (俄)B. A. 伊斯特林:《文字的产生和发展》,北京大学出版社1987年版,第201页。

② (英)莱利斯·阿德金斯,(英)罗伊·阿德金斯:《探寻古希腊文明》,商务印书馆2010年版,第424页。

班牙人大规模在美洲殖民时，玛雅人仍在使用此种象形文字；然而直到20世纪后期，玛雅文字才被学者们基本破译成功。现今学术界普遍认定玛雅文字乃是表音与表意兼备的一种复合型文字。

当哥伦布发现美洲大陆时，玛雅文明的顶峰早已远逝，原先的城市被舍弃，与之相伴随的国家官僚系统、祭司体系等制度文明也土崩瓦解，为此种文明体系服务的玛雅文字也逐渐为玛雅人所淡忘，仅由极少数的人所掌握，整个玛雅文明处于衰败的低谷。与此同时，西班牙人的殖民掠夺和天主教的传播给虚弱的玛雅社会致命一击，如当时在美洲传教的一位神父卡萨斯便写了《西印度毁灭述略》一书，控诉西班牙人惨无人道的殖民扩张活动。地处中美洲的玛雅诸部首当其冲，难逃浩劫。卡萨斯神父记载道："在危地马拉，所有头人和能战斗的印第安人都被西班牙人杀死，幸免者也被置于悲惨的奴隶地位"；玛雅人所建立的尤卡坦王国在西班牙人的蹂躏下"已渺无人迹，满目荒凉"。[①] 为了奴役美洲土著居民，印第安人各部族首领和宗教僧侣等精英阶层便成为西班牙人首先要消灭的人群。而玛雅文字基本由这些精英人士所掌握，一旦他们被杀后，玛雅文字便成为一种无人释读的死文字。在美洲传播天主教的传教士们出于宗教情怀或许对屠杀印第安人的行为表示不齿，但他们为了履行其宗教义务也反对玛雅人固有的信仰习俗，视之为邪恶的"偶像崇拜"并大肆焚烧玛雅人的书籍，仅有四部玛雅文书侥幸得以留存，这四部文书分别保存在西班牙马德里、法国巴黎、德国德累斯顿以及墨西哥。这些原始的手抄本对后世玛雅文字的解读提供了重要参考资料，而玛雅文明的遗址，诸如城市、神庙、宫殿等石刻上还保留有大量的象形文字，这为后世学者研究玛雅文字提供了相当可观的素材，并为最终破译玛雅文字提供了前提条件。

人们对玛雅文字的破译是从玛雅数字开始的。一位名叫康斯坦丁·拉方斯克的人认为玛雅象形文字符号中的一条线表示数字"5"，一个圆点表示数字"1"，它们之间的组合便构成不同的数字。玛雅人精于天文历法，数字在其文字中占有较为显著的地位。人们从数字开始认识玛雅文字或许并不是出于偶然。后来德国德累斯顿图书馆的管理员福斯特曼经研究本馆所藏玛雅文抄本后，进一步认定玛雅人擅长计时与历法，对日月食均有精确推

① （西）B. D. 卡萨斯：《西印度毁灭述略》，商务印书馆1991年版，第47、53页。

算，且制定了金星运行周期表。福斯特曼的最大贡献在于发现抄本中大量的数字大多可追溯至一个特定日期，即公元前3114年8月13日，在玛雅人看来，此乃所谓的创世之日。以上两位学者对玛雅文字的破译主要局限在数字文字中，后来的英国考古学家埃里克·汤普森则成为第一个为玛雅文字创立分类体系的学者，这为全面释读玛雅文提供了可能。从20世纪30年代至60年代，汤普森可谓是玛雅文研究的权威，他把数量繁多的玛雅文字简约为800多个玛雅符号，并认为这些符号只表意不表音，那些镌刻铭文的石碑是宗教纪念建筑，上面的浮雕刻画的是祭司和天神，碑文记载的是天文历法中的日期数字。玛雅人试图通过究查天象而与神明相沟通。汤普森的此种释读在当时颇为流行并被广泛接受，后起学者对玛雅文的研究均是在此基础上提出修正意见。

汤普森所言的玛雅文字仅是一种表意符号的观点后来受到学者质疑，俄罗斯学者科诺罗索夫认为，玛雅文字中的800个符号作为仅表音的字母而言数量显然过多(一般而言，在一文字体系中代表发音的字母符号有20—35个便足够，即便是以音节为基础的发音符号也不过需要80—100个)，作为表意的文字(每一个字表示一个意思，在一文字体系中，起码要有上千个字符)来说又显得过少。他由此断定，玛雅文字是一种有限表意文字体系，即玛雅文字乃是表意符号与语音符号的复合体，意即玛雅文不仅是一书面语，也能反映玛雅人的口语发音。[①] 科诺罗索夫提出此种见解时在20世纪中叶，然而这一观点并未受到足够重视。直到后来一位美国天才少年大卫·斯图尔特延续科诺罗索夫的思路，最终解开了玛雅文的发音之谜。

与此同时，学者继续探讨玛雅文字所表述的内容，先前汤普森所持的碑刻上的玛雅文字仅具有宗教含义的传统观点也得到修正。考古学家和碑铭学者普罗斯古利亚可夫女士曾长期在美洲玛雅文明遗址现场进行考古工作，后来回到哈佛大学继续有关玛雅文化的研究。她发现玛雅神庙前放置的石碑具有一定的规律，基本上是每5年放置一块，即每块石碑均对应着一个时间。她认为这些时间表示某一位国王出生、登基等日期，每一系列的石碑便是某一位国王的生平记载，由此得出结论，石碑上的文字记载的是历史而非宗教神话。在此基础上，学者们识别出石碑上所列的四十多个具有皇

① (俄)B. A. 伊斯特林:《文字的产生和发展》，北京大学出版社1987年版，第217—219页。

家头衔的名字，并附出其生平日期。通过对玛雅文字的破译解读，一段鲜为人知的玛雅历史便呈现在世人面前。

第三节　深入探究指引

一　关于中国古代早期文明研究学科定位的争论

对于中国古代早期文明研究而言，许多学者认为是一个非常重要的专门学科，但因为其与历史学、考古学、古文字学、文献学等学科都有交叉，所以其学科性质不太好定位，但其又是一个非常重要的学科领域，需要对其有个比较明确的定义。

张光直先生倾向于用“先秦史”来涵盖中国古代早期文明研究这一学科领域。1994 年，张光直先生参加在台北举办的“中国考古学与历史学整合研究”研讨会，提交了一篇题为《对中国先秦史新结构的一个建议》的论文。在论文中他指出：考古学传入中国后，在中国建立了旧石器时代、新石器时代、青铜时代这一套有系统的文化顺序。考古学上的青铜时代与传统历史上的三代基本相符。所以先秦史研究，常常被分成几个性质不一的园地：有文字以前的传说古史、用考古学建立起来的史前史、夏商周三代历史和夏商周三代的考古学。这样就造成“人类在中国这个地方进展、变化的同一个时代的整个的历史，在说明、研究起来就分成好几个以资料为分类标准的平行的历史来处理了”。虽然，不同的人在称呼秦代以前的中国历史时，有中国古代史、中国上古史、中国先秦史、中国远古史等不同的叫法，没有一个统一的标准。但，“我们在 20 世纪的后期和 21 世纪的前期，有一个绝无仅有的机会来创造一个新的学科”。这个学科就是新的“先秦史”。他说：“中国的先秦史，作为一门有系统的学科，需要从头一砖一瓦地盖造起来。有文字以前的传说古史，自《古史辨》的时代就已经知道是大不可靠的了。自从 20 世纪初期以来，考古学的发现愈积愈多，愈多便出现好些以前从来没有看过、听过、想过的新文化、新民族和新问题。用考古学建立的历史因此更得随时改变。考古学还发掘出新的文字材料，加强了古文字学这一门学问。研究夏商周三代历史，又可以使用古文字学。近百年来使用古文字学的结果，是知道了传统的三代古史有许多处被古文字学证实了，但还有更多处被古文字全部改观了。”新的“先秦史”在研究时可以分为四个阶段：直立人生存时代、东亚“现代人类”出现到农业生活建立时代、从农业开始到文明起源时代、文明开始并继续发展到高潮时代。[①]

李学勤先生主张用“中国古代文明研究”来命名这一学科领域。他认为中国古代文明研究指的是对中国文明起源及其早期发展过程的探索考察，研究这一问题需要多学科的交叉综合，有其特有的理论、途径和方法，应该被视为一个独立的学科领域。1998年，李学勤先生在为常玉芝的《殷商历法研究》一书作序时提出，应当把中国古代文明研究作为一个特殊的学科来看待，因为从中国古代文明起源到夏商周三代这一大段历史的研究，“既不同于史前时代的纯依据考古，又有别于秦汉以下的文献完备，必须同时依靠文献和考古两者的研究，这与世界其他古代文明的情形是一样的”。而放眼世界，“对世界上其他古代文明的研究，都有着专门的学科名称。比如研究古代埃及的学科是埃及学，研究古代两河流域的是亚述学，研究古代希腊、罗马的是古典研究，等等”。李学勤先生认为，之所以出现中国古代文明研究没有一个单独的学科名称这种情况，可能与中国文明一直绵延不绝有关。[②]至于如何命名这一学科领域，李先生的意见是最好称为“中国古代文明研究”。[③]

曹兵武先生则主张用“中国文明史”来称呼中国古代早期文明研究。他在其专著《考古与文化》中说：“中国考古学与中国历史学的关系问题，历来是难于争论清楚的……而张光直先生一直在尝试着另一种整合。他认为在这个领域中，考古学与历史学不是谁证实谁、谁服务谁的关系，而且根本上就是一回事。在古环境、古人类学、田野考古学、古文字学等自然与社会科学都已经取得了相当丰富的收获的今天，非常需要我们用新眼光、新理论、新手段，从全局的观点，从人类生活与文化演进的角度去处理新材料，从而构建一个新的史学结构……我们不妨沿着张光直先生的思路走得更远些，

① 张光直：《中国考古学论文集》，三联书店1999年版，第31—44页。

② 常玉芝：《殷商历法研究》，吉林文史出版社1998年版。

③ 李学勤：《中国古代文明十讲》，复旦大学出版社2003年版。

径称之为'中国文明史'——一个以中国文明的发生和形成为对象的新学科。"①

二 陶文与甲骨文的关系

在对已发现的陶文进行研究时,很多学者使用释读甲骨文的方法来解读陶文。但是,对于不同类型的陶文,有些陶文使用这样一种方法很适用,确实得出了一些让人信服的结论,有些则往往不那么让人信服。学者在研究和争论中,逐渐达成了这样一种共识:要注意文字的系统问题,不是同一系统的文字不能随便拿来比较考释;只有在确定二者之间的同系、同源或前后承袭关系之后,再进行二者的比较考释才有意义;不能随意拿两种陶文或某种陶文与甲骨文进行比较考释。

裘锡圭先生在谈及对良渚文化的陶器刻划符号如何进行研究时,特意提示我们要注意分析良渚文化的主人是什么种族的,他们使用的是何种语言文字,他们的语言文字与汉语汉字有无关系。他说:"我们对良渚文化的主人的种族和语言缺乏了解。他们讲的是不是原始汉语我们都未能断定,又从何断定他们使用的原始文字就是原始汉字呢。其次,在良渚文化分布的区域内,继良渚文化而兴起的主要文化是马桥文化。马桥文化也是使用符号,但一般是比较简单的几何形符号,而且也没有两个以上符号联用的例子。由此看来,良渚文化即便出现了原始文字,这种原始文字也很可能由于马桥文化取代良渚文化而终止了它的发展进程,它跟古汉字恐怕不会有直接的传承关系。"②

李学勤先生在《良渚文化的多字陶文》中也指出:"正如我过去说过的,用分析商周文字的方法和知识去解读良渚文化这一类刻划符号,仅仅是一种试验。这些符号究竟是不是原始文字,和商周文字有没有联系,都是需要证明的问题……我们还必须承认,中国境内存在的古代文字,绝非都是汉字,或与汉字直接有关,比如巴蜀文字,不少论作以之当作汉字来解读,就是不成功的。良渚文化的刻划符号也可能是文字,但又同商周文字无关。不

---

① 曹兵武:《考古与文化》,文物出版社 1999 年版,第 115 页。

② 武勤英:《是原始文字,还是符号?——访古文字学家裘锡圭》,《光明日报》1993 年 4 月 25 日第 6 版。

过，近年的发现……使我们倾向于这种符号是汉字先行形态的假说。”[①]

同样的看法在许多学者的研究中有所反映。李乔和朱建新在研究半坡陶文时就提出了半坡陶文是彝文的起源，其与汉文的联系没有与彝文的关系密切。李乔发表了《半坡刻划符号研究中的新发现》、《再次证明半坡陶文是古彝文始祖》和《彝文产生在什么时候?》等一系列论文来阐明半坡陶文是中国最早、最原始的字，是古彝文的始祖。[②] 朱建新在《彝汉文渊源之争述略》中也认为西安半坡陶文与彝文的关系比之其与汉文的关系，似乎有着更密切、更明显的联系，从字形结构更接近彝文，是古彝文的源头。[③]

钱玉趾在《良渚文化的刻划符号及文字初论》中认为，良渚文化属于越文化的范畴，良渚文化陶壶上的这类文字是表达古越语的一种音节文字，用解读甲骨文的方法难于解读这类文字。[④]

张敏在《从史前陶文谈中国文字的起源与发展》中认为：“语言是人们相互交流的工具，承担着描述事物、表达感情和思维等功能，文字最主要的功能是记录语言。语言和文字都是人类社会发展到一定历史阶段的产物。语言是区分不同民族的重要标志之一，不同的民族必然操不同的语言，语言系统的不同亦必然导致文字系统的不同。利用国家机器强制性地推行书同文，可能始于夏商，而真正在全国范围内实行书同文，则是由秦始皇完成的，因为在商周时期还发现不同于甲骨文文字系统的吴城陶文和巴蜀文字。从仰韶文化到二里头文化的华夏文字系统和从大汶口文化到龙山文化、良渚文化的东夷文字系统都未能成为汉字系统的直接源头，而介于夏夷之间的后岗类型龙山文化和王油坊类型龙山文化的语言文字系统成为汉字系统的源头，很可能是由于在夏、夷融合时期文化水平较高，同时又介于夏夷之间具有夷夏二重性，故很容易被夷夏所共同接受的缘故。中国文字的起源，大

---

① 李学勤：《良渚文化的多字陶文》，潘力行，邹志一主编：《吴地文化一万年》，中华书局，1994 年，第 3—13 页。

② 李乔：《半坡刻划符号研究中的新发现》，《云南民族学院学报》1990 年第 3 期；李乔：《再次证明半坡陶文是古彝文始祖》，《楚雄师专学报》(社会科学版)1992 第 2 期；李乔：《彝文产生在什么时候？——〈彝汉字典〉序》，《楚雄师专学报》(社会科学版)1996 年第 1 期。

③ 朱建新：《彝汉文渊源之争述略》，《西南民族学院学报》(哲学社会科学版)1990 年第 1 期。

④ 钱玉趾：《良渚文化的刻划符号及文字初论》，《苏州大学学报》1997 年第 2 期。

致在仰韶—大汶口文化时代;中国文字向系统文字的过渡,大致在良渚—龙山文化时代。从起源至发展,由于语言文字系统的不同,呈现出错综复杂的局面。众多的语言文字系统未必都是以殷商甲骨文为代表的汉字系统的源头,从文化谱系和文字系统分析,殷商甲骨文的来源有可能上溯到后岗类型龙山文化和王油坊类型龙山文化。因此,在释读殷商甲骨文之前的古文字时,首先需厘清的是其文化谱系和语言文字系统,若简单地用六书即造字六法来释读这些古文字,很有可能会误入歧途。”①

因此,搞清楚某种陶文的文化系统以及该种陶文与甲骨文的关系问题,可能更有利于陶文研究的推进,对于很多争论也更容易达成共识。

今日,我们总是把语言和文字相提并论,认为两者是一个硬币的两个侧面,不可分割。其实,在人类历史上,语言和文字出现的时间并非一致,两者也并非总是可以一一对应,即便是在今天某些部族仍只有语言而无文字。有很多证据表明,在人类历史上,有声语言比文字的产生、应用要早得多。如中国古书《周易》载:“上古结绳而治,后世圣人易之以书契。”这表明,上古之时,人类社会结绳而记事,还没有发展出文字。所谓的“圣人易之以书契”这便牵扯到文字的产生和应用问题。据中国《荀子》、《吕氏春秋》、《韩非子》等先秦典籍记载,文字乃是由黄帝命仓颉而创:“仓颉见鸟兽蹄迒之迹,知分理之可相别异也,初造书契。”这或许是中国版的神创论,但它并非无稽之谈,其中还是曲折地折射出某些真实的历史内情。

三　文字的出现、类型及演变

人类有声语言出现的时间或许与人类社会本身一样古老,据考古学者和人类生物学者推测,至少在十万年前人类便已经发展出了语言。在人类早期阶段,人类活动范围有限,生活方式简易,有声语言足以应对人类社会的需要。超出一定的时空范围,有声语言的有效性显然便会大打折扣,如距离过远,声音便无法清晰传播;时间过久,言语内容也难免被遗忘。随着人类社会的进步,人际交往的频繁,有声语言的时空局限性也愈发显著。为了弥补此种缺陷,人类除了用听觉器官接受外界信息外,也开始利用自身的视觉器官感受外界信息。而文字从本质上来说便是人类视觉上所感知的图像

① 张敏:《从史前陶文谈中国文字的起源与发展》,《东南文化》1998年第1期。

和符号。考古学家和语言文字学者便把人类最早的文字形态定名为图画文字。由此看来，中国典籍所载仓颉造字的灵感来自于自然界鸟兽的形象并非天方夜谭。

图画文字大概形成于新石器时代（前 8000—前 6000 年），并延续至青铜、石器并用时代，可视之为人类历史上最古老的文字类型。后世考古发现的某些洞穴里面的岩画，陶器、骨片上的纹饰图像均可归为图画文字的雏形形态。当然，对于所谓的图画文字是否为文字，学术界还有不同的意见，但大家普遍接受在原始绘画与后来较为成熟的象形文字之间存在着一过渡阶段，图画文字便是其表现形式。图画文字进一步抽象化，便演进到表意的符号，又名象形文字。象形文字起初是希腊人用来指称古埃及那些“刻在石头上的圣字”，后来它所指称的范围扩大，也用来指称诸如印度古文明印度河流域出土印章上的古印度字、中国黄河流域出土的甲骨文以及两河流域的楔形文字等。世界上主要文明的起初阶段似乎都出现过象形文字，当然它们出现以及延续的时间不尽相同。在两河流域，象形文字出现的最早，可溯源至公元前四千年中期的苏美尔时期；古埃及象形文字出现于公元前四千年代末；古印度象形文字出现于公元前三千年代的哈拉巴文明时代；中国的甲骨文则出现在公元前二千年代中期的殷商时代。除了印度的象形文字后来因故中断外，其他文明的象形文字均延续时久。尤其是中国的象形文字形态虽有所变化，但基本延续下来，与今日所使用的汉字一脉相承。除中国之外，后世主要文明所使用的乃是表音文字。

表音文字是在象形文字之后出现的另一种形态的文字。虽然，某些象形文字本身孕育着诸多表音文字因素，如埃及古文字后来便衍生出一套辅音—音素文字体系，但人类历史上第一种纯音素文字体系是由腓尼基人创造的。[①] 公元前三千年，腓尼基人生活于地中海东岸地带，并在地中海海上贸易中扮演着重要角色，后因波斯人和马其顿人的夹击而于公元前四世纪后衰败。或许正是得益于腓尼基人频繁的商业贸易活动，迫切要求使用一种简易的文字记载系统。伴随着腓尼基人与地中海世界各民族、各文明的往来，腓尼基人的字母文字也逐渐为其他民族所采纳，从而发展出不同形式的字母文字。腓尼基文字由 22 个字母组成，每个字母表示单个的语音。现

---

① （俄）B. A. 伊斯特林：《文字的产生和发展》，北京大学出版社 1987 年版，第 270 页。

存最早的腓尼基铭文可追溯至公元前12—前10世纪，它们一直持续使用到公元2—3世纪。18世纪中叶，腓尼基文字被成功释读。有关腓尼基字母文字的起源问题，学者们提出了诸种假说，有学者认为腓尼基文字起源于两河流域的楔形文字，抑或与至今仍未被成功释读的克里特文字有关，而更多的人则主张它与古埃及文字有着渊源关系。与此同时，腓尼基文字系统是独自产生的观点获得越来越多的人相信和接纳。

虽然在腓尼基文字产生、缘起问题上众说纷纭、莫衷一是，但大家都同意腓尼基文字是后世所有字母文字的基础，影响深远且巨大。腓尼基文字通过腓尼基人的海外贸易及其殖民活动而广为地中海世界所获知。它之所以能够被异族接纳，从技术层面而言，乃是因为这种字母文字简易且使用方便；任何文字传播的背后总少不了强大的政治推动力。显然，分散的腓尼基人对此无能为力，承担起此种责任的乃是波斯人、马其顿人、希腊人以及罗马人。古典世界终结后，宗教的力量——欧洲西部和北部的天主教、欧洲东部的东正教以及后来兴起的伊斯兰教继续推动字母文字的普及和使用。根据学术界已有的研究成果，我们大体可以绘制一张腓尼基文字与后世诸种字母文字之间的谱系图表。学者们把腓尼基文字发展和演进途径分为东西两条。在东方，从腓尼基文字中衍生出阿拉米文字，阿拉米人是闪米特人的一支，公元前两千年代中叶移居美索不达米亚，他们简化了腓尼基文字，从而创造出阿拉米文字，并把阿拉米文字传给了希伯来人、亚述人、巴比伦人等其他闪米特人，由此在阿拉米文字基础上发展出希伯来文字(犹太支)、巴利米拉文字(叙利亚支)、波斯-阿拉米文字(波斯支)以及那巴泰文字(阿拉伯支)。[①] 历史上从地中海到贝加尔湖广大区域内的诸多文字基本上不出以上四支文字系统的范畴。如摩尼教文字以及东部基督教聂斯托利派文字便属于叙利亚支；蒙古文字、满文、维吾尔文则与波斯-阿拉米文字的变种巴列维文字有着亲缘关系；阿拉伯文字随着伊斯兰教的传播和阿拉伯人的征服而成为伊斯兰世界的通用语言。

在西方，脱胎于腓尼基文字的希腊文字则成为后世诸种文字的基础。希腊人对腓尼基文字也作了诸多改变，诸如增添了元音字母，改变了腓尼基字母的外形以及采用从左向右的书写方向。希腊文字使用范围的扩大与亚

① (俄)B. A. 伊斯特林:《文字的产生和发展》，北京大学出版社1987年版，第330页。

历山大大帝的扩张、征服以及所开启的希腊化时代密切相关。而后来的罗马帝国对希腊文化也倾慕有加，使得希腊文字在整个地中海世界获得广泛传播。罗马帝国东西分治以及基督教的东西分裂也深刻影响了希腊语。拜占庭帝国继续使用一种变体的希腊文字，即为所谓的拜占庭文字，从中衍生出斯拉夫—基里尔文字，是为今日俄语及其他斯拉夫民族文字的近祖。在西部的罗马帝国，拉丁语逐渐取得优势地位，尤其是罗马帝国覆灭后，拉丁语在罗马教会的扶持下成为欧洲中世纪的官方语言。但蛮族人也带来了自己的语言，在相当长的时间内它们既受拉丁语的压制又受拉丁语潜移默化的影响，后来借助文艺复兴和宗教改革，这些民族语言诸如英语、法语、意大利语、德语等便登堂入室，在近代的启蒙运动和民族国家建立后最终取代拉丁文而成为各自国家的官方语言。随着新航路的开辟和欧洲国家的海外殖民活动，它们的文字漂洋过海，在世界其他地方扎根。如拉丁美洲除了巴西讲葡萄牙文外均使用西班牙文，北美、非洲则主要使用英文和法文。一些具有悠久历史的国家和地区也深受字母文字系统的影响，纷纷以拉丁字母为基础对原有语言文字进行改革。

结 语

20 世纪 90 年代以来，世界政治经济格局发生了巨大变化，美苏两大阵营的冷战对峙格局不复存在，美国独享超级强国的殊荣。由此，一些西方学者不免惊呼“历史的终结”，以为欧美意识形态将一统天下。然而与此同时，中国等新兴国家经济的崛起，并在国际事务上扮演着愈来愈重要的角色，整个世界呈现出愈来愈多的多元色彩。当今世界所出现的全球性问题，任何国家都难以置之度外，也无法单独解决，即便是美国在许多事务面前也显得力不从心，不得不寻求与其他国家合作。世纪之交的世界复杂多变，人们也开始突破意识形态以及民族国家固有的视野和范式，重新以文明为单位审视当今世界。

一　人类文明的历史演进

以文明为单位来讲述人类社会的故事，早已有之。如英国历史学家阿诺德·汤因比在《历史研究》一书中统计出人类历史上的 31 种文明，并认为“希腊－中国的组合模式很明显是一种标准模式，可用来解释人类史的各个阶段”。[①] 所谓的“希腊模式”就是文化统一，政治分裂；而“中国模式”就是保持着治乱交替韵律的统一国家的缩影。汤因比认为“希腊模式”适用于各文明史的早期阶段，“中国模式”适用于各文明史的晚期阶段。可见在历史学

① (英)阿诺德·汤因比:《历史研究》(修订插图本)，上海人民出版社 2005 年版，第 39 页。

研究领域，以文明为单位考察人类的文明进程并不鲜见，然而当20世纪90年代，美国政治学者亨廷顿把此种历史研究领域中的方法延伸到现实世界中，并以此来阐释当今世界政治经济格局，提出所谓的“文明冲突论”时，声名鹊起，反响如潮。无论赞同者还是反对者恐怕都对亨廷顿的独到眼光深表钦服。亨廷顿认为左右当今世界走向的有七大或八大文明，即西方文明、东正教文明、拉美文明、伊斯兰文明、中华文明、日本文明、印度文明以及有可能存在的非洲文明。各文明之间的趋同或差异乃是冲突抑或合作的主要根源。① 亨廷顿此说虽然具有强烈的政治色彩，但他对当今世界主要文明体的划分基本上符合事实，也呼应了历史学界一些固有的研究成果。

当我们溯源当下世界主要文明体的历史渊源时，我们便进入了传统的历史学研究领域。对此，历史学界已有精湛研究。除了上面提及的英国历史学家阿诺德·汤因比外，值得关注的还有另外两位学者。一位是德国学者雅斯贝尔斯，他于1949年发表了《历史的起源与目标》一书，提出所谓的“轴心时代”概念。“轴心时代”被界定在一个独特的时空范畴内，即公元前800年至公元前200年之间，北纬30°上下。在这一时空下，主要的古代文明均进入所谓的“古典时期”，涌现出一批影响深远的人文哲人或宗教先知，如在中国出现了诸子百家，其中便有老子和孔子、孟子；印度则出现了《奥义书》，佛陀也开始传播佛法；伊朗的宗教神师则宣扬一种二元论的宗教，后世所谓的琐罗亚斯德教由此肇端；在希伯来人历史上则出现了诸多先知，诸如以利亚、以赛亚、耶利米等；古希腊也争奇斗艳，毫不逊色，荷马、巴门尼德、赫拉克利特、柏拉图等哲人相继登场。雅斯贝尔斯总结说：“这个时代的新特点是，世界上所有三个地区的人类全都开始意识到整体的存在、自身和自身的限度。人类体验到世界的恐怖和自身的软弱。他们探询根本性的问题。面对空无，他力求解放和拯救。通过在意识上认识自己的限度，他为自己树立了最高目标。他在自我的深奥和超然存在的光辉中感受绝对。”②另一位德国学者孔汉思进而把历史上流传下来的主要文明分为三个宗教系统，即亚伯拉罕系宗教、印度宗教以及中国宗教，并形象地称之为人类历史

---

① （美）亨廷顿：《文明的冲突与世界秩序的重建》（修订版），新华出版社2010年版。

② （德）雅斯贝尔斯：《历史的起源与目的》，华夏出版社1989年版，第8—9页。

上的“三大宗教河系”。[1] 孔汉思认为犹太教、基督教、伊斯兰教都是源出于闪米特人，并以先知预言为特点，这构成了所谓的“亚伯拉罕系三大宗教”；第二大宗教河系源出印度民族，以神秘主义为特点，印度教、耆那教、佛教被包含其中；第三大宗教河系源于中国，其中心形象不是先知，也不是神秘主义者，而是一个哲人宗教，具有鲜明的人本现世色彩。

雅斯贝尔斯和孔汉思虽对人类文明作了不同的解读，但相同的是两者均立足当今溯源历史，探寻当代仍有活力、影响力的文明的源头，诚如孔汉思所言：“不是从人类历史的源头向前看，而是从现在向后看，同时又不忘发生过的各种变迁和各种杂交形式。”两者所选取的古代文明母体其实也大体相当，即地中海世界文明（世俗的古典文明以及神圣的一神教传统）、印度大陆文明（印度教、佛教等神秘宗教传统）以及东亚文明（中华人文传统）。正是这些文明母体孕育出后世主要的文明形态。从地中海世界文明中分蘖出犹太教文明、基督教文明以及伊斯兰教文明。基督教文明于11世纪中叶正式分裂为欧洲西部的拉丁天主教文明和欧洲东部的希腊东正教文明。后来斯拉夫人皈信东正教，当拜占庭帝国被穆斯林攻占后，俄罗斯人一度以“第三罗马”自居，我们所熟知的“沙皇”这一称谓其实便是罗马帝国“恺撒”在俄语中的转音；在西欧居住的日耳曼诸部则臣服于罗马教廷，而后在16世纪欧洲西部因宗教改革从天主教会中分裂出诸多新教派别。与此同时，随着欧洲国家的殖民扩张，信奉天主教的西班牙、葡萄牙以及法国主要向中美洲及南美洲（故今天我们称之为拉丁美洲）、非洲等地扩展，这些地区在文明形态上大体可归为天主教文明范畴；新教占主导的国家诸如英国、荷兰等主要在今天的美国、加拿大、澳大利亚等扩张势力，因而这些地区具有鲜明的基督新教色彩。公元7世纪，伊斯兰文明首先在阿拉伯半岛崛起，并迅速向东西两方扩展。在西方，伊斯兰文明把基督教文明排挤出地中海的南岸和东岸，穆斯林甚至长期占领伊比利亚半岛，只因遭遇法兰克人的阻击而停止了前进步伐；在地中海的另一端，穆斯林最终于15世纪攻占君士坦丁堡，改名为伊斯坦布尔，伊斯兰教开始向巴尔干半岛渗透。欧洲基督教文明虽在相当长的时间内龟缩于欧洲本土，但随着西班牙“再征服运动”的推进，他们驱逐了盘踞在伊比利亚半岛的穆斯林，并由此通过海路重新走向世界；在东

---

① 秦家懿，孔汉思：《中国宗教与基督教·序》，三联书店2003年版，第2页。

方，伊斯兰文明吞并了历史悠久的波斯文明，并把触角延伸到中亚、南亚等地区。波斯文明与伊斯兰文明融合的产物便是阿拔斯王朝，在穆斯林学者眼中，这一王朝代表着穆斯林文明的高峰。后来阿拔斯王朝被从东方而来的蒙古人、突厥人所削弱以致覆灭，但蒙古人和突厥人在西侵过程中自身也悄然被伊斯兰文化所同化，结果是从阿尔泰山至地中海海滨广大区域内均实现了伊斯兰化。此外，借助于穆斯林商人频繁的商贸活动，伊斯兰教也传播至非洲、东南亚以及中国内地等地区。在历史上，印度大陆与地中海世界和东亚世界均有密切往来，亚历山大大帝曾到过印度河流域，印度古代艺术深受希腊影响。与此同时，印度的宗教思想或许也传播到希腊世界，如希腊世界毕达哥拉斯团体在诸多方面与印度佛教僧团有相似之处。而广为人知的是印度佛教对东方世界的影响，渊源于印度的佛教虽然后来在印度本土式微，但却在东方其他地区发展出不同的形式，具有旺盛的生命力。小乘佛教盛行于中南半岛各地（此地又被称之为印度支那，可见深受印度及中国文化的影响），形成南传佛教一系；藏传佛教乃是佛教密宗与藏人本土信仰相融合的产物；而汉传佛教因其文化内涵深厚和传播地域广泛而具有更加重要的地位。自两汉之际佛教传入汉地，经南北朝时佛教的兴盛，到隋唐之际佛教便完成了中国化历程，卷帙浩繁的汉译佛经便是明证，而禅宗、净土宗等本土宗派竞相出现，并吸引了为数众多的中国人皈信，由此佛教内化为中国传统文化之一，与儒道齐名。与此同时，佛教相继从中国传播到朝鲜、日本等地，并发展出不同的本土形式。佛教适应于东亚社会的文化环境而呈现出鲜明的现世色彩，其中慈悲为怀的观音形象更是深入人心。中华文明以深具人文色彩、“不语怪力乱神”的儒家传统为内核，与古希腊罗马文明遥相呼应。与其他宗教文明相比，儒家文明具有内敛、和平、包容的特性。长久以来，中原汉地虽以“中央王朝”自居，却鲜有主动往外输出自己的文明礼俗，但也不排斥远道而来的向慕者、皈化者，是谓怀柔远人，如朝鲜、日本在历史上便积极汲取中国文化，并以唐风为尚。即便那些入主中原的游牧民族，当面对博大精深的汉地文化时也不得不放弃固有的民族文化习性，或主动或被动地接受汉文化的熏陶以至于逐渐汉化。正是得益于中华文化此种特性，周边民族、部群不断地融入中华民族之中，中华民族也不断地获得新鲜血液的补充，从而使得中华文明延绵不绝，传承至今。

雅斯贝尔斯和孔汉思所追溯的古代文明基本上可与亨廷顿所描述的当

今世界主要文明一一对应，但这并不表明他们所言的文明故事涵盖整个人类社会以及整个历史进程。实际上，他们所持的乃是典型的历史实用主义的态度，这固然对于鉴往知今大有裨益，但也不可否认古代历史上那些出于各种原因而式微乃至消亡的文明便难以纳入此种视野的范畴。另外，值得我们深思的是，即便是那些留存后世的文明母体，它们也并非无缘无故地产生、出现。以雅斯贝尔斯的"轴心时代"概念来看，这些文明距今虽已有两千五百余年的历史，然而从整个人类文明史来看，在"轴心时代"之前，人类文明社会也已经历差不多两千多年的历史。也就是说，现今学者根据今天的文明情况所溯源的文明母体不过是人类文明历程中承上启下的一个环节而已，她们对于理解近两千年来的历史走向以及当今世界固然重要，然而对于人类文明的缘起以及人类早期文明的演变并不能提供多少真知灼见。相反，那些人类早期文明史中消逝的文明如同是历史长河上游中的众多支流，虽没如同干流那样倾泻而下，滋润中下游的历史，但正是得益于这些支流默默补充，才使得文明长河有足够的动力冲出蒙昧的深山峡谷，开拓出人类文明的平坦之原。这些支流要么中途枯萎断绝，要么汇入历史长河而鲜为人知，但它们的故事仍然值得细细品读、认真回味。

二 消逝的文明

1. 美索不达米亚文明及其更迭

两河流域滋润出人类最早的文明社会，不仅如此，此一地区的文明并非单数而是诸多文明共有的家园——苏美尔文明、巴比伦文明、亚述文明乃至后来的波斯文明、希腊文明、伊斯兰文明先后在这片土地上轮番上阵，从公元前 3500 年至公元前 500 年之间三千年的历史中，川流不息的两河迎来、送走了一个又一个的枭雄，见证着城头不断变更的王旗。

根据后世的考古发现，约公元前 7 万年，两河流域的先民便开始使用石器，大约到了公元前 5800 年，他们开始进入铜石并用的时代，差不多两千年后即公元前 3750 年，文明曙光初现：在两河流域的南部出现了城市，乌鲁克城是其典型代表；稍后大约在公元前 3300 年，两河流域出现文字。从公元前 2900 年至公元前 2000 年左右，苏美尔文明称霸一时，其间只是被北方塞姆人所建立的阿卡德帝国(前 2334—前 2193)所暂时打断。苏美尔文明在埃兰人、阿摩利人等周边民族的攻击下最终走向覆灭,苏美尔城市也大多惨遭战争破坏,仅留下残垣断壁述说着昔日的辉煌。从公元前 2000 年至前 1800 年间,两河流域攻伐不已,最终巴比伦王国脱颖而出,其中最伟大的国王当属汉谟拉比(前 1792—前 1750 年在位),两河流域几乎都在他的统治之下。然而,随着汉谟拉比的去世,巴比伦王国也分崩离析,外来的赫梯人、加喜特人、埃兰人等相继建立自己的王国。在公元前 10 世纪末,亚述人重建自己的帝国,从公元前 911 年至公元前 612 年,亚述人不断开疆拓土,其都城尼尼微乃是当时最富有的城市之一。亚述帝国穷兵黩武的政策最终耗尽了国力,公元前 612 年,尼尼微被巴比伦人和米底人的联军所攻陷。就在亚述帝国衰亡之际,两河流域南部的迦勒底人重建巴比伦王朝。这个王朝最为人知的国王便是尼布甲尼撒二世(前 604—前 562 年在位),他四处征战,摧毁了耶路撒冷,将犹太精英掳至巴比伦,这就是犹太历史上所谓的“巴比伦之囚”。对外征服的同时,他也积极营建自己的都城。如同汉谟拉比一样,尼布甲尼撒去世不久,新巴比伦王国便被波斯人所攻陷。继波斯时代(前539—前 331)之后的是希腊化时代(前 331—126)、帕提亚时代(前 126—227)以及萨珊波斯时代(227—651)。至此,美索不达米亚的古代历史便告一段落,接下来两河流域作为伊斯兰文明的腹地延续至今。

美索不达米亚文明随战争而跌宕起伏,通过战争,美索不达米亚补充着新鲜的民族血液;但也因战争,美索不达米亚诸文明惨遭破坏。两河流域虽孕育出人类最早的文明,但并非是文明安享成长的乐土,频繁的征战一再打断文明正常发展进程,结果导致两河流域在人类文明区域中被边缘化,尤其是东方的波斯人以及西方希腊人入主此地区后,在此后长达一千年的时间内,昔日的文明中心沦落为周边文明的附属部分。虽然后来两河流域重新成为伊斯兰文明的核心地区,但它已于此前美索不达米亚文明毫无关系,而美索不达米亚文明也湮没于历史之中,仅是通过近世的考古挖掘我们才得以重新认知它的真容。

2. 古希腊文明及其湮灭

希腊古典时期大体可由两场战争来界定,即公元前 479 年波斯人侵占希腊失败开始，至公元前336年亚历山大大帝继位开始征战为止。在古典时期之前，史学家称之为古风时期（前8世纪中叶至前5世纪上半叶）。而古风时期之前的希腊历史，后世所知甚少，只是通过对克里特岛的考古挖掘，古老的克里特文明才重现天日。根据考古发现，克里特文明被划分为五个阶段：前王宫时期（约前2200/2000）、第一王宫时期（约前2200/2000－前1700/1600）、第二王宫时期（前1700/1600－前1500）、第三王宫时期（前1500－前1200）、后王宫时期（前1200－前1050）。[①] 之后希腊社会进入所谓的“黑暗时代”（约前1110－前900），这也就意味着原先的克里特—迈锡尼文明的中断，它们所使用的文字也成为一种死文字，至今还未获得成功释读。

一般认为，当今西方文明的源头在所谓的“二希文明”——希伯来文明及古希腊罗马文明。基督教从希伯来文明中的犹太教演化而来，古希腊罗马文明则为西方文明提供了诸多关涉尘世的政治经济、文化艺术、思想观念等资源。其实，此乃是文艺复兴、启蒙运动以来的历史观念，在相当长的历史时期内，欧洲人并未有如此的历史自觉，他们以基督纪年来编排自己的历史，并把它附属于基督教的救恩神学中。对于基督纪年之前的历史，他们并不怎么看重，视之为充满谬误和邪恶的异教时期。不难理解，古典希腊文明在漫长的中世纪湮没无闻，鲜为人知。我们把它称之为古典文明的失落并不为过。直至14、15世纪的文艺复兴，璀璨的古希腊文明才重新受到重视。重生的古典文明开出“人文主义”之花，突破了深受基督教以彼岸为旨归的神学禁锢，西方学者称之为“人的再发现”，它连同所谓的“新大陆的发现”一道，创造了欧洲历史的新纪元。

上述文艺复兴史观所持的古典文明失落以及重生的观点已广为人知，但它在接续历史传统的同时却也造成新的历史隔膜。以文艺复兴史观来看，漫长的中世纪无异于黑暗、无益、失落的一千年。此一说辞言过其实，矫枉过正，并非持平之论。在中世纪历史中，欧洲社会也出现过几次“文艺复兴”运动，最著名的有查理曼期间的“加洛林文艺复兴”以及中世纪盛期的“12世纪文艺复兴”。前者主要致力于复兴拉丁文以及罗马文化，后者则专

① （英）莱斯莉·阿德金斯，（英）罗伊·阿德金斯：《探寻古希腊文明》，商务印书馆2010年版，第4－6页。

注于希腊文化以及亚里士多德哲学。此外，在中世纪垄断文化的基督教会及僧侣阶层在排斥所谓异教的古典文明的同时，也对古典文明的保存和传承贡献良多。如基督教会早期的神学家奥古斯丁等人均从柏拉图等古典哲人那里汲取了不少灵感，柏拉图主义的变体在基督神学中维系不绝。而神学家德尔图良则开始用拉丁文写作，这对罗马文明的传承大有裨益。其实，希腊罗马古典文明的衰落既是罗马帝国本身社会危机的结果，又与蛮族大规模入侵带来的文化破坏有关(如汪达尔人大肆破坏物质文明)。值得庆幸的是，古典文明的因子在整个欧洲中世纪延续不断，到了 14 世纪的文艺复兴时期更是得到高扬，以至于后世能够对古典文明有亲切的感受并从中获益良多。

3. 古印度文明及其断层

古印度文明在许多方面与古希腊文明相似，两者均属古代伟大文明之列，但并没有形成统一的政治实体，在相当长的历史时期内印度和希腊仅是地理方位抑或文明单位上的名称而非某一王国或帝国的称谓。它们在世界历史上的影响力不是反映在战功与疆域上而是在于文化泽被中。如同地中海世界的希腊化时代一样，印度文明(以佛教为代表)也超越南亚次大陆的地理范畴而对东方世界产生莫大影响，我们或许也可称之为印度化。此外，在印度历史上也出现过如同古希腊克里特文明那样明显的文明断层。

我们所熟知的印度古典文明乃是渊源于印度的“吠陀时代”，而吠陀文化是由入主印度大陆的雅利安人所创造的。根据语源学知识，雅利安人是印欧语系的一支，印欧语系的远祖居住在今天的黑海—高加索一带，其中的一支沿里海、中亚东来南下而进入印度河流域，时在公元前 2000 年左右。后世对早期雅利安人历史的了解主要通过《吠陀》，故把这一段历史称之为“吠陀时代”。《吠陀》是雅利安人宗教圣书，包括《梨俱吠陀》、《沙摩吠陀》、《耶柔吠陀》以及《阿闼婆吠陀》。后世学者根据这四部宗教圣书成书年代，又把“吠陀时代”一分为二:《梨俱吠陀》成书于公元前 1500—公元前 1000 年，故称这一阶段为“前吠陀时代”;后面的三部圣书以及附属于它们的《梵书》、《森林书》、《奥义书》等产生于公元前 1000—公元前 600 年，故称之为“后吠陀时代”。正是在此一时期发展出印度教的前身婆罗门教。在接下来的列国时代(前 7 世纪至前 4 世纪)，印度大陆诸国并立、攻伐不止；与此同时，反对婆罗门教的沙门思潮兴起，耆那教、佛教等先后开坛布道，孔雀王国的两位国王便是这两种宗教的信徒——旃陀罗笈多晚年放弃王位后皈依了耆那教，而他的孙子阿育王则皈信佛法，并促成了佛教第三次集结（前 245 年左右），还派人四处宣扬佛法，由此，佛教遍布印度次大陆，并传入了锡兰、缅甸等地区。这对于佛教在东南亚地区的传播而言至为重要。阿育王可称得上佛教的君士坦丁大帝。阿育王去世后，孔雀帝国衰败，后继而起的是笈多王朝，它再次统一了印度北部，与孔雀帝国大力扶植佛教不同，复兴的古老婆罗门教以印度教的面貌重新崛起，这奠定了此后两千年印度社会文明的基本框架。

其实，在印度雅利安人的“吠陀文化”之前，印度河流域便曾出现过一个颇具规模的文明，即哈拉巴文明。考古学者在印度河流域发现了哈拉巴、摩亨佐-达罗等远古城市遗址。这些城市具有规划良好的建筑布局，基本的生产、生活以及宗教祭祀场所一应俱全；此外，还出土了为数不少的刻有铭文的印章及青铜等其他器物。这表明，此一文明已达到相当高的水准，但后来则逐渐衰败下去，以致最后被雅利安人所取代。印章上的铭文至今还未获得成功释读，使得我们对印度河文明的了解极为有限。

4. 美洲大陆文明及其夭亡

美洲大陆孤悬于欧亚非大陆之外，长久以来不为人知。直至哥伦布航行发现所谓的新大陆之后，它才逐渐被纳入人类文明整体的历史进程中。起初，哥伦布并不认为自己发现的是一块新大陆，而是认为这就是他梦寐以求的印度，因此，他们称当地的土著居民为“印第安人”，这一误称便传播开来并延续自今。其实，所谓的印第安人与印度人毫无关系，他们虽是美洲的原住民，但学术界普遍认为印第安人与亚洲大陆上的蒙古人种以及南太平洋岛屿上的马来人种具有血亲关系，即美洲印第安人的先祖乃是通过白令海峡抑或横渡大洋抵达美洲大陆，并繁衍生育，分化发展出不同的族群与文化。

在欧洲殖民者到达美洲之前，美洲本土已发展出三个文明中心，根据其地理方位从北到南分别是：阿兹特克文明、玛雅文明以及印加文明；如若以历史时间来看，美洲文明也经历了几个显著的阶段，即前古典时期（前 2000－250）、古典时期（250－900）、后古典时期（900－1500）。迄今为止，我们所知的美洲最古老的文明是奥尔梅克文明，她繁盛于公元前 1200 年至公元前 400 年间的墨西哥中南部，后不知何种原因而消失。这一文明与后来兴起的玛雅文明或有某种亲缘关系。玛雅文明主要分布在今天墨西哥南部以及中美洲等地区，在公元前 1800 年至公元 300 年间被视为是此一文明的早期阶段。在此期间，玛雅人的社会生产组织、宗教祭祀制度以及象形文字等文明要素逐渐出现；从公元 3 世纪开始，玛雅文明进入了繁盛的古典时期，一些颇具规模的城市以及宏大的宗教建筑在玛雅地区普遍出现，与之相伴的是，玛雅社会的政治组织以及制度文明诸如历法、文字等也达到顶峰。直至公元 900 年左右，玛雅人原先居住的城市以及用来祭祀的神庙被遗弃，玛雅人开始向北移居，整个文明由盛转衰。在后古典时期，玛雅文明曾一度兴盛，出现了诸多中心城邦，但它们之间的攻伐混战使得玛雅文明再次走向末途。就在此时，欧洲殖民者来到美洲，本已奄奄一息的玛雅文明遭受致命一击而衰亡。与玛雅文明同命相怜的还有阿兹特克文明和印加文明。就在玛雅文明因内部争斗而衰亡之际，阿兹特克文明则开始发迹。他们在 11 至 12 世纪之间迁入今天的墨西哥中央谷地，并最终于 15 世纪初建立起“阿兹特克联盟”。当欧洲人到达之前，阿兹特克文明正如日中天。后来西班牙殖民者利用阿兹特克诸部之间的矛盾而逐一攻破，于 1521 年占领阿兹特克人的都城特诺奇蒂特兰，并在此基础上重建了墨西哥城。与此同时，南美洲安第斯山区的印加文明也难逃浩劫。当时印加王国在卡帕克的统治下处于鼎盛时期，1532 年卡帕克死后王国陷入内乱，西班牙人乘机入侵并最终灭亡了印加古国。

美洲本土文明的灭亡首先表现在印第安人人数的锐减上，他们大概损失了 2 000 多万人口。这既是欧洲殖民者的枪炮压迫政策的结果，也与从欧洲传入的天花等疾病直接相关。为了弥补美洲劳动力的不足，欧洲殖民者从非洲贩运黑奴到美洲，在一定程度上改变了美洲人种结构。与此同时，人数有限的西班牙、葡萄牙等欧洲男性殖民者开始与本土印第安人女性通婚，从而生育出混血儿。这些混血人构成后世拉丁美洲人口的主要部分。其次，印第安人的宗教祭祀、语言文字、天文历法、建筑艺术等传统文化也失传中断，他们大多皈依了天主教，通用语言则是西班牙语或葡萄牙语。美洲本土的三大文明基本上被拉丁系统的天主教文明所吞并。

在人类文明历史进程中，各地区曾出现过诸多区域性的文明实体，在各自的整合过程中它们的数量逐渐减少，一些文明相互融合而归为一体。如中国历史上以炎帝、黄帝为代表的区域文明便整合成为炎黄文化，构成华夏文明的主体部分；又如西方文明建基于希伯来文明和希腊罗马文明之上。这些文明虽然不再具有独立的身份，但它们还是以某种形式流传下来；而另一些文明则消失在历史奔波起伏的长途中，汤因比称之为“失落的文明”，他列举到叙利亚文明、基督教聂斯托利文明、基督教一性论文明、斯堪的纳维亚文明以及中世纪西方城市文明。在这个名单之外，我们还可加上古代的美索不达米亚文明、古埃及文明、古印度河文明、中国三星堆文明、希腊克里特文明以及后来的非洲、美洲本土文明等。

三 古文明消失原因探讨

对于后世的人们而言，除了关注古代文明所展现的文明成果外，它们的兴衰荣辱也成为热议的话题。由于时代久远加之相关文物的缺失，古代失落文明的消失之因也就变得扑朔迷离，学者们众说纷纭，莫衷一是。大体而言，有关文明衰亡原因的探讨主要有如下几种。

1. 某种形式的决定论或宿命论

人们对宏大课题的思考往往是通过对微观事务的分析推演而获得的，文明衰亡问题也不例外。在历史上从不乏有人善于“究天人之际”而“通古今之变”。他们要么观察自然界物种的春生夏茂、秋实冬藏；要么自身体验到人的生老病死；要么仰望星空，追逐着星移斗换、月圆月缺。显然，这些现象都暗含着同一个道理，即任何事物均有一个发生、发展、高潮、衰败直至灭亡的过程。那么作为人类社会和自然物质社会相结合而产生的文明同样有着兴盛败亡的轨迹，这是任何文明都无法逃脱的历史命运。此种历史观点并非是通过历史实证研究而获得的，更多乃是一种形而上学的历史哲学观念，而历史上持此种观点的人士也大多具有哲学家或神学家的背景。在这些精英人士的倡导下，在古希腊、古代印度以及古代中国历史中，不同形式的历史循环观念均大行其道，它们大体上认为人类社会由原初的黄金时期逐渐败坏而衰微。其后的基督教其实也继承了此种观念，不过是把它包装成一部救恩史罢了。近世以来，此种历史观念的代表人物当属斯宾格勒。

然而随着进化史观的提出，此种循环史观便不再受人追捧。进化史观对古代文明衰微的解释，其实是另一翻版的历史决定论，虽然他们更加强调科学实证研究。如马克思主义史学认为，古代文明的衰亡乃是因为日益提升的社会生产力与落后生产关系之间矛盾的结果，与循环史观不同的是，马克思史学并不认为这是历史的倒退，反而是一种历史的进步，意即只有舍弃原有的文明框架才能创造出新的文明形式。此种唯物史观对于解释人类文明史演进无疑是一种颇有见地的视角，但它更多的是针对欧洲近世以来的历史所作的历史归纳，对于遥远的上古以及世界其他地方是否适应，还有待进一步的科学论证和考察。总体而言，历史决定论或许要么很神秘，要么很理性地给出文明终结的一套宏大解释框架，但这些解释不免一本正经而空洞无物，因为按照此种观点，任何文明都不过是有待衰败的历史现象而已。显然，这是一个很难令人接受的答案。出于对此种机械论的反对，某些人士热衷于探讨那些出人意料的偶然因素在文明发展进程中所发挥的关键作用。

2. 某种形式的意外论

近世以来，人们突破基督教陈旧的创世观念，对整个地球生物演化的历史进行了诸多有益探讨，提出了很多有价值的假说。自然学者对地球上某些物种出现、灭绝的解释也启发了人们对于上古文明的认识。如一些人津津乐道某些上古文明所达至的高度，甚至是现代人也无法企及的，那么合理的解释便是这些文明并非是地球上人类创造的，而是来自于地球之外的外太空文明，如玛雅文明、埃及文明等等。那么这些文明突然衰亡不过是因为外太空文明撤离地球的结果。此种说辞颇为新奇大胆，但却如同科幻小说，并无坚固的根据。或许鉴于此，一些人把文明消亡的原因归咎于自然界的剧烈变化。如同生物学家解释恐龙灭绝原因一样，一些人士也认为地球上出现的诸如强烈地震、大规模洪水、火山爆发甚至外来星体撞击地球等自然灾害导致地球某一区域地形、气候、温度发生异常，从而或影响了农作物的自然生长，或带来致命的传染性疾病，或破坏了人类居住的环境。在生产力低下的上古社会，人类应对天灾、保存自我的能力颇为有限，人们要么远走他乡以躲避灾害，在他处重建文明，其表现就是原有的城市聚落被遗弃，而新建的居所一时还无法达致原有文明的高度，这也就是所谓的文明的衰退；更有甚者，这些自然灾害及其后续的灾难足以灭绝某一区域的部族群落，从而导致此一文明的终结。由于这些自然灾害很大程度上是无法预测的，也是无法具体确定的，因此有关它们与上古文明衰亡之间的关系便得不到科学上的实证证明。此外，这些外在于人类社会的自然因素也难以解释为何其他文明没有受到影响而继续存在。因此，人们又把目光对焦于人类社会内部，认为部族之间的战争导致了某一文明的衰败，此种论断曾被人们普遍接受，用来解释诸如希腊克里特岛文明、印度河文明乃至后来的美洲诸文明的灭绝。然而，如若深究，我们便会发现，外来侵略说更多是文明衰败导致的后果之一，而非文明衰亡的原因，诚如玛雅文明所表现的那样，在西班牙人入侵之前，它已经陷入文明低谷。这也提醒我们要把外界的偶然因素与自身内部的必然因素相结合来看待文明的兴衰。

3. 汤因比的"挑战与回应"理论

在对文明衰亡解释上，历史学界最著名的解释理论当属汤因比在《历史研究》一书中提出的"挑战与回应"说。汤因比认为人内在的创造本能可以破除各种形式的决定论，由人所组成的社会当然也不存在所谓一个无法改变的命定的命运，他形象地说道："我们必须与之战斗的女神，不是携带着致命武器的凶猛的必然性，而是或然性。人类的勇气配上适当的武器，有可能在某一天把它羞辱地逐出战场。"[①]在此前提下他试图把影响文明的外在和内在两个因素结合起来，审视不同文明的成长历程。他认为一个文明的产生是由于它成功应对了各种因素的挑战。在文明原初阶段，这种挑战主要来自于自然界，而随着文明的进步，挑战主要来自固有的人文环境。如果应对失误，文明便可能陷入停滞状态。对于停滞文明的特点，他归纳道："它们均由于尝试并实现了一次重大的举动而停止了运动，它们均对恰好介于刺激和过分刺激之间的挑战进行了应战"，并以游牧民族为例说明，游牧文明在成功应对自然界严峻挑战的同时，也因缺乏进一步的创新而被自然所奴役。而一个文明摆脱停滞状态关键在于富有创造灵感的领袖。之所以如此看重富有魅力领袖的地位，这与汤因比对人类社会运转机制的独到理解直接相关，他认为人类社会由具有创造力的少数成员和无创造力的多数成

---

① (英)阿诺德·汤因比：《历史研究》(修订插图本)，上海人民出版社 2005 年版，第 134 页。

员构成，在一个成长中的社会内部，多数成员被训练成少数成员的机械的追随者。当一个社会道德败坏，领袖丧失了自决能力时，他便无力发动大众模仿他而进行创新，这时文明内部便会出现裂痕进而引发冲突，这个文明便无可救药地走向末途。除了因挑战较小而引发的回应或创新不足所导致的文明僵化外，也存在着因外在挑战过大，无力回应而导致文明衰亡的事例。总的来说，汤因比这套说辞颇富魅力，这得益于汤因比对人类文明史的整体把握与独到见解。当然，“挑战与回应”说并非无懈可击，学术界认为它过于看重外在因素的介入以及内部精英人物的感召力，这具有浓重的英雄崇拜情结。

4. 文明内部结构失衡说

把一个文明的兴衰寄托在某一英雄身上显然言过其实，因此人们基于最新的考古发现，应用新兴的考古人类学等学科，开始深入到文明内部，从其内部结构中探寻它们成功抑或失败消亡的原因。对此，一线的考古学家最有发言权，华人学者张光直先生的观点颇富启发性，他通过对中国上古历史的考古挖掘和研究，总结出一般的规律。他认为中国文明的形成迥异于西方文明，“在城市、国家产生的过程中，政治程序而非技术、贸易程序都是主要的动力……现代的西方文明从苏美尔文明开始就代表着一种从亚美文化底层突破出来的一些新现象。这种文明产生的财富的积累和集中程序，主要不是政治程序而是技术、贸易程序”。[①] 也就是说中国古代文明不是生产技术革命的结果，也不是贸易商业起飞的结果，而是通过政治秩序所造成的财富过度集中的结果。可见，在文明积累和表现方式中，人为的政治权力发挥着关键作用，而政治权力本身具有很大的不确定性，暗含毁坏性。一旦政治平衡被打破，原有的物质的、精神的财富便有可能被付之一炬而遭毁坏。张光直先生进而推而广之，认为玛雅文明、阿兹特克文明、太平洋诸岛等非西方世界文明差不多也遵循此路而演进。其实那些后世式微的上古文明大多也符合此种文明发展路径。这也就不难理解我们现今所见到古代文明遗址大多为统治阶层所服务，诸如宫殿、王陵抑或神庙。这些宏大建筑便是通过政治权力堆积而成，与普罗大众的日常生活并无太多关联。一旦政

---

① 张光直：《中国青铜时代》，三联书店 1999 年版，第 483 页。

治秩序失序紊乱，建基于此的文明便应声坍塌，这也就可以解释为何这些上古文明无法稳步发展并更新提升。即便古代文明可以进入辉煌的“古典时期”，但大多仍未能摆脱故步自封的“中世纪”。诸如中华文明重复着治乱兴衰的历史周期，未能突破自然经济的束缚而迈向近代社会；有的文明则从“古典时期”急转而下，迅速衰落，甚至湮灭无闻。

21世纪的人类社会已经创造出高度的物质文明和精神文明，这在人类文明史上留下傲人的新篇章。当我们极速前进，创造更加美好的生活时，或许也应回头遥望自己曾经留下的历史痕迹。我们会惊叹于先祖的业绩，其文明成就足以让人叹为观止；与此同时，我们或许也会对古代文明的消逝百思不得其解，如此璀璨的文明为何成为寂静死默的不毛之地，原来繁荣的城镇为何仅剩下残垣断壁，那些叱咤风云的一世枭雄为何仅留下片言只语。他们所建立的殿宇神庙、庞大帝国也早已灰飞烟灭，消失于历史长河。这些历史史实足以引戒后人，警示来者。借助于最新的考古发现以及新兴的科学手段，我们对于上古文明的认知已经取得很大成就，但在有关它们起源、消亡等关键环节上，仍有太多的未解之谜正等待我们解答。只要我们对未来奋斗不息，我们对历史便探索不止。

参考资料

一 著 作

1. Arnold J. Toynbee, *A Study of History*, Oxford University Press, Inc., 1974.

2. Prolegomena and Prehistory, *The Cambridge Ancient History*, Volume I, Part 1, Cambridge University Press, 1970.

3. Henry C. Boren ed., *The Ancient World: An Historical Perspective*, Prentice - Hall, Inc., Englewood Cliffs, 1986.

4. William R. Biers, *The Archaeology of Greece: An Introduction*, Cornell University Press, 1980.

5.(德)卡尔·弗里德里希·贝克尔著,张友华等译:《世界古代神话和传说》,中国青年出版社 2002 年版。

6.(英)约翰·布克主编:《剑桥插图宗教史》,山东画报出版社 2005 年版。

7.(英)戈登·柴尔德:《历史的重建:考古材料的阐释》,上海三联书店 2008 年版。

8.(英)莱斯莉·阿德金斯,(英)罗伊·阿德金斯:《探寻古希腊文明》,商务印书馆 2010 年版。

9.(俄)H. A. 约宁娜:《印证人类文明的 100 座宫殿》,经济日报出版社 2005 年版。

10.(美)斯蒂芬·伯特曼:《探寻美索不达米亚文明》,商务印书馆 2009

年版。

11.(澳)A. L. 巴沙姆主编:《印度文化史》,商务印书馆 1997 年版。

12.(英)莱斯莉·阿德金斯,(英)罗伊·阿德金斯:《探寻古罗马文明》,商务印书馆 2008 年版。

13.(俄)B. A. 伊斯特林:《文字的产生和发展》,北京大学出版社 1987 年版。

14.(德)雅斯贝尔斯:《历史的起源与目标》,华夏出版社 1989 年版。

15.景爱:《沙漠考古通论》,紫禁城出版社 2000 年版。

16.刘迺元:《神祇·坟墓·学者》,三联书店 1991 年版。

17.黄石林,朱乃诚:《中国重要考古发现》,商务印书馆 1998 年版。

18.北京大学历史系考古教研室:《元君庙仰韶墓地》,文物出版社 1983 年版。

19.杨育彬:《郑州商城初探》,河南人民出版社 1985 年版。

20.宋镇豪:《夏商社会生活史》,中国社会科学出版社 1994 年版。

21.葛承雍主编:《景教遗珍:洛阳新出土唐代景教经幢研究》,文物出版社 2009 年版。

22.杨鸿勋:《宫殿考古通论》,紫禁城出版社 2009 年版。

23.中国社科院考古研究所:《新中国的考古发现和研究》,文物出版社 1984 年版。

24.欧阳家悦:《王国废都未解之迷》,时事出版社 2005 年版。

25.徐旭生:《中国古史的传说时代》,文物出版社 1960 年版。

26.沙学浚编著:《城市与似城聚落》,台北编译馆 1975 年版。

27.王妙发:《黄河流域聚落论稿:从史前聚落到早期都市》,知识出版社 1999 年版。

28.张国硕:《夏商时代都城制度研究》,河南人民出版社 2001 年版。

29.中国社会科学院考古研究所编著:《殷墟的发现与研究》,科学出版社 1994 年版。

30.高明:《中国古文字学通论》,文物出版社 1987 年版。

31.裘锡圭:《文字学概要》,商务印书馆 1988 年版。

32.杨国章:《原始文化与语言》,北京语言学院出版社 1992 年版。

33.张光直:《中国青铜时代》,三联书店 1999 年版。

34. 孙亚编:《湮没的世界:世界古文明之谜》,北方妇女儿童出版社 2011 年版。

二　相关网站

1. www. ancientcivilization. co. uk/home_set. html
2. www. lost. civilizations. net/ancient - civilization. html
3. www. ancientcivilizations. co. uk/
4. www. library. thinkquest. org/2840/

后 记

古代文明比起现代文明来，要“野蛮”得多。然而，在浩瀚无边的野蛮沙漠中，却点缀着些许文明的绿地，这便使得古代文明显得尤为难能可贵。由于古代文明给我们现代文明人留下了太多的谜，因此才有借助某种指引去作深入探索的动力和必要，这大概就是这部小书称作《古代文明索隐》的主要理由。

我们无意掀起一股复古浪潮。可是，既然历史是按时间顺序不断向前推进的，历史学习的过程，也就只好首先从古代开始，然后才能进入到近代和现代。政治功利主义者一贯采取厚今薄古的原则，在他们看来，对今人生活没有直接功用的既往文明史，是不值得花力气去学习和研究的。如今，这种态度已被证明是短视的和不足取的。

诚然，在当今我国的基础教育体制中，学生们未必都要选修古代文明方面的课程，但这并不意味着一名历史专业的师范本科生可以缺乏古代文明方面的知识。历史所特有的时空结构，及历史事件之间复杂的因果联系，迫使我们不得不从整体上去把握历史发展的脉络。难以想象，一个对古代希腊罗马毫无感觉的人，能够对文艺复兴运动有深刻的理解；一位研究宋明理学的大家，会对先秦儒学麻木不仁。

据我们观察，今天的历史本科生，专业知识链条中最薄弱的环节，往往在早期历史方面。通过这部小书来弥补学生在该方面的不足，正是我们撰述的初衷。本书是写作小组成员分工协作的结果，具体的分工情况如下。

主编林中泽：全书写作提纲，导言，第一章，第二章，兼全书统稿。

副主编许展飞：第三章第一节、第三节一部分；第四章第一节、第三节一部分；第五章第一节、第三节一部分；第六章第一节、第三节一部分；兼全书统稿。

执笔人代国庆：第三章第二节、第三节一部分；第五章第二节、第三节一部分；第六章第二节、第三节一部分；结语。

执笔人郭少琼：第四章第二节、第三节一部分。

编著者

2012 年 11 月 25 日